tascabili chiare**lettere**

Soci: Gruppo editoriale Mauri Spagnol S.p.A.
Lorenzo Fazio (direttore editoriale)
Sandro Parenzo
Guido Roberto Vitale (con Paolonia Immobiliare S.p.A.)
Sede: corso Sempione, 2 – Milano

ISBN 978-88-3296-107-2

Prima edizione: novembre 2017
Prima edizione tascabile: novembre 2018

Fotocomposizione: Corpo4 Team

www.chiarelettere.it
BLOG / INTERVISTE / LIBRI IN USCITA

Gianluigi Nuzzi

Peccato originale

chiarelettere

Sommario

Seconda parte. Soldi

Terza parte. Sesso

Premessa alla nuova edizione

Il libro che state per leggere è un'inchiesta giornalistica che contiene notizie inedite di possibili reati compiuti tra l'Italia e lo Stato Città del Vaticano. Appena dato alle stampe, nel novembre del 2017, è stato portato subito al tribunale d'oltretevere per consentire alla giustizia del piccolo Stato di verificare e approfondire le drammatiche questioni in esso sollevate. La prima copia è finita sul tavolo del promotore di giustizia (figura che in Italia corrisponde al nostro procuratore della Repubblica), il professor Gian Piero Milano.

Da quel momento, e con più vigore dall'estate del 2018, Milano ha iniziato a indagare soprattutto sulla vicenda dei presunti abusi ai chierichetti del papa, denunciati nella terza parte del libro. Una questione delicatissima se si pensa che tali violenze si sarebbero consumate addirittura all'interno del piccolo Stato, dentro le mura leonine, e precisamente nelle camerate del preseminario San Pio X dove sono ospitati i ragazzi giovanissimi che servono le messe del santo padre. Un'inchiesta non raccontata dai media, rimasta segreta per mesi e mesi, perché in curia domina il vezzo antico di non destare clamore, di non far conoscere mai, se non per sommi capi, gli scandali che si scoperchiano e i provvedimenti che – raramente invero – si adottano.

È cosi anche con papa Francesco. Da quando è arrivato sono filtrate notizie importanti. Si sa, ad esempio, che allo Ior sono stati chiusi migliaia di conti correnti, ma se ne ignorano i titolari e le vicende controverse che custodivano.

Ancora di recente sono stati aperti ben due procedimenti per riciclaggio, ma le notizie che trapelano sono sempre frammentarie, parziali, a volte contradditorie.

Del resto siamo di fronte all'ultima monarchia assoluta in Europa, nonché una delle poche ancora presenti sulla faccia della terra. I passi verso la libera diffusione delle notizie e della trasparenza sono lenti, lentissimi. Certo, fa piacere che il Vaticano ora indaghi su quanto denunciato da questo libro; una soddisfazione tanto più grande perché Milano, il coordinatore dell'inchiesta, è lo stesso magistrato che il 4 luglio 2016 aveva chiesto un anno di carcere per me ipotizzando un «concorso morale» nella diffusione degli scottanti documenti contenuti nel libro precedente, quel *Via Crucis* che appunto mi portò a processo. Reato rivelatosi poi inesistente, tant'è che fui prosciolto dai giudici. È strano ma dà orgoglio pensare che chi chiese per me la galera, solo perché avevo fatto il mio lavoro di cronista, oggi probabilmente sfoglia questo libro per approfondire gli eventi e cercare di individuare i colpevoli di quelli che rimangono tra i reati peggiori: gli abusi sessuali su ragazzini.

È un segno che i tempi stanno cambiando? In realtà è presto per dirlo, perché i segnali negativi di come questo pontificato sia sempre più ripiegato su se stesso, di come la curia stia affondando nelle melme dell'immobilismo, sono tanti, troppi. A partire dalle questioni aperte proprio sulle violenze, sulla pedofilia.

Ratzinger aveva introdotto la «tolleranza zero» contro i sacerdoti pedofili, portando tante diocesi, a iniziare dagli

Stati Uniti, a risarcire le vittime negli innumerevoli processi che furono celebrati negli ultimi anni del suo papato. Da Francesco ci si poteva attendere che proseguisse questa battaglia, andando a colpire non solo chi compie abusi ma anche chi li copre, chi nella gerarchia della Chiesa trasferisce i sacerdoti colpevoli, chi protegge i carnefici e non le vittime, chi insabbia, devia, silenzia.

Per risolvere questa questione bisognerebbe agire su un duplice fronte: destrutturare quel sistema di protezioni, silenzi e connivenze che possiamo riassumere in una parola, «Spotlight» – dal titolo del celebre film di Tom McCarthy che ricostruisce l'inchiesta sui preti pedofili condotta dal quotidiano statunitense «Boston Globe» – e imporre un giro di vite alle vocazioni, per evitare che indossino l'abito talare persone con appetiti più forti della fede.

Ebbene, così non è stato. Dal 2013 a oggi, in Vaticano, è stata creata una commissione di lotta alla pedofilia che non ha mai dato notizia di sé, se non in seguito alla dimissione di alcuni consiglieri – ex vittime di abusi, tra l'altro – che ne hanno denunciato inefficienza e immobilismo.

Certo, è stato riformato il reato di pedofilia all'interno del codice ed è stato celebrato un processo contro un anziano monsignore poi morto di lì a poco. Ma cosa ne è stato della «tolleranza zero» e dell'allontanamento dei vescovi complici?

Tranne qualche caso ormai indifendibile, siamo lontani da quella rivoluzione, quella primavera vaticana, che in tanti si aspettavano dopo la rinuncia clamorosa di Benedetto XVI. I motivi sono profondi, articolati, e in questo libro ne troverete le radici peggiori. Perché quello che ostacola, rallenta, sabota il cambiamento non è un potere improvvisato, ma un potere presente in curia da almeno cinquant'anni. Un potere, come scoprirete pagina dopo pagina, capace di giocare ruoli strategici in vicende opache e inquietanti: dalla morte di papa Luciani alla scomparsa di Emanuela Orlandi fino, appunto, alla rinuncia di Benedetto XVI.

Novembre 2018

PECCATO ORIGINALE

Ai nonni Anna e Luigi,
a zia Clorinda, a nonno Giusto,
che ci proteggono in cielo

Questo libro

Papa Francesco e le sette domande

Peccato originale vuole rispondere a sette precise domande, che rappresentano i tasselli mancanti nel lavoro di ricerca che porto avanti ormai da dieci anni, un lavoro che con *Vaticano S.p.A.*, *Sua Santità* e *Via Crucis* ha trovato le prime verità.

È stato ucciso Albino Luciani? Chi ha rapito Emanuela Orlandi? Se la ragazza ormai «sta in cielo», come afferma papa Francesco, il Vaticano ha delle responsabilità nell'omicidio, e quali sono? Perché le riforme per la trasparenza della curia, avviate prima da Joseph Ratzinger e adesso da Bergoglio, puntualmente falliscono o rimangono incompiute? Cosa blocca il cambiamento? E ancora: i mercanti del tempio continuano a condizionare la vita della Chiesa dopo aver avuto un ruolo nella rinuncia al pontificato di Benedetto XVI? Infine, la questione più drammatica: lo stallo nel quale sono cadute le riforme di Francesco è dovuto a chi non vuole questo papa, dentro e fuori i sacri palazzi, e dunque ne ostacola l'opera riformatrice?

Per rispondere a queste sette domande, come insegnava il giudice Giovanni Falcone, ho seguito il filo del denaro, che in ogni storia di potere s'intreccia a quello del sangue e a quello del sesso. Tre fili rossi, quindi, che annodandosi tra loro costituiscono una fitta trama d'interessi opachi, violenze, menzogne, ricatti, e soffocano ogni cambiamento, alimentando inevitabilmente quella che Ratzinger indicava come la crisi della fede. Una ragnatela mortale che si espande già nel pontificato di Paolo VI, in un mondo dilaniato dalla guerra fredda, nell'Italia instabile delle rivolte operaie, del terrorismo, dei poteri occulti che trovano nei sacri palazzi la sponda più inattesa, potente, ramificata. Bisogna partire da lì, riconsiderando soprattutto l'operato dell'arcivescovo Paul Casimir Marcinkus, al vertice dello Ior, la banca del papa, e le sue inquietanti connessioni fin dentro l'appartamento pontificio, fino ai paradisi offshore nell'America dei cartelli, dei golpe, della cocaina.

In Vaticano Marcinkus raccoglie e garantisce interessi che ora si possono ricostruire attraverso l'archivio inedito dello Ior, fatto di decine e decine di documenti finora rimasti sconosciuti: contabili, appunti, fogli di cassa, che rivelano depositi dai saldi sorprendenti, come quelli intestati a monsignor Pasquale Macchi, storico segretario particolare di Paolo VI, o i conti di clienti inattesi come l'attore Eduardo De Filippo o madre Teresa di Calcutta, ospite riverita negli uffici più riservati della banca. Queste carte, con i *desiderata* inconfessabili di preti e cardinali, tra compravendite d'oro, dollari e palladio, spiegano perché il pontificato di papa Luciani è durato solo trentatré giorni e perché, anche negli anni Novanta, gli eredi di Marcinkus hanno perseverato sulla sua stessa strada, condizionando le finanze vaticane. Fino ad arrivare ai giorni nostri, al pontificato di Benedetto XVI che mette in cantiere le riforme volte a chiudere per sempre con questo passato. Un'opera portata avanti dagli uomini scelti da Ratzinger, porporati e laici, che tuttavia sono stati inesorabilmente «impallinati»: chi licenziato, chi delegittimato, chi esautorato, in una fine strategia svelata in queste pagine grazie a interviste con alcuni dei protagonisti e a documenti inediti e rivelatori.

Quando Benedetto XVI pianificava la rinuncia

Da qui, la pianificazione della rinuncia di Benedetto XVI, che vede manomesso il suo pontificato. I nuovi elementi raccolti e svelati in questo libro, tra retroscena e raffinati giochi di potere, portano a retrodatare già all'inverno del 2011 la progettazione di questo clamoroso passo indietro, preparato in ogni dettaglio. È proprio in quel periodo che in Vaticano si consumano gli scontri più violenti e finora mai trapelati: da una parte precise azioni per risolvere questioni drammatiche e togliere così ingombranti fardelli al successore di Ratzinger, dall'altra sofisticate operazioni per sabotare questi cambiamenti. Una situazione che si ripete nel pontificato di Francesco. A lui la folla acclamante, il grande sostegno delle piazze, l'abbraccio infinito della moltitudine di fedeli nel mondo. Alla curia la gestione dell'amministrazione della Chiesa e del piccolo Stato Città del Vaticano, che vivono grazie alle offerte dei fedeli. Ma di come questi denari vengano spesi e investiti ancora oggi si sa poco o nulla.

Due volti, un unico mondo: nei sacri palazzi c'è chi sostiene Bergoglio ma anche chi si prodiga a sabotare le riforme. «Se vogliamo che tutto rimanga com'è – scriveva Giuseppe Tomasi di Lampedusa ne *Il Gattopardo* – bisogna che tutto cambi.» Non è un caso se proprio oggi arrivano denunce su presunte vessazioni e abusi sessuali consumati all'interno delle mura vaticane, con notti da incubo raccontate da chi era presente. A tutela delle vittime, ma anche del presunto carnefice, ho preferito sostituire i nomi dei protagonisti con altri di fantasia, in attesa che la giustizia faccia il suo corso. Per questo una delle prime copie del libro è già stata portata all'attenzione dei giudici vaticani.

È necessario partire innanzitutto dal filo del sangue, dalla storia di Emanuela Orlandi, un caso che con Ratzinger, prima della rinuncia, torna a essere di stringente attualità. Non è una storia del passato, è una storia di oggi. Emanuela, la ragazza di appena quindici anni, figlia di un messo pontificio, sparita misteriosamente a Roma il 22 giugno 1983 è una spina nel fianco del Vaticano. Anche del pontificato di papa Francesco. La sua scomparsa rappresenta una ferita ancora non rimarginata, un fantasma che ritorna mostrando verità indicibili rimaste chiuse nei sacri palazzi, diventate strumenti di potere e ricatto per chi ne è a conoscenza.

Grazie a documenti e testimonianze di chi ha deciso di uscire allo scoperto e di raccontare, per la prima volta, ciò che ha visto e sentito, siamo in grado di ricostruire come la verità su quanto accaduto alla ragazza sia nascosta proprio in Vaticano. Una storia ancora da scrivere negli sviluppi più clamorosi rimasti riservati. Una storia che preoccupava Benedetto XVI tanto da spingere la Santa sede ad aprire, negli ultimi due anni del suo pontificato, un dialogo segreto, una «trattativa» con la procura di Roma. Un caso che ha visto l'interesse anche di papa Francesco, con la richiesta di approfondimenti affidata al suo primo collaboratore, il segretario di Stato Pietro Parolin. La speranza è che oggi, finalmente, queste nuove verità possano aiutare a dare giustizia a Emanuela, ai suoi familiari e a chi le vuole bene.

Prima parte
Sangue

La trattativa

L'appuntamento segreto

Nella sala Leonina della Biblioteca apostolica vaticana, studiosi e ricercatori hanno appena concluso le loro consultazioni. Il personale ripone gli antichi testi negli scaffali, che vengono richiusi a doppia mandata. Il prefetto della biblioteca dei papi, monsignor Cesare Pasini, è inflessibile: alle 17.15 termina l'orario di visita, le sale devono rimanere deserte. Rapidamente gli ospiti guadagnano l'uscita dello splendido palazzo, che custodisce un patrimonio prezioso: centocinquantamila volumi manoscritti e un milione di stampati, con una collezione di testi antichi e libri rari tra le più importanti al mondo. Siamo nel cortile del Belvedere, nei pressi dei Musei vaticani, luogo magico a due passi dalla basilica di San Pietro e dai palazzi apostolici. Il calendario appeso in portineria indica un giorno di febbraio del 2012.

Nelle sale di lettura, tra arazzi, stucchi e mobili antichi, cala un silenzio irreale. Questa volta, a differenza di tutte le altre, il sofisticato sistema di allarme volumetrico e perimetrale non viene inserito. Non si tratta di una dimenticanza. Di lì a poco, infatti, lontano da occhi e orecchie indiscreti, arriverà uno dei monsignori più influenti in curia, stretto da un rapporto di fiducia sia con il segretario di Stato Tarcisio Bertone, sia con l'influente assistente personale di Benedetto XVI, monsignor Georg Gänswein. Quanto sta per accadere ha pochi precedenti nella storia del Vaticano. A oggi ancora nessuno lo ha potuto raccontare.

Sguardo sfuggente, mani giunte come suo solito, passi brevi ma rapidi, il monsignore congeda il collaboratore che lo accompagna e s'infila nella sala. Probabilmente sta pensando all'insidiosa domanda rivoltagli poche settimane prima proprio dall'uomo che sta per incontrare. Così ripercorre ogni singola parola scelta come risposta. Una risposta indispensabile per perfezionare quello che, tra i pochissimi che ne sono a conoscenza nei sacri palazzi, già soprannominano «il contratto». Già, il contratto, una sorta di accordo, frutto di una trattativa riservata tra due Stati: l'Italia, con la procura di Roma, da una parte e il Vaticano dall'altra, con un rappresentante della segreteria di Stato. Al centro di tutto c'è una questione assai delicata, rimasta da sempre irrisolta: la scomparsa e il probabile omicidio di Emanuela Orlandi.

L'ospite si fa attendere ancora qualche minuto per poi essere annunciato dall'arrivo all'ingresso di un paio di uomini di scorta armati di beretta calibro 9, angeli custodi che lo seguono in ogni spostamento ma che oggi rimarranno fuori. Il confronto deve avvenire solo a due, come prestabilito. È la seconda volta che il monsignore incontra a quattr'occhi il suo interlocutore. Sarà anche l'ultima, ma in quel pomeriggio di febbraio del 2012 nessuno dei due può ancora saperlo né immaginarlo. A pochi metri, nell'adiacente cortile del Belvedere, un crocchio di tonache nere confabula a bassa voce indicando con fugaci sguardi l'uomo in completo blu scuro che sta guadagnando l'ingresso dell'edificio che ospita la biblioteca.

Tre mesi prima, il procuratore aggiunto Giancarlo Capaldo incontra nel suo ufficio presso il tribunale di Roma, al primo piano del palazzo, un ufficiale dei carabinieri che ha chiesto un appuntamento urgente. I due si conoscono troppo bene per girare intorno alle questioni. Così, dopo qualche veloce convenevole, l'ufficiale porta la conversazione sull'inchiesta per la scomparsa di Emanuela Orlandi, inchiesta che proprio Capaldo coordina con i sostituti procuratori Ilaria Calò e Simona Maisto.

Dal giorno della scomparsa, undici magistrati, tra giudici istruttori, pubblici ministeri e procuratori aggiunti, si sono alternati sul caso, ma ogni indagine è sempre finita su un binario morto. È dal 2008 che Capaldo cerca di rivitalizzare l'inchiesta, rivedendo le piste battute e inseguendo nuovi filoni da approfondire. È quindi immaginabile la curiosità e l'attenzione del magistrato quando capisce che il militare intende portare il dialogo proprio su quel caso. «Sulla questione di Emanuela – sibila l'uomo – dal Vaticano esprimono interesse a incontrarla.» Con cortese sollecitudine, fa intendere roteando la mano e stringendola leggermente a pugno. Capaldo non si scompone, aderendo al suo stile pragmatico e compassato. Ma si lascia sfuggire una studiata espressione di sorpresa, per compiacere chi, attraverso quel carabiniere, sta richiedendo un confronto diretto. Certamente quest'ultimo verrà informato di ogni reazione del magistrato. In realtà Capaldo non è affatto sorpreso. Soddisfatto sì, e molto, ma preferisce non farlo vedere. Meglio non dare un vantaggio al suo interlocutore, e soprattutto a chi ha spinto l'ufficiale a farsi avanti. Il procuratore dà la sua formale disponibilità. L'ufficiale si congeda rapidamente, concordando di fissare a breve l'appuntamento.

Così, a partire dal novembre del 2011, dai sacri palazzi arriva alla magistratura italiana un concreto segnale di dialogo sul caso Orlandi, una delle storie più imbarazzanti nel passato recente del piccolo Stato, seconda solo alla morte di papa

Luciani. È un segno di apertura inequivocabile dopo circa trent'anni d'impenetrabile omertà, passati a inseguire ipotesi tanto suggestive quanto improbabili.

Il Vaticano ha sempre assunto posizioni sibilline. Ha iniziato Karol Wojtyła, sei mesi dopo la scomparsa di Emanuela. A Natale del 1983, infatti, Giovanni Paolo II si recò in visita a casa della famiglia Orlandi per consolare i genitori della giovane. In quell'occasione si lasciò sfuggire una frase inquietante: «Esiste il terrorismo nazionale e quello internazionale» disse. «Quello di Emanuela è un caso di terrorismo internazionale.» Parole come esplosivo, che fecero detonare ogni genere di trame e tesi complottiste – tra servizi segreti di mezzo mondo, polacchi, turchi e, nell'ombra, il Kgb come grande regista dell'operazione – trasformando così la tragedia in farsa. Un variegato e squallido circo di mitomani, millantatori, saltimbanchi, depistatori professionisti, anonimi telefonisti cavalcarono l'angoscia pubblica cercando di pilotare le indagini. Fino ad arrivare all'organizzazione terroristica dei Lupi grigi, con Ali Ağca, l'attentatore di Karol Wojtyła, che somministrava ogni volta a piccole dosi ipotesi sempre più paradossali e farneticanti: Emanuela è viva; è rinchiusa in un ospedale in Inghilterra; è in un convento; la trattengono in un manicomio... E così via, senza mai fornire un indizio. Tanto fumo, insomma, che serviva solo ad allontanare dalla verità.

Una sottile strategia, denunciata nel 1997 anche dal giudice istruttore Adele Rando nella sentenza con cui archiviava la pista della trama internazionale, esprimendo «il fondato convincimento che il movente politico-terroristico costituisca in realtà un'abile operazione di dissimulazione dell'effettivo movente del rapimento di Emanuela Orlandi, destinato probabilmente a rimanere sconosciuto». Un movente che porta molto vicino ai sacri palazzi.

Le indagini che spaventano la curia

La mossa curiale è una svolta. Rappresenta la risposta tanto attesa alla strategia che la procura di Roma portava avanti da oltre due anni. I magistrati avevano deciso infatti di esercitare un'inesorabile e costante pressione psicologica e investigativa sugli ambienti ecclesiali. Il piano nasceva da due considerazioni, condivise tra Capaldo, il sostituto procuratore Maisto e Vittorio Rizzi, dirigente della polizia e capo degli investigatori.

Anzitutto, rileggendo gli oltre cento faldoni delle inchieste compiute sul caso, gli inquirenti erano arrivati alla conclusione sconcertante che la verità su Emanuela Orlandi fosse rimasta sepolta da una soffocante ragnatela di errori investigativi – alcuni voluti –, depistaggi, manomissioni di atti, pressioni, testimoni che improvvisamente «impazzivano» dopo aver fornito elementi importanti per le indagini, ricatti e fughe di notizie telecomandate. L'obiettivo inconfessabile sarebbe stato, secondo gli inquirenti, quello di impedire a chiunque di raccontare cosa era davvero accaduto quel giorno di inizio estate del 1983. Una ragnatela fitta d'indizi falsi ma verosimili aveva reso nei fatti impraticabile qualsiasi nuovo accertamento. Chiunque si sarebbe perso, come già denunciava il giudice Rando nella sentenza del 1997.

La seconda considerazione spiegava drammaticamente la prima: questa imponente dissimulazione era forse dovuta al ruolo di regista che la banda della Magliana avrebbe avuto nel rapimento e forse nell'omicidio della ragazza, per soddisfare le richieste di qualche prelato. Una verità indicibile, che inizia a emergere da alcune conferme raccolte a partire dalla testimonianza di Sabrina Minardi, l'amante del presunto cassiere della banda, Enrico De Pedis. La donna aveva frequentato il gruppo criminale ricevendo confidenze e custodendone segreti che poi, dal 2008, aveva cominciato a svelare ai magistrati: il sequestro sarebbe stato un'azione proprio della banda su richiesta di prelati della curia.

Ai magistrati rimaneva un'unica strada da percorrere per sbloccare le indagini. Bisognava approfondire il fronte vaticano, cercare proprio in quegli ambienti in cui gli inquirenti ritenevano potesse essere custodita la verità sulla scomparsa di Emanuela, concentrandosi però stavolta sui luoghi, non più sulle persone. La scelta cadde sulla basilica di Sant'Apollinare. L'istituto di musica che frequentava la ragazza, al quarto piano del palazzo adiacente, formava un unico complesso immobiliare con l'edificio di culto. Proprio lì la figlia del messo pontificio era sparita, da lì dunque bisognava ripartire nella ricerca della verità.

Gli atti della prima inchiesta giudiziaria sono precisi:

> Alle ore 16.30 circa del giorno 22 giugno 1983 la quindicenne Orlandi Emanuela, cittadina dello Stato del Vaticano, figlia del commesso del Palazzo Apostolico Orlandi Ercole, usciva dalla propria abitazione sita in via di S. Egidio, all'interno della Città del Vaticano, e si recava presso l'Istituto «Ludovico da Vittoria», ubicato in piazza di Sant'Apollinare, ove frequentava un corso di flauto; raggiungeva la scuola. [...] Successivamente si perdeva ogni traccia della Orlandi, che non faceva rientro presso l'abitazione e non forniva alcuna notizia di sé.[1]

La basilica è a pochi metri dal portone che quel giorno Emanuela varcò per l'ultima volta per accedere alla scuola di musica. Sotto l'altare centrale c'è la cripta dove è stato sepolto proprio De Pedis, detto Renatino, rimasto ucciso durante una sparatoria il 2 febbraio 1990. Una sepoltura che rappresenta un evento eccezionale nella storia di quella chiesa: si tratta della seconda tumulazione avvenuta in oltre due secoli.[2] Una scelta davvero particolare, in deroga al diritto canonico. Da parte sua, Carla Di Giovanni, la vedova De Pedis, ha sempre cercato di minimizzare sia il fatto, sia la responsabilità dell'allora rettore della basilica, don Piero Vergari, ricostruendo così quanto accaduto:

> Dopo la morte di Enrico [...] lo seppellimmo nella tomba della nostra famiglia al Verano. Il monsignore Vergari, in quei giorni, mi ricordò la frase che disse Enrico, non ricordo quali furono le parole del monsignore ma il senso era che Enrico avesse piacere di essere sepolto nella chiesa di Sant'Apollinare. A questo punto risposi che non sarebbe stata possibile una cosa del genere, invece lui mi disse che trattandosi di una chiesa extraterritoriale non occorrevano permessi particolari a eccezione del nulla osta del cardinale vicario di Roma, all'epoca card. Poletti. Aggiunse che sarebbe stata una buona occasione per risanare i locali della cripta, che ricordo erano fatiscenti, bui e molto umidi. Il monsignore si interessò ad avviare la pratica per la sepoltura scrivendo due lettere al cardinal Poletti, una nella quale indicava le opere di bene che Enrico aveva fatto in vita, l'altra che noi ci saremmo impegnati a restaurare i locali della cripta. Ci recammo con mons. Vergari dal card. Poletti io e mio cognato Marco. Dopo qualche giorno fu rilasciato il nulla osta e [il corpo di Enrico, *nda*] fu trasferito dal Verano a Sant'Apollinare, il 24 aprile 1990. I lavori di restauro dei locali dove si trova la tomba furono eseguiti da personale del Vaticano.[3]

Si compone un triangolo su cui si concentra l'attenzione dei magistrati: da un lato uno dei presunti uomini forti della banda della Magliana, morto da incensurato prima dei processi, che spopolava negli anni della scomparsa di Emanuela; dall'altro il rettore di Sant'Apollinare, monsignor Vergari, rimasto in carica fino al 1991 e legato per anni da un rapporto di amicizia profonda proprio con Renatino De Pedis. Un'amicizia nata, secondo la testimonianza della vedova De Pedis, negli anni in cui il marito era detenuto a Regina Coeli. Pur non essendo cappellano del carcere, il monsignore si recava lì per raccogliere le confidenze dei detenuti e impartire benedizioni. Poi, all'uscita, era solito frequentare i parenti di De Pedis. A completare il triangolo, la povera Emanuela, rimasta probabilmente vittima di una relazione pericolosa che se fosse confermata, come sperano gli inquirenti, creerebbe scandalo nella Santa sede e in tutto il mondo.

Le due storie, quella della banda della Magliana e quella del rapimento e dell'omicidio di Emanuela Orlandi, potevano davvero essersi intrecciate, considerati gli indizi, le intercettazioni telefoniche, i frammenti investigativi, le deposizioni che via via si erano accumulate sul tavolo dei magistrati, a iniziare dalle rivelazioni di diversi collaboratori di giustizia. Erano numerosi gli elementi che facevano ritenere agli inquirenti di essere finalmente sulla pista giusta: dalle accuse di Sabrina Minardi all'insolita sepoltura di De Pedis nella cripta, un'eccezione che poteva essere interpretata come un ringraziamento per aver risolto un problema. Senza dimenticare altre preziose testimonianze, come quelle di diversi amici di Emanuela, che riconoscono in alcuni uomini della banda della Magliana le stesse persone che avevano visto seguirla poco prima della scomparsa. Secondo gli inquirenti, in questa storia, tra il rapimento, l'omicidio e la gestione successiva del corpo della ragazza, avevano avuto un ruolo diversi esponenti del gruppo criminale romano che gravitavano proprio intorno a De Pedis e che, dal marzo del 2010, finiranno indagati.[4]

La pista spinge i magistrati ad approfondire ogni rivolo investigativo legato alla storia di quella chiesa. A iniziare dal rapporto tra De Pedis e don Vergari. La vedova colloca alla fine del 1985 la conoscenza tra i due, o comunque dopo la scomparsa della ragazza, ma il sacerdote ricorda e mette a verbale di aver conosciuto De Pedis tra il 1978 e il 1979. Di certo i due erano molto amici. Don Vergari aveva «curato» per oltre vent'anni le anime dei detenuti di Regina Coeli, facendo loro tanti piccoli favori, come portare fuori dal carcere i loro messaggi. Così era stato anche per i messaggi di Renatino ai fratelli e al padre. Favori che probabilmente tornarono utili al rettore quando poi De Pedis venne scarcerato. Insomma, un legame solido. Di certo don Vergari ricorda ancora la festa di matrimonio di Renatino e Carla, nel famoso locale della dolce vita Jackie O', nei pressi di via Veneto. Più che impartire benedizioni, il monsignore si divertiva amabilmente tra una coppa di champagne, brindisi e prelibatezze. Quando De Pedis venne ammazzato, il sacerdote si addolorò profondamente e si raccolse in preghiera. Subito si prodigò per rendere all'amico l'onore di un funerale indimenticabile. Certo, il vicariato vietò che la cerimonia si celebrasse a Sant'Apollinare, ma don Vergari non si perse d'animo. Officiò le esequie nella basilica di San Lorenzo in Lucina. In quella stessa piazza, al civico 26, al quarto piano, l'allora presidente del Consiglio Giulio Andreotti accoglieva nel suo studio privato i grandi della terra, da Arafat a madre Teresa di Calcutta.

I magistrati si muovono per individuare gli studenti che all'epoca frequentavano la scuola di musica con la ragazza scomparsa. Si cerca persino di rintracciare i seminaristi di Sant'Apollinare che potevano aver incrociato Emanuela. Ogni porta che si apre – come vedremo anche nel prossimo capitolo – fa emergere una realtà sinistra e inquietante. Sant'Apollinare, forse, non è una basilica qualunque, pensano gli inquirenti. Così come il rettore don Piero Vergari non è un sacerdote qualunque. Tra i silenzi delle navate, i cimiteri di ossa nei sotterranei, le sei cappelle laterali, affreschi e immagini della Madonna, la grandezza solenne della basilica dove era stato consacrato papa Pio X sembra diventare sempre più opaca. Una ragnatela fatta di miserie, perversioni e reati trasforma quel luogo in un coacervo di segreti. Ancora oggi, entrando, come ho fatto più volte negli ultimi anni, tra luci e penombre, scendendo nella cripta, infilandomi nei corridoi sottoterra, aprendo porticine su vani e anfratti nemmeno accatastati, non è difficile lasciarsi suggestionare. Quando il portone si richiude alle spalle, è come entrare in un altro mondo, pieno di misteri, tutto da decifrare.

Un accordo clamoroso

Il procuratore Capaldo capisce di essere sulla strada giusta e preme sull'acceleratore, stringendo sulle verifiche nella basilica. A più riprese sui giornali trapelano indiscrezioni che danno come possibili o imminenti sia l'apertura della tomba di De Pedis, sia la ricerca delle ossa di Emanuela nei sotterranei della basilica. Le notizie provocano inquietudine e fibrillazione oltretevere, alzando il termometro della tensione. È proprio in questo clima che arrivano l'insolita richiesta di cominciare un dialogo, affidata all'ufficiale dei carabinieri, e la fissazione del primo appuntamento con l'emissario del Vaticano.

L'incontro avviene in una saletta della procura, periodicamente «bonificata» dalla possibile presenza di «cimici», i classici strumenti per le intercettazioni. Davanti a Capaldo si presenta un affabile monsignore, giovane e in abiti borghesi. Dopo i soliti convenevoli di circostanza, il sacerdote esprime disappunto per la «tensione massmediatica» che sta sempre più crescendo proprio sulla tomba di De Pedis. È solo un primo appuntamento, ancora interlocutorio e conoscitivo. Siamo a fine novembre del 2011, i due si danno appuntamento poche settimane dopo.

Per gli incontri successivi, alcuni alti prelati in Vaticano suggeriscono al monsignore di essere sempre particolarmente cortese, in modo da consolidare quel clima di confidenza indispensabile per compiere il passo decisivo. Così, a dicembre, nella conversazione seguente, il monsignore manifesta sì «dolore» per la scomparsa di Emanuela ma soprattutto «disagio» per i «sospetti» e i «pettegolezzi» di chi, a suo dire, stava strumentalizzando la vicenda per recare «danno e nocumento alla Chiesa». In particolare, il sacerdote fa continuo riferimento alle periodiche indiscrezioni e dietrologie sulla tomba nella cripta e sull'accordo per la sepoltura di De Pedis, firmato nel 1990 dal cardinale Ugo Poletti. Un accordo che rivela la sorprendente prossimità del Vaticano con la famiglia di un famoso malavitoso e che pone inquietanti interrogativi.

«Scusi, perché non spostate la salma?» lo interrompe provocatoriamente Capaldo. Il prelato fissa il magistrato negli occhi: «Non sa quante volte abbiamo valutato questa possibilità. Certo, si sanerebbe una ferita ancora aperta, mettendo finalmente a tacere le malelingue. Ma non possiamo: c'è un accordo firmato dal cardinale Poletti con la famiglia, un atto ufficiale, quindi, che lo impedisce. Non si può certo sconfessare la firma di un cardinale!». Il magistrato non trattiene una leggera smorfia. Da alcune deposizioni, infatti, risultava che per la sepoltura il Vaticano avesse incassato oltre 500 milioni di lire. Una somma enorme, parecchio diversa da quei 37 milioni di lire ufficiali indicati dalla vedova di De Pedis.[5]

Capaldo ascolta e si mostra comprensivo. È una posizione d'attesa, la sua, non prevenuta, per questo viene apprezzata in curia. L'atteggiamento del magistrato mette sempre più a proprio agio il monsignore che, al rientro da questo secondo appuntamento, si fa coraggio e raggiunge in fretta il palazzo apostolico e gli uffici della segreteria di Stato. Desidera incontrare i suoi superiori e descrivere loro la natura del rapporto instaurato con il procuratore aggiunto, che sembra ormai basarsi sulla reciproca fiducia. Nei sacri palazzi ci si convince che il momento è maturo per provare ad aprire una trattativa, a proporre un accordo.

Dopo le vacanze di Natale del 2011 arriva la svolta. All'appuntamento successivo, l'auto con i vetri scuri che varca l'uscita di porta Sant'Anna per raggiungere il tribunale in piazzale Clodio ospita sui sedili posteriori un nuovo interlocutore. Stavolta l'uomo che si presenta nella saletta al primo piano della procura è un sacerdote più anziano del precedente, un alto prelato che lavora in segreteria di Stato. Un monsignore di rango, insomma, uomo di fiducia del cardinale Bertone.

Il faccia a faccia, anche questo rimasto finora a conoscenza di pochissime persone, dura meno di mezz'ora, il tempo di proporre un accordo, aprire una trattativa fissando i due punti cruciali del «contratto», che qui finalmente possiamo svelare. Il primo punto è prevedibile: il Vaticano chiede che la procura intervenga per far traslare la salma di De Pedis nel cimitero civile del Verano, chiudendo così il caso che tanto agita l'opinione pubblica, ancora oggi incredula riguardo a quella insolita e imbarazzante sepoltura tra santi e beati. Il monsignore conferma quanto già spiegato dall'altro sacerdote, insistendo su un aspetto: la Santa sede si trova di fronte a una scelta obbligata, non può disporre in autonomia il trasferimento della salma perché violerebbe una decisione del cardinale vicario di Roma, esponendosi così a ulteriori critiche e contestazioni.

Ma è il secondo punto, la seconda mossa, a essere sorprendente e inattesa, come un salto nel buio. Il monsignore prende fiato e distoglie lo sguardo dal suo interlocutore. Scandisce bene ogni parola, chiedendo cosa la procura avrebbe voluto in cambio, e dichiarando dunque la disponibilità della Santa sede a valutare qualsiasi tipo di richiesta. Il magistrato trattiene a fatica lo stupore ma non si fa cogliere impreparato. Chiede informazioni certe e concrete che possano determinare il recupero del corpo di Emanuela Orlandi o quantomeno individuare la tomba che l'ha ospitato. Di fronte a questa richiesta il monsignore non si ritrae, non si schernisce. Rimane in silenzio solo qualche secondo. «Per rispondere a una domanda come questa – dice – devo parlare con i miei superiori, il segretario di Stato. Le saprò dire.» E si congeda.

Il pool che indaga sulla scomparsa della ragazza si sente per la prima volta a un passo dalla svolta, dopo decenni di buio assoluto e depistaggi. Di questa trattativa, però, non deve trapelare nulla sui giornali perché farebbe saltare il dialogo con il Vaticano. Infatti nei giorni successivi nessuna indiscrezione esce sulla stampa. Non rimane che attendere il nuovo incontro. Ma la trattativa è aperta.

Lo Stato italiano, con la magistratura, non è nuovo a questo tipo d'iniziative che vanno a svilupparsi o a intrecciarsi con indagini complesse. Dal rapimento Moro al caso Ciro Cirillo, dalla vicenda dell'*Achille Lauro* ai sequestri di 'ndrangheta, con il pagamento dei riscatti e i fondi riservati dell'allora Sisde, i servizi segreti civili, fino ai recenti rapimenti di cooperatori internazionali in zone di guerra, la trattativa riservata è sempre stata uno strumento utilizzato in momenti decisivi di certe inchieste.[6] Adesso, però, per la prima volta, era il Vaticano a farsi avanti, ad aprire un confronto tra esigenze fino a quel momento inconciliabili: da una parte quelle della Santa sede, colpita dagli echi di questa storia che aveva suoi esponenti tra i protagonisti, dall'altra quelle dell'autorità giudiziaria italiana chiamata a individuare i possibili sequestratori e assassini.

Dai tempi del crac dell'Ambrosiano e del mancato arresto del presidente dello Ior Paul Casimir Marcinkus, la Santa sede mai aveva collaborato con l'autorità giudiziaria italiana. Ogni sollecitazione, ogni richiesta di aiuto era caduta nel silenzio. Le rogatorie, ovvero le domande di assistenza giudiziaria, come quelle sulla maxitangente Enimont, riciclata allo Ior durante Mani pulite, avevano ricevuto risposte lacunose e depistanti; inevase erano rimaste le domande sull'omicidio del banchiere Roberto Calvi, senza risposta anche quelle sulla scomparsa della Orlandi. L'effetto, ogni volta, era un rallentamento e il successivo blocco delle indagini, che inducevano le procure a rinunciare a chiedere altri aiuti alle autorità d'oltretevere, perché sarebbe stato solo tempo perso. Ora però si stava avviando una fase nuova, la trattativa iniziata aveva aperto uno spiraglio su un caso delicato e complesso.

Il nuovo, decisivo appuntamento, anticipato all'inizio del capitolo, non si svolgerà più in procura ma in un luogo riservato interno alla Santa sede. Il monsignore cammina lentamente in fondo alla prima sala della Biblioteca vaticana, oltre le teche centrali, quando viene avvisato che il suo ospite sta per entrare. Rimane volutamente di spalle ancora qualche attimo per poi voltarsi appena, restando di profilo e accennando un lieve sorriso, con il capo leggermente abbassato. Percepisce la tensione del suo ospite. Capaldo raggiunge l'alto prelato un po' trafelato, mentre con un gesto istintivo si sistema il nodo della cravatta. Da poche settimane è al vertice della procura di Roma, poiché il procuratore capo Antonio Ferrara è andato in pensione e il Csm non ha ancora nominato il nuovo numero uno. Si trova quindi a gestire una situazione delicata e senza precedenti, in attesa di quella risposta che potrebbe dare finalmente una svolta all'inchiesta.

Ai saluti formali e di circostanza, segue un momento di silenzio. È un ambiente solenne quello in cui si trovano i due uomini, in piedi, uno di fronte all'altro, un luogo ideale per un incontro lontano da occhi indiscreti. Così almeno credono i due interlocutori. Il monsignore parla per primo ma non dà subito la risposta tanto attesa. Si spende in una breve introduzione. Fa capire che c'è stata una profonda riflessione tra gli alti prelati della curia. E continua con parole e aperture mai udite prima dalla bocca di un membro di rilievo del Vaticano: «Comunque accettiamo la proposta così come ne abbiamo conversato l'ultima volta. Avrete quello che chiedete... vi daremo prove certe di quanto cercate».

Ecco dunque l'accordo, finalmente il «contratto». Da una parte una verità clamorosa, sebbene parziale, su Emanuela Orlandi: non la rivelazione degli autori dell'omicidio ma informazioni utili per recuperare i resti del corpo. In cambio, la chiusura del capitolo De Pedis, così scomodo per la Santa sede, con il successivo spostamento della tomba per iniziativa dell'autorità giudiziaria della capitale. Dopo una stretta di mano, che doveva valere più di una firma, i due si congedano, convinti di aver sbloccato una situazione impossibile, ottenendo il massimo dalla trattativa.

Il loro ottimismo però sarebbe stato presto minato da nuovi eventi. Entrambi erano consapevoli dei rischi, ma non potevano immaginare cosa sarebbe accaduto solo qualche settimana dopo.

Cosa nasconde quella basilica

L'accordo suggellato da quella stretta di mano porta agli inquirenti una serie di preziose conferme e alcune informazioni. Quel «contratto» dimostra infatti che la chiave della scomparsa e del probabile delitto della studentessa è nascosta in Vaticano. La Santa sede dispone di informazioni decisive, non conosciute da chi cerca la verità sull'omicidio. Un segreto celato per decenni, che ora la Chiesa sembra decisa a sciogliere. A questo punto diventa naturale una domanda: perché in curia sono disposti a passare informazioni concrete su Emanuela pur di far rimuovere il corpo di De Pedis da Sant'Apollinare? Tra gli inquirenti prende forma il sospetto che la Santa sede non sia tanto allarmata dallo scandalo suscitato dalla presenza di De Pedis nella cripta, quanto preoccupata di qualche altro mistero, sempre legato alla basilica di Sant'Apollinare, che potrebbe esplodere da un momento all'altro. Da qui il tentativo di mimetizzare, dietro l'imbarazzo per una sepoltura sconveniente, un timore ben più grave e insidioso. Sembra quasi che lo scandalo massmediatico di quella tumulazione scomoda venga usato a pretesto per celarne uno maggiore. I magistrati ne sono convinti. Se sono disposti a pagare a caro prezzo il trasferimento della salma – questo il pensiero degli inquirenti – forse la basilica protegge segreti ancor più inconfessabili.

Intanto, in quelle settimane di marzo del 2012, la notizia dell'ispezione di Sant'Apollinare e dei suoi sotterranei filtrata dalla procura suscita molte polemiche. C'è chi sbandiera la presunta extraterritorialità della basilica, che impedirebbe alle forze di polizia italiane di perquisirla, visto che sorge sul territorio di un altro Stato. Non è solo una questione formale. Se

Sant'Apollinare dovesse trovarsi in territorio vaticano, ovvero su quelle aree che, sebbene fuori le mura leonine, rientrano a tutti gli effetti nello Stato Città del Vaticano, si renderebbero impossibili la perquisizione, l'ispezione della tomba di De Pedis e ogni scavo da parte della polizia italiana. La tesi è sostenuta persino da autorevoli esponenti di governo. A iniziare da chi coordina proprio la polizia, ovvero l'allora ministro dell'Interno Annamaria Cancellieri, che sposa questa scivolosa posizione ricordando che «la basilica di Sant'Apollinare gode del regime di extraterritorialità, essendo ubicata nello Stato del Vaticano». Peccato che la verità sia un'altra. I due edifici di Sant'Apollinare – la basilica e il palazzo adiacente che ospitava la scuola di musica frequentata da Emanuela – non fanno parte del territorio dello Stato Città del Vaticano ma rientrano fra le proprietà della Chiesa, il cui regime giuridico è disciplinato dai Patti lateranensi.[7] Si trattava solo di un errore commesso in buona fede? Sicuramente era una svista clamorosa. Il numero uno della sicurezza italiana non poteva non sapere che Sant'Apollinare beneficiava solo di agevolazioni fiscali.

Gli investigatori si stupiscono poi di un'ulteriore, sorprendente coincidenza. Solo otto mesi dopo l'insolita sepoltura di De Pedis, il 18 dicembre 1990, il Vaticano aveva deciso di liberarsi della basilica, affittandola alla prelatura dell'Opus Dei. Era stato il cardinale Giovanni Lajolo, oggi presidente del cda dell'Università Lumsa (Libera Università Maria Santissima Assunta) di Roma, a firmare e benedire il contratto con l'Opus Dei. La potente organizzazione religiosa, la cui influenza con il pontificato di Wojtyła era molto cresciuta, aveva subito mostrato di avere le idee chiare sul futuro dell'edificio di culto. Non era passato neanche un mese che già erano stati annunciati formalmente significativi «lavori di ristrutturazione».[8] E il rettore don Vergari? Subito rimosso. Era stato il cardinale Camillo Ruini, il

26 agosto 1991, a «licenziare» il prete, con solo cinque giorni di preavviso.[9] Gli annunciati lavori comporteranno la ristrutturazione e il risanamento conservativo dell'immobile in ogni sua parte: «Il lavoro di bonifica ha riguardato tutta la basilica – mi aveva spiegato il nuovo rettore don Pedro Huidobro, che avevo incontrato personalmente nei locali della basilica nell'inverno del 2012 – tranne la piccola stanza nella quale era seppellito Enrico De Pedis».[10] Il sospetto degli inquirenti è che quella ristrutturazione abbia potuto favorire la scomparsa di tracce di un passato inconfessabile.[11]

Salta la trattativa

Il 19 marzo 2012, alle ore 11, s'insedia a Roma, in arrivo dalla Calabria, il nuovo capo della procura di Roma, Giuseppe Pignatone, con alle spalle una lunga esperienza di inchieste sulla mafia. I primi giorni passano veloci, tra la conoscenza dei tanti colleghi, i saluti alle autorità civili e la presa di possesso dell'ufficio. Pignatone non s'interessa particolarmente al caso Orlandi, sa che il fascicolo è affidato all'aggiunto Capaldo e al sostituto Maisto, magistrati di solide esperienze. Appena quindici giorni dopo, però, la situazione cambia bruscamente. È il 2 aprile quando dal tribunale filtrano ai media alcune notizie che suonano come dei messaggi rivolti ai sacri palazzi, notizie che sono rilanciate dalle agenzie di stampa con gli asterischi riservati alle informazioni ritenute più rilevanti. Il primo passaggio sembra tranquillizzante. L'Ansa sceglie toni inequivocabili: «Orlandi. Pm Roma: non apriremo tomba De Pedis. Non sarebbe intenzione degli inquirenti che indagano sulla scomparsa di Emanuela Orlandi aprire la tomba dove è seppellito Enrico De Pedis».

Il secondo passaggio, invece, desta clamore: «La verità sulla scomparsa dell'Orlandi sarebbe a conoscenza di personalità del Vaticano. È quanto riferiscono gli inquirenti della procura di Roma». Padre Federico Lombardi, direttore della sala stampa della Santa sede, fa arrivare subito i dispacci Ansa in segreteria di Stato. Raccoglie commenti severi. Da una parte domina l'interpretazione che la procura voglia far trapelare un'apparente indecisione sul da farsi: insomma, ancora non sappiamo come muoverci, ma certo, se fosse necessario, riapriremo la tomba. Dall'altra si raccoglie una mossa inattesa da parte degli inquirenti, che rendono pubblica la loro convinzione che la verità sul caso Orlandi stia proprio lì, nei sacri palazzi. Un *j'accuse* dagli effetti imprevedibili. Le reazioni – almeno ufficiali – sono pesanti. Chi si vuole subito smarcare è il rettore dell'Opus Dei, monsignor Huidobro. Chiama i giornalisti per far sapere a tutti che se i magistrati vogliono possono aprire la tomba, anche l'indomani.[12]

In tribunale la reazione è più dura. Il nuovo capo della procura Pignatone s'infuria. Nemmeno ventiquattro ore dopo, senza consultarsi con i titolari dell'inchiesta e chiedere loro spiegazioni sulle indiscrezioni stampa del giorno prima, avoca a sé le indagini. Da quel giorno sarà lui a coordinare direttamente l'inchiesta. Non solo. Pignatone diffonde una nota in cui sconfessa le indiscrezioni. «Dichiarazioni e valutazioni sul procedimento per la scomparsa della Orlandi – si legge nel comunicato –, attribuite da alcuni organi di informazione ad anonimi "inquirenti della procura di Roma", non esprimono la posizione dell'ufficio.» In procura ci si avvia verso un'inevitabile rottura. Ma il peggio deve ancora venire.

Passa qualche giorno e il 24 aprile esce un'altra notizia. Pignatone, ancora senza consultare il proprio braccio destro Capaldo né Simona Maisto, annuncia l'intenzione di aprire la tomba di De Pedis. Così, dal 14 maggio successivo, la polizia inizia a ispezionare la basilica. Un mese dopo, per la precisione il 18 giugno, avviene la traslazione della salma. Tra gli inquirenti prevale il disorientamento. Spostare la tomba senza nulla in cambio pare un regalo ai sacri palazzi, vista la disponibilità che era stata dimostrata. Il rischio, che puntualmente si verifica, è che dal Vaticano nessuno si faccia più avanti, disattendendo così i punti chiave della trattativa riservata che abbiamo raccontato. La scelta della procura suona dunque come un *De profundis* per la strategia che aveva portato al «contratto» segreto.

Ma cosa era accaduto? Molto semplice: il Vaticano è un mondo complesso, dove convivono anime diverse e lontane. Di fronte alla possibilità concreta che si arrivasse a una svolta sul caso Orlandi, si era sviluppato un piano per far saltare la trattativa. Alcune figure importanti in curia, pronte a cogliere al balzo ogni occasione, strumentalizzando le indiscrezioni sulla stampa e approfittando del cambio in procura, erano arrivate così al blocco di ogni apertura.

Gli inquirenti coordinati da Capaldo riflettono sull'autenticità degli incontri, ripercorrono i passi di questa trattativa e non hanno dubbi: la volontà di collaborare della curia era autentica. La richiesta d'incontro era stata portata avanti dal Vaticano, l'offerta era stata avanzata da un monsignore di rango che, in sintesi, aveva espresso questa esigenza: «Abbiamo necessità di tumulare altrove De Pedis, voi di cosa avete bisogno?». Difficile pensare che i due monsignori abbiano fatto il doppiogioco, tradendo il magistrato, più realistico invece ritenere che sia stata messa in atto un'azione per far saltare l'accordo. Chi ne è stato il regista? Mistero. Siamo però in grado di documentare un passaggio importante.

Poche settimane prima delle decisioni di Pignatone, dalla Gendarmeria vaticana, il comandante Domenico Giani fa arrivare all'appartamento del papa presso il palazzo apostolico un memoriale di numerose pagine proprio sul caso Orlandi. Quel report viene letto con grande attenzione dal segretario del pontefice Georg Gänswein, che ne fa cenno a Benedetto XVI per poi riporre lo scritto nella sezione più riservata del suo archivio. Di fatto in quelle carte viene sollevata ogni responsabilità della curia nella vicenda ma si indicano i nomi di persone ormai decedute, rimaste coinvolte a titolo diverso nel rapimento. Una verità sconvolgente: dunque in Vaticano, in un fascicolo riservato, sarebbero indicati i nomi di alcune persone rimaste coinvolte nella scomparsa della giovane Emanuela. Una verità che spiega forse perché Wojtyła, mal consigliato da chi aveva interesse a dissimulare, orientò subito l'attenzione verso trame internazionali rivelatesi poi inesistenti. Tra i collaboratori del papa, tuttavia, in diversi sospettano che la versione del documento fatta circolare tra un ristretto numero di persone fosse solo una parte della verità, la porzione edulcorata di un dossier più corposo, rimasto segretamente custodito negli archivi della segreteria di Stato.

Il primo a rivelare in procura, già alla fine del 2010, l'esistenza di un dossier sul caso Orlandi, era stato un anziano monsignore, Francesco Salerno, vescovo ben informato delle vicende curiali, scelto da Paolo VI come cameriere segreto soprannumerario di Sua Santità, già consigliere di Stato, segretario della Prefettura per gli affari economici della Santa sede, morto nel gennaio del 2017. Negli ultimi anni di vita, Salerno si era speso per arrivare alla verità, intrattenendo rapporti con diversi magistrati della procura di Roma, i quali dunque già sapevano dell'esistenza di carteggi mai consegnati dalle autorità vaticane. Esisterebbero due versioni del dossier. La prima, edulcorata, da far circolare in un ambiente ristretto, l'altra, più ampia e completa, custodita forse da chi non aveva interesse che il «contratto» suggellato da quella stretta di mano con il magistrato fosse portato a termine.

È possibile ritenere che il dossier in versione ridotta portato all'appartamento pontificio dovesse servire ad ammettere che in Vaticano alcuni sapevano cosa era accaduto. Si arrivava comunque a un vicolo cieco, poiché la persona indicata in quelle carte era un cardinale ormai deceduto. In altre parole si faceva capire che non c'era nessuna colpa da attribuire al Vaticano di oggi. Il dossier andava nella direzione opposta all'accordo, rendendo concreta la possibilità di archiviare la questione senza dover pagare alcuno scotto. Ma quella del memoriale era una realtà parziale e manomessa, tant'è che la procura, pur conoscendone da tempo l'esistenza, non lo chiese mai come contropartita dell'accordo.

Quel monastero dietro la cupola

Non contestualizzare la trattativa sul caso Orlandi nel particolare periodo storico che il Vaticano stava vivendo sarebbe un errore. Siamo infatti alla vigilia della rinuncia di Benedetto XVI, una scelta clamorosa, formalizzata nel febbraio del 2013 ma che Ratzinger stava progressivamente maturando già da mesi, come qui siamo in grado di documentare. Non sappiamo quando, con precisione, il pontefice tedesco abbia preso la decisione ma è logico pensare che dal giorno della drammatica scelta Benedetto XVI abbia lavorato per preparare la Chiesa al momento fatidico in cui avrebbe annunciato al mondo intero la sua rinuncia. E come prepararla se non cercando di risolvere le questioni più spinose? La concomitanza tra l'apertura della trattativa sul caso Orlandi, la necessità non più procrastinabile di prendere una decisione sulla tomba di De Pedis e la tormentata vigilia della rinuncia di Ratzinger sembra ben più di una semplice coincidenza. A sostegno di questa ipotesi arriva anche un altro elemento: monsignor Gänswein, primo segretario di Ratzinger, venne sicuramente informato della trattativa che si era aperta con la procura di Roma e ottenne un dossier riservato sulla vicenda. Non aveva dato il via libera all'accordo ma nei mesi antecedenti aveva facilitato e favorito l'interlocuzione tra i protagonisti. Non sappiamo se Gänswein agisse a titolo personale o se avallasse l'iniziativa con la benedizione di Benedetto XVI. Ma è davvero credibile che il segretario del papa abbia sostenuto il dialogo tra magistratura e Santa sede senza informare e chiedere il consenso del santo padre? Visto il ruolo delicato e apicale che Gänswein ricopriva, sarebbe da escludere. Come mai tutto questo fervore nell'*entourage* di Ratzinger se non perché Benedetto XVI tentava di chiudere per sempre questa brutta storia del passato?

Un ulteriore episodio, rimasto sconosciuto fuori e dentro le mura leonine e che qui siamo in grado di raccontare, potrebbe anticipare di diversi mesi la scelta della rinuncia di Benedetto XVI, una decisione che il Vaticano fissa al marzo del 2012, quando il papa si recò in Messico e a Cuba. Proprio nell'inverno del 2011-2012, cioè in concomitanza con l'apertura della trattativa sul caso Orlandi, una notizia turbò non poco le suore visitandine in quel momento ospiti del monastero Mater Ecclesiae, fatto costruire nel 1992 da Giovanni Paolo II, proprio a pochi passi dalla basilica di San Pietro, affinché le sorelle di vari ordini, a turno, potessero pregare per il papa all'interno del piccolo Stato. Venne loro comunicato che avrebbero dovuto lasciare in anticipo le loro dodici celle e l'amato orto, dove coltivavano con passione verdure biologiche. Per ricomporre il naturale stupore, alle sorelle fu spiegato che erano stati decisi alcuni inderogabili lavori di ristrutturazione che avrebbero interessato tutto l'edificio. Il palazzo non aveva nemmeno vent'anni, le monache di clausura ci vivevano senza lamentarsi di niente, trascorrendo il tempo tra preghiere, letture e la cura delle piante. Ovviamente non replicarono, preferendo raccogliersi in riflessione. Eppure sarebbero dovute rimanere lì fino al 2014, come prevede lo statuto del Mater Ecclesiae, che dal 1994 indica l'alternanza ogni cinque anni di gruppi di sorelle dei diversi ordini monastici. Le clarisse erano state le prime ospiti, fino al 1999, seguite dalle carmelitane scalze, poi dalle suore benedettine, rimaste fino al 2009, l'anno di arrivo delle monache visitandine dell'ordine fondato da san Francesco di Sales. Adesso tutto cambiava. Le sorelle del Mater Ecclesiae stavano così immaginando il loro trasferimento negli altri conventi dell'ordine, sparsi nel mondo. I lavori di ristrutturazione sarebbero iniziati il novembre successivo e bisognava rispettare le disposizioni superiori.

Nessuna di loro poteva anche solo immaginare che la ristrutturazione sarebbe servita per trasformare il monastero nella residenza del primo papa dimissionario nella storia della Chiesa moderna. Benedetto XVI stava già pianificando con discrezione ogni mossa, spendendosi in più direzioni per assicurare che la scelta clamorosa di lasciare il timone della barca di Pietro rafforzasse davvero la Chiesa. Non ultima quella di togliere dove possibile le zavorre che potevano pesare su un nuovo pontificato. La storia di Emanuela Orlandi, come altre clamorose vicende che racconteremo nei prossimi capitoli, indeboliva la credibilità della Chiesa, aggravando quella crisi della fede che da tempo preoccupava Benedetto XVI. Ormai però i fragili meccanismi della trattativa erano compromessi. La volontà di cambiamento era stata intercettata e sabotata. Quel portone del Vaticano, che si era socchiuso per un attimo, si era all'improvviso richiuso. Stavolta forse per sempre. La scelta del nuovo procuratore capo di Roma Pignatone portava gli investigatori verso un'unica direzione: concentrare ogni risorsa nei misteriosi sotterranei della basilica, per cercare i resti del corpo di Emanuela, o almeno un frammento di verità. Come un ago nel pagliaio, ma ormai non c'era alternativa.

---

1 Richiesta di archiviazione presentata il 5 agosto 1997 dal sostituto procuratore generale Giovanni Malerba al giudice istruttore di Roma.

2 Intervista dell'autore a don Pedro Huidobro, rettore dell'Opus Dei a Sant'Apollinare: «Non credo che ad eccezione di De Pedis qualcuno dopo Napoleone sia stato qui seppellito, oltre al cardinale Domenico Jorio morto nel 1954».

3 Verbale di assunzione d'informazioni della procura di Roma del 20 novembre 2008.

4 Furono indagati dalla procura di Roma Sergio Virtù, Angelo Cassani detto «Ciletto», Gianfranco Cerboni detto «Gigetto»: tutti soggetti che hanno fatto parte del gruppo criminale capitolino. La loro posizione venne poi archiviata.

5 Il pagamento di oltre mezzo miliardo di vecchie lire era emerso da un'intercettazione ambientale a carico di Giuseppe De Tomasi, esponente della banda della Magliana, mentre il 29 novembre 2009 dialogava con il cognato Marcello. «All'epoca furono pagati – si legge nella richiesta di archiviazione della procura di Roma – seicento milioni in contanti al cardinale Poletti, "Je 'amo preparati spicci". Occorre evidenziare come De Tomasi, sentito il 27 aprile 2010, dichiarava che nell'ambiente da lui frequentato si diceva che De Pedis avesse pagato una forte somma di denaro (500 o 600 milioni di lire) al prete che gestiva la basilica di

Sant'Apollinare per ottenere, tramite il card. Poletti, la possibilità di essere sepolto lì, dichiarando successivamente, il 25 maggio 2011, che era stato Marco De Pedis [fratello di Renatino, *nda*] a consegnare la somma a mons. Vergari. Marco De Pedis, sentito sulle vicende relative alla sepoltura di De Pedis in Sant'Apollinare, escludeva l'interessamento di estranei e il pagamento di somme di denaro oltre quelle necessarie per i lavori di risanamento.»

6 Di fronte a vicende che destano particolare allarme sociale lo Stato italiano utilizza sempre lo strumento della trattativa segreta per risolvere situazioni di crisi. Al di là della più conosciuta trattativa tra Stato e mafia, oggetto di diversi processi ancora in corso, il fenomeno abbraccia tutta la storia italiana dal dopoguerra. I casi più eclatanti si sono registrati in occasione di alcuni rapimenti degli anni Settanta: sia quelli compiuti da organizzazioni criminali (come l'Anonima sarda e la 'ndrangheta), sia quelli opera di gruppi terroristici come le Brigate rosse. Sebbene governo e istituzioni siano sempre molto restii a fornire informazioni o solo confermare il pagamento dei riscatti, è sufficiente ricordare la specifica gestione dei fondi riservati del servizio segreto civile (all'epoca il Sisde), durante la presidenza di Oscar Luigi Scalfaro, e di quello militare (Sismi) per le trattative che riguardavano connazionali all'estero, visto che si sono pagati riscatti anche in situazioni di guerra per la liberazione di connazionali lavoratori e cooperatori internazionali. O l'intervento dello Stato durante i sequestri compiuti dalla 'ndrangheta, come testimoniato da diversi collaboratori di giustizia, tra cui Filippo Barreca.

7 La verità si trova nei Patti lateranensi, stipulati fra lo Stato italiano e la Santa sede l'11 febbraio 1929 e pubblicati sugli «Acta Apostolicae Sedis» il 7 giugno 1929. Più precisamente l'art. 16 recita: «Gli immobili indicati nei tre articoli precedenti, nonché quelli adibiti a sedi dei seguenti istituti pontifici: Università Gregoriana, Istituto Biblico, Orientale, Archeologico, Seminario Russo, Collegio Lombardo, i due palazzi di Sant'Apollinare e la Casa degli esercizi per il clero di San Giovanni e Paolo non saranno mai assoggettati a vincoli o ad espropriazioni per causa di pubblica utilità, se non previo accordo con la Santa sede, e saranno esenti da tributi sia ordinari che straordinari tanto verso lo Stato quanto verso qualsiasi altro ente. È in facoltà della Santa sede

di dare a tutti i suddetti immobili l'assetto che creda senza bisogno di autorizzazioni o consensi da parte di autorità governative, provinciali o comunali italiane le quali possono all'uopo fare sicuro assegnamento sulle nobili tradizioni artistiche che vanta la Chiesa cattolica».

Nel passato anche l'allora rettore don Vergari con gli inquirenti aveva rimarcato la propria autonomia, quando mise nero su bianco in un attestato «che la basilica di Sant'Apollinare in base al Concordato tra lo Stato italiano e la Santa sede del 14 febbraio 1929 è proprietà esclusiva della Sede apostolica che ha la facoltà di dare all'immobile l'assetto che crede senza bisogno di autorizzazione o consensi da parte di autorità governative, provinciali o comunali italiane». Il documento si trova foto-riprodotto nel libro di Raffaella Notariale *Segreto criminale* (con Sabrina Minardi, Newton Compton Editori 2010) dove si legge che lo stesso costituiva «la risposta di Vergari alla richiesta di delucidazioni da parte della Dia di Roma» sulla sepoltura di De Pedis nella cripta.

8 È quanto emerge dalla scrittura privata tra l'Opus Dei, con il prelato Álvaro del Portillo, e la Santa sede, firmata il 18 dicembre 1990 dal cardinal Lajolo e registrata presso l'ufficio legale del Governatorato il 22 gennaio 1991.

9 Nella lettera a don Vergari, Ruini scrive che dal 31 agosto il prete «cessa il suo incarico poiché l'intero palazzo è stato ceduto in uso dalla Santa sede alla prelatura della S. Croce e Opus Dei come sede dell'ateneo della Santa Croce». Dal primo settembre 1991, Ruini nomina rettore don Franco Calzona, presentato dal prelato della prelatura della S. Croce e Opus Dei.

10 Intervista dell'autore a don Pedro Huidobro, rettore dell'Opus Dei a Sant'Apollinare.

11 In particolare, i lavori di risanamento dei locali sotterranei vennero progettati nel 2002, unitamente a lavori di ristrutturazione funzionale dell'intero palazzo, affidati a seguito di gara d'appalto alla ditta Castelli Re e iniziati nel 2003.

12 Don Huidobro si mostrò molto serafico in una intervista a «La Stampa»: «Non so fino a che punto possa esistere una relazione tra la scomparsa di Emanuela Orlandi e la sepoltura del boss della Magliana», ma «se serve a togliere ogni dubbio, per noi la tomba può essere aperta e trasferita altrove anche domani. Anche la famiglia De Pedis si è dichiarata disponibile. [...] Tutto ciò che può essere fatto per risolvere la

questione ci trova pienamente d'accordo e collaborativi. Va compiuto ogni passo che serva a far chiarezza. Per noi sarebbe motivo di sollievo e ci aiuterebbe a ritrovare tranquillità nella nostra attività quotidiana senza che vengano persone in basilica a chiedere di visitare la tomba di De Pedis».

La basilica degli orrori

Gli scheletri spariti

In quei mesi di indagini febbrili della magistratura, decido di andare a visitare la tomba di Renatino De Pedis, suggello di questo rapporto pericoloso stretto tra il Vaticano e la peggior malavita. Il mio accompagnatore è un anziano sacerdote che ha libero accesso alla basilica e ne conosce bene gli anfratti più nascosti. La sua presenza non desta sospetti né solleva particolari attenzioni. Così decide di farmi da guida, rimanendo sempre qualche passo più avanti, e indicandomi dove e soprattutto quando seguirlo. Appena entriamo rimango colpito dal silenzio che mi avvolge e mi mette a disagio. Solo pochi passi e il prete, all'improvviso, con un breve cenno della mano, mi chiede di attendere. Passano interminabili minuti, nei quali non posso che pensare a Emanuela. La immagino come una ragazza felice e serena strappata all'improvviso e per sempre alle sue abitudini e alla sua vita normale. Certamente veniva qui a genuflettersi e a pregare per i suoi parenti, mamma, papà, fratello e sorella, i nonni, poi, lasciata la basilica s'infilava nel portone adiacente, correva spensierata su per la grande scala a destra fino a raggiungere la tanto amata scuola di musica, l'istituto «Tommaso Ludovico da Vittoria».

Ma il corpo di De Pedis non riposa qui dove mi trovo ora. Non è tra le tombe di musicisti, monsignori e cardinali: è sepolto nel sottosuolo, lontano da occhi indiscreti. Per raggiungerlo bisogna compiere un percorso particolare. Me ne accorgo quando finalmente ricevo il via libera. Il mio accompagnatore mi indica una scala a mezzaluna che conduce ai sotterranei. Sceso l'ultimo gradino, attraversiamo un breve corridoio, fino a raggiungere una porta. È chiusa. Aprendola si accede a una piccola stanza. Ed ecco davanti a me la tomba. Sembra un mausoleo, rivestito di marmo pregiato. Il corpo di De Pedis è lì, all'interno di un sarcofago e, ancora prima, di un rivestimento piombato che rallenta il deperimento dei resti nel tempo. Un aspetto mi sorprende: non siamo in una parte nobile della basilica, anzi. Non è nemmeno una zona consacrata, come mi spiegherà nei mesi successivi il rettore di Sant'Apollinare, don Huidobro. Mi domando: perché riconoscere a quell'esponente di spicco della banda della Magliana gli onori di una sepoltura in un luogo così illustre per poi relegarlo in quello che sembra uno scantinato? «Eh, oggi ti va ancora bene, perché qui è stato tutto ristrutturato» mi spiega a bassa voce il sacerdote, come se leggesse nei miei pensieri. «Prima dei restauri era un'avventura scendere qui sotto.» E mi mostra alcune fotografie un po' sbiadite che ha portato con sé: posso vedere da quelle immagini lo stato di abbandono in cui versavano i sotterranei di Sant'Apollinare, a eccezione del locale dove riposa De Pedis, restaurato dalla stessa ditta che aveva allestito la tomba di papa Roncalli. Per il resto, muffa, infiltrazioni, sporcizia ovunque.

Il 14 maggio 2012 le squadre della polizia scientifica, dopo aver recuperato tutte le mappe dell'edificio, scendono nei sotterranei di Sant'Apollinare e si trovano di fronte un vero e proprio cimitero. Per tre mesi gli uomini in tuta bianca portano avanti un'operazione che rimane senza precedenti nella storia dell'antropologia forense mondiale. La tomba che ospita il corpo di De Pedis viene subito scoperchiata. Il sarcofago è «identico a quello costruito per papa Giovanni XXIII», come rimarcava lo stesso don Piero Vergari già nel 2009-2010, quando venne sentito per tre volte come testimone da Capaldo, con l'obbligo di dire la verità. Le analisi del Dna confermano che si tratta proprio di lui. Poi si passa agli ossari. Dopo la ristrutturazione voluta dall'Opus Dei, successiva alla sepoltura di De Pedis, tutte le 52.188 ossa umane conservate, intere o in frammenti, erano state raccolte in centinaia di voluminose cassette di zinco, riposte sia nell'ossario che si trova sotto l'altare, sia in un pozzo situato sotto la pavimentazione della cripta, denominata Grotta dei Martiri.

Mai prima d'allora era stato censito un intero cimitero, con quasi sessantamila reperti. Viene analizzato ogni frammento. Si selezionano le ossa compatibili per età e sesso con quelle di Emanuela per estrarne il Dna e procedere quindi alla comparazione genetica con i profili salivari prelevati ai familiari. Il sospetto degli inquirenti è che i resti della povera ragazza siano mimetizzati tra i tanti altri inumati ufficialmente più di un secolo prima. Infine si dispone l'ispezione di diverse parti del complesso immobiliare, tra sottotetti, soffitte, anfratti non presenti nelle piantine. Un lavoro millimetrico, che suscita anche l'irritazione del rettore don Huidobro: «Nella basilica hanno cercato i resti della ragazza con un certo accanimento, non si è lasciato inesplorato nemmeno un centimetro».[1] I risultati vengono così riportati alla magistratura che segue le indagini:

> Le attività all'interno della cripta, tese alla ricerca dell'ossario presente in basilica, permettevano di rinvenire 89 cassette e un sacco

> nero contenente ossa umane murate nel locale posto di fronte a quello dove era situata la tomba [di De Pedis, *nda*] e 240 [cassette, *nda*] situate in un pozzo al di sotto della pavimentazione della cripta denominata «Grotta dei Martiri», per un totale di 409 cassette, numero superiore alle 200 originariamente previste.[2]

Mentre analisi e scavi proseguono, gli inquirenti interrogano sia chi aveva coordinato i lavori di ristrutturazione sia chi si era occupato di acquistare le casse metalliche e di raccogliervi il materiale osseo rinvenuto. Iniziano così a profilarsi le prime ombre, sottolineate con chiarezza nella relazione finale del consulente tecnico incaricato dalla procura di trarre le conclusioni dell'attività svolta, ma mai finora approfondite dai media. Il professionista «esprimeva delle riserve circa la mancanza, stando alle testimonianze raccolte, di 100, 110 scheletri».[3] In altre parole numerose casse di zinco risultano sparite. Quando e da chi sono state rimosse? E soprattutto, perché? Il fatto non appare secondario, apre anzi un'infinità di possibili interpretazioni. Ma su questo punto il procuratore capo Pignatone arriva a laconiche conclusioni:

> Anche a voler ritenere tale circostanza, e cioè che effettivamente un cospicuo numero di scheletri sia stato rimosso in tempi diversi e comunque collocato in cassette poi non riposte in Sant'Apollinare, occorre evidenziare come proprio la descrizione data nella consulenza della tipologia di ossa e di conservazione degli scheletri appartenenti a tale gruppo, rinvenuti in cassette che contenevano anche parti di vestiti e targhette, lascia ipotizzare che anche quelli mancanti appartengano a tale tipologia e che siano pertanto datate.[4]

Purtroppo a volte nelle indagini, in assenza di certezze, bisogna affidarsi alle ipotesi. Ed è proprio questo il caso, visto che il procuratore Pignatone ipotizza che le ossa scomparse non siano fondamentali perché, con ogni probabilità, appartenenti a un gruppo non interessante. Ma questa deduzione non esclude scenari alternativi più inquietanti, ovvero che i resti della giovane siano stati portati via con largo anticipo per evitare, un domani, il loro rinvenimento. Qualcuno potrebbe aver inserito altre ossa proprio in quelle cassette all'apparenza irrilevanti. Quale nascondiglio sarebbe stato migliore? Gli inquirenti cercano di capire se, durante la ristrutturazione di Sant'Apollinare o negli anni seguenti, alcune delle casse di zinco contenenti ossa siano state inviate ad altre chiese: «Ma la circostanza è stata esclusa, pertanto non si è potuto ulteriormente approfondire tale eventualità stanti anche obiettive difficoltà legate a una eventuale ricerca in altri ambiti ecclesiastici, con la quasi certezza di un esito negativo».[5] Una conclusione, forse, troppo sbrigativa.

Una verità «complicata»

Guai a chiedere giustizia, come nel frattempo sollecitano le petizioni, i cortei, gli appelli della famiglia Orlandi, che da anni si rivolge anche al papa. «Embè, che vuole? Che c'entra il papa?» sbotta al telefono un don Vergari più nervoso che mai, proprio il giorno dell'arrivo delle squadre della polizia scientifica per la perquisizione nella cripta. «Che c'entrano le cose del Vaticano? E tutti gli altri poveretti che sono morti, che sono spariti di qua e di là? Che devono fare? Mo' solo perché questo fa fracasso, a questa maniera, devono da' ascolto alla verità? Tanto è talmente complicata.» Una verità, dunque, che per il rettore della basilica negli anni della scomparsa di Emanuela non sarebbe sconosciuta – anche se il sacerdote dice di non sapere nulla, come va ripetendo in quei giorni a chiunque – ma «complicata».

Proprio così, una verità «complicata» quella dietro la scomparsa e il probabile omicidio di Emanuela Orlandi. Lo stesso aggettivo che, nel 2017, sceglierà anche il primo collaboratore di papa Francesco, il segretario di Stato cardinale Pietro Parolin, durante un incontro rimasto fino a oggi riservato. Tutto comincia il 27 marzo 2016, giorno di Pasqua. L'esortazione di papa Francesco echeggia in una piazza San Pietro gremita di fedeli che seguono la conclusione della benedizione *Urbi et Orbi*: «Ovunque ci si adoperi – chiede Bergoglio – per favorire la cultura dell'incontro, la giustizia e il rispetto, che soli possono garantire il benessere spirituale e materiale dei cittadini!». Ad ascoltarlo in piazza San Pietro c'è anche Pietro Orlandi, fratello di Emanuela. Ogni volta che sente la voce del papa, Pietro ripensa al momento di fortuna che ha avuto solo qualche anno prima, il 17 marzo 2013. Il nuovo pontefice era stato appena eletto e lui aveva avuto la possibilità di incontrarlo e di parlarci per pochi ma cruciali secondi:

> Venni a sapere che quel giorno papa Francesco era a messa a Sant'Anna, così andai in chiesa con mia madre a seguire la celebrazione. Qualche minuto prima della conclusione raggiunsi la sacrestia sperando di incontrare il papa subito dopo la funzione... passavano i minuti ma non arrivava... Alcuni commessi mi dissero che il papa era fuori sul sagrato a salutare i fedeli. A questo punto mi sono messo anch'io in fila dietro di loro con mia madre. Appena Domenico Giani, il capo della Gendarmeria, che stava a un metro dal papa, mi ha visto, subito ha sussurrato qualcosa sottovoce al pontefice, indicandomi con lo sguardo. Mi sono fatto coraggio e, quando è arrivato il mio turno, ho stretto la mano al papa e lui mi ha detto: «Emanuela sta in cielo». Sono quasi rima-

sto senza parole. Mi si è gelato il sangue. La stessa frase l'ha poi ripetuta a mia mamma subito dopo. Quattro parole che non mi sono mai bastate. Anche perché non abbiamo mai avuto la prova dell'uccisione di Emanuela. Perché il papa mi ha detto quella frase? È un segno di apertura? Per questo, da quel giorno ho cercato di avere un aiuto da Bergoglio e dai suoi più stretti collaboratori.[6]

Quel giorno in piazza San Pietro, Orlandi riflette sulle parole scelte dal pontefice: rispetto, incontro, giustizia. Valori che mal si conciliano con la notizia che ha saputo da poco: gli archivi del Vaticano custodiscono un dossier segreto su Emanuela. Si riaccende ancora una volta la speranza di arrivare alla verità. Ma cosa contiene quel fascicolo? Poche settimane prima, il fratello di Emanuela ha contattato uno degli assistenti del cardinale Parolin per chiedere un appuntamento con il segretario di Stato. Desidera rivolgersi alle più alte cariche della Santa sede. L'appuntamento viene concesso. È fissato pochi giorni dopo Pasqua. Orlandi arriva negli uffici della prima loggia del palazzo apostolico. «Siediti pure, Pietro» dice Parolin con tono pacato dopo averlo fatto accomodare nell'anticamera dello studio privato. Il fratello di Emanuela si siede e per quasi un'ora intrattiene l'alto prelato, ripercorrendo tutta la vicenda, accennando anche al dossier. Il segretario di Stato è particolarmente attento, pone domande, si mostra sorpreso di fronte a particolari a lui sconosciuti. Come quelli su don Vergari. Terminato il racconto, il porporato si raccoglie in silenzio, tende per un attimo i muscoli del volto e si mostra coinvolto e disponibile ad approfondire la questione: «Bisogna fare assolutamente qualcosa: certo, mi chiedo cosa possa esserci dietro, mi rendo conto che debba essere una cosa difficile, ne parlerò al papa e ti saprò dire». Da quel giorno, Pietro Orlandi rimane in attesa.

Luca ed Emanuela, musica e violenza

Anche Luca B. è un adolescente, come Emanuela Orlandi. Le loro vite contano molti punti in comune. Entrambi amano la musica, sono due giovani taciturni ma socievoli e loquaci con gli amici più stretti, e dal sorriso dolce che illumina sempre i loro volti. Poi, un giorno tutto cambia. Per Emanuela e anche per Luca.

È un pomeriggio d'inizio estate, Luca invita la fidanzatina a mangiare un gelato insieme. Sono lì che chiacchierano con la semplicità della loro età, poco dopo si salutano dandosi appuntamento per l'indomani. La ragazza lo guarda per l'ultima volta, un attimo di distrazione e viene investita da un'auto mentre attraversa la strada. Muore lì, tra spasmi e singulti, sotto gli occhi di Luca.

Dal giorno dell'incidente Luca quasi non parla più. I genitori lo spronano. Cercano di distrarlo, ma lo choc rimane un macigno inamovibile che pesa sul suo cuore. Il ragazzo sembra quasi rinunciare alla vita, i suoi interessi si annullano, giorno dopo giorno precipita in uno stato larvale. Ma un dettaglio riaccende la speranza di chi lo ama. Luca infatti tiene sempre il mangianastri acceso in camera. Ascolta soprattutto musica italiana e rock, la sua preferita. Così, quasi come un gesto disperato, il padre ha un'intuizione e gioca l'ultima carta per provare a salvarlo: lo iscrive a un corso di musica.

Glielo consigliano alcuni amici di famiglia. È la scuola di musica nel complesso di Sant'Apollinare, la stessa che avevano consigliato ai genitori di Emanuela le suore della scuola media «Maria SS Bambina» frequentata dalla ragazza, adiacente a piazza San Pietro, a fianco del colonnato di sinistra.

Così l'uomo prende la mano al figlio e lo porta nella basilica di Sant'Apollinare, con la speranza di vederlo rinascere, tra spartiti, note e musica, la sua più grande passione. Prima però il padre chiede un colloquio con il maestro, al quale raccomanda l'adolescente. Racconta del trauma subito dal ragazzo, del silenzio che segna ormai ogni sua giornata. Gli chiede un occhio di riguardo, attenzione e cura per un giovane che sembra perso. L'insegnante ascolta con attenzione, si spende in larghi sorrisi, cerca di conquistare la fiducia del genitore. E ci riesce. «Seguirò suo figlio personalmente – ripete al padre per rincuorarlo –, non si preoccupi. Dedicherò a lui un'attenzione particolare, per ridargli forza e coraggio.»

È appena iniziato l'autunno. Luca, esitante, imbocca il portone di Sant'Apollinare, come qualche anno prima aveva fatto Emanuela. I due non si conoscono, perché Luca inizia a frequentare l'istituto il primo ottobre 1988, cinque anni dopo la scomparsa di Emanuela. Ma le loro storie ancora si sfiorano, con un altro significativo punto in comune: il premuroso maestro insegna a entrambi. Prende così a cuore l'anima del ragazzo che ne abusa fisicamente più volte. È un pedofilo. Luca diventa un giocattolo utile a soddisfare le sue più infide perversioni.

Luca ha paura a raccontare quello che ha subito. Con cautela, però, si fa avanti. E parla. Nel 1990 confessa la terribile verità a un sacerdote inviato dal Vaticano. Indica nome e cognome del responsabile degli abusi. Il 23 febbraio 2013 viene convocato in procura ma al posto suo si presenta il fratello, che porta con sé una documentazione clinica che dimostra come Luca sia affetto «da una grave patologia psichiatrica»: «Mio fratello è ammalato dal 1986» spiega, sentito come testimone. «I disturbi dei quali soffre non gli consentono una normale vita di relazione, essendo impossibilitato a uscire di casa, se non per percorrere brevi tratti di strada in zona a lui conosciuta. L'iscrizione alla scuola di musica fu decisa quando ancora il suo stato di salute lo permetteva. Gli anni di frequentazione furono di relativo benessere, ma la stessa si interruppe quando la scuola chiuse nel 1991.» E se Luca è psicolabile è anche inattendibile. «Certo, non era un testimone che potevamo portare in aula – spiega Capaldo – ma il racconto delle violenze subite è troppo preciso per essere inventato. La sua vicenda andava approfondita.» Invece, passati trent'anni e con i possibili reati ormai caduti in prescrizione, non è più possibile far niente. La ferita nel cuore di Luca, però, è destinata a sanguinare per tutta la vita.

Una telefonata molto imbarazzante

Sant'Apollinare, giorno dopo giorno, da luogo di preghiera e musica sacra si trasforma in una basilica degli orrori. Il passato che emerge dalle indagini fa assomigliare l'edificio di culto a uno di quei pozzi neri dai quali può uscire di tutto. Al di là della scomparsa di Emanuela, tra le navate della basilica s'intreccia un groviglio di perversioni e scandali che ora vengono finalmente alla luce.

Il primo fronte che si apre davanti agli occhi finalmente scrupolosi e attenti degli inquirenti è quello dei seminaristi. A Sant'Apollinare don Vergari infatti dedica tempo e attenzione soprattutto a quei giovani, spesso poveri e provenienti da paesi in via di sviluppo, che sono stati allontanati da chiese, istituti e conventi per «disordine morale», perché ritenuti «non idonei», dunque da recuperare. Sono persone fragili, qualcuno è in crisi vocazionale. Il rettore, negli anni di Emanuela Orlandi, li ospita in qualche stanza disadorna del complesso. Assicura loro pasti gratis al Popi Popi, la pizzeria del fratello di De Pedis a Trastevere. E Renatino, nel frattempo, fa arrivare in chiesa pasta, carne e vino, anche per quaranta persone. La vedova De Pedis, sentita come testimone nell'inverno del 2009, nei suoi interrogatori davanti a Capaldo ricorda sei, sette seminaristi ospiti a Sant'Apollinare, accolti in stanzette dove dormivano su letti a castello, al primo piano. Sentito in procura, sempre come testimone, don Vergari ha negato di aver mai ospitato seminaristi. Ma perché negare un fatto ormai accertato? L'ex rettore della basilica aveva un ascendente molto forte su quei ragazzi «confusi», che cercavano un punto di riferimento. Gli inquirenti sono arrivati addirittura a ipotizzare che il sacerdote instaurasse anche relazioni sessuali con alcuni di loro. Un dubbio alimentato da diversi episodi, tra cui il fatto che le suore della scuola di musica adiacente, a iniziare dalla responsabile suor Dolores, preferivano non fare le prove dei cori a Sant'Apollinare, scegliendo abitualmente chiese più lontane.[7] Da parte sua, l'allora rettore ha sempre smentito ogni addebito. Ma un'intercettazione telefonica, a oggi inedita, sembrerebbe invece confermare i sospetti degli inquirenti.

Nell'autunno del 2009 don Vergari s'intrattiene in una conversazione con tal don Firmino, ovvero Htwe Khin Maung, seminarista nato in Birmania nel 1971 e trasferitosi in Italia per seguire la propria vocazione. Nel fascicolo delle indagini questa è una delle poche telefonate a essere trascritta integralmente, «per una migliore comprensione del "personaggio"».

Vergari: Pronto?
Seminarista: Pronto.
V.: Eccomi.
S.: Buonasera.
V.: Firmino!... Ieri era santa Firmina! Ho pensato a te, ho pensato

sai? Era la tua festa, ma dico do' lo trovo, non c'ho neanche il telefono di Firmino...

S.: Dove siete...?

V.: A Sigillo... a Sigillo! Tu dove stai?

S.: Sto nella mia stanza...

V.: Foligno??

S.: No no... metà strada.

V.: Bravo bravo... come stai...? Cosa fai?

S.: Eeeh, io gioco.

V.: Giochi? Va bene... finché si gioca significa che le cose vanno bene, no?

S.: Eeeh...

V.: Se giochi significa che le cose vanno bene, perché se uno gioca si diverte...

S.: Mmmh, io gioco con il mio pene però.

V.: Ah, sì, va bene, va bene.

S.: Mmmh, state da solo a Sigillo?

V.: Da solo...

S.: Non c'è nessuno nessuno...

V.: No, nessuno nessuno. Perché ho detto basta, sennò non finiamo più, e allora i ragazzi sono finiti...

S.: Mica potrei venire qualche volta?

V.: Embè, se vuoi venire io sto lì, eh eh, non c'è nessun problema no...

S.: Però ho paura.

V.: Paura di chi?

S.: Ho paura di dormire da solo.

V.: No... no, vabbè, ci stiamo noi...

S.: Posso dormire con voi?

V.: Certo, certo, io c'ho una camera grande...

S.: Stesso letto voglio dormire...

V.: Beh, stesso letto non è possibile, no...

S.: Perché ognuno deve stare nel suo letto, capito, nel suo letto. Ma ho paura!!! Paura... Allora posso dormire nel vostro letto?...

V.: Oh... dimmi un po' studi tanto tu, studi oppure cosa fai?

S.: Io gioco.
V.: Beh giochi, vabbè, dico studiare niente... facoltà?!! No...
S.: No no, io gioco, gioco molto...
V.: Ah sì va bene... va bene... mmm.
S.: Ogni notte!!!
V.: Sì, va bene... va bene eh eeeh...
S.: Gioco mio pene però, gioco mio pene... Gioco da solo e non c'è nessuno...
V.: L'orto niente? L'orticello niente?
S.: No, non c'è lo spazio... io gioco, gioco così... [...] poi giochi mi sento stanco, molto stanco.
V.: Devi lavorare... ti ricordi quanto tu giù là a come si chiamava quel paese dove siamo andati noi? Che hai fatto la profezione [sic, *nda*] noo... e facevi il tuo piccolo orto e mi hai dato gli ortaggi... mi hai dato le zucchine... mi hai dato melanzane...
S.: Banane... le banane.
V.: Anche no. Le banane non ci sono a Napoli, non ce l'abbiamo in Italia... noi no...
S.: Le banane.
V.: Bisogna andare a Napoli, cioè Napoli, in Africa, in Birmania no...
S.: Banane, zucchine, melanzane, tutti lunghi, tutti sono lunghi e rotondi... io gioco... voi non giocate?
V.: Firmino, allora Firmino...
S.: Giochiamo...?
V.: Va bene...
S.: Giochiamo?
V.: Alla prossima occasione eeeh, va bene!
S.: Alla prossima occasione giochiamo insieme?
V.: Ci vediamo, ci salutiamo, quando sarà mai! Perché tu stai sempre così lontano...
S.: Io sto giocando...
V.: Va bene. Allora ci diamo la buonanotte, che dici, no?
S.: È uscito latte.
V.: Va bene.
S.: La crema al latte.

V.: Sì... senti...
S.: Trema la testa!
V.: Ci diamo la buonanotte, no?
S.: Perché trema la testa?
V.: Ah io non so niente se ti trema la testa, non sarà l'influenza che sei malato, no?
S.: Trema la testa per la banana.
V.: Ecco.
S.: Della banana.
V.: Va bene.
S.: Poco poco sta uscendo...
V.: Senti fiorellino, ecco fiorellino, ti ricordi che quella volta al superiore che gli disse: «Ah don Piero che cosa hai capito?...» [cerca di cambiare discorso, *nda*].
S.: Gioco, mi sa che è meglio giocare, perché... tutti... tutti i pensieri... eh?
V.: Ecco, fai il bravo, mi raccomando Firmino. Fai il buono, prega eh?
S.: No no, io gioco molto!
V.: Alla fine dopo ti stancherai, no?
S.: Questo sì, però al momento quando esce latte mi sento molto contento...
V.: Non si può giocare sempre, bisogna essere seri nella vita, capito?
S.: No... due giorni una volta gioco [sic, *nda*].
V.: Sì sì, va bene.
S.: Si allunga anche.
V.: Eh, vabbè, allora ci salutiamo eh? Va bene?
S.: Allora possiamo dormire con voi?
V.: Va bene, va bene, però nel tuo lettino a due metri da me. Va bene?
S.: Magari... vediamo... mi piace giocare molto... Sono diventato più magro, soprattutto la faccia...
V.: Sei diventato piccolino? Sei diventato più piccolo? Eh?
S.: Perché gioco molto.
V.: Ah sì? Va bene, ti fa bene, diciamo un po' di ginnastica, no? Fa bene per il tuo fisico.
S.: Gioco molto.

V.: Va bene Firmino, allora...
S.: Sta uscendo, piano piano, somiglia al latte però, somiglia al latte.
V.: Sì, lo so.
S.: Un po' somiglia al latte... oh mamma mia, abbondante però.
V.: Va bene Firmino, allora ci diamo la buonanotte eh? Ciao.
S.: Buonanotte, alla prossima.
V.: Alla prossima occasione eh?[8]

Sentito dagli inquirenti, il seminarista ha smentito ogni tipo di approccio sessuale con don Vergari: una risposta, la sua, che ha portato i pm a fargli sentire la telefonata appena riportata. Era come negare l'evidenza. A quel punto l'uomo ha cambiato versione, spiegando che stava scherzando. Quando si è accorto che nessuno gli credeva, ha cambiato nuovamente idea, affermando che stava provocando l'ex rettore per vedere come reagiva. Gli inquirenti non hanno creduto a nessuna delle tre versioni.

Ho deciso allora di andare a cercare personalmente il seminarista. Sono riuscito a rintracciarlo e a incontrarlo in una casa di un piccolo paese in Campania, dove viveva con altri seminaristi. Mi ha aperto la porta, mi ha fatto accomodare in un soggiorno molto spoglio, mi ha offerto un caffè ma, quando ha capito che ero a conoscenza del contenuto imbarazzante della telefonata con don Vergari, prima è impallidito poi ha cominciato a urlare invettive contro di me e contro i giornalisti. Voleva che giurassi sulla Bibbia, agitandola tra le mani, che mai avrebbe avuto problemi. La sua non era la reazione di chi ha vergogna o aggredisce per difendersi. Ripenso al suo sguardo: aveva paura. Paura di essersi infilato incautamente in una storia ben più grande di lui. «Don Vergari ci ospitava a casa, eravamo cinque o sei, per ritrovare la nostra vocazione, per diventare prete» mi ha raccontato.

«Ci dava ospitalità, eravamo come i ragazzi ai semafori che lavano i vetri per mangiare e cercano qualche alloggio. Noi eravamo in difficoltà, volevamo diventare preti, non avevamo un posto dove stare.»

Ho provato a raggiungere anche don Piero Vergari. L'ho incontrato a Taurania, un piccolo paese vicino a Rieti. Proprio qui, negli anni Novanta, l'ex rettore di Sant'Apollinare aveva fondato un'associazione per quella che lui stesso indicava come un'importante «opera di discernimento vocazionale». Aiutava giovani stranieri, ospitandoli e assistendoli per i documenti necessari alla loro permanenza in Italia. Ne valutava le possibilità di accesso ai seminari e l'idoneità al sacerdozio. Un ruolo decisivo: «Tra il 1988 e il 1991, dei miei ragazzi – rivendicò con orgoglio davanti ai magistrati durante gli interrogatori – ben 130 sono diventati sacerdoti». Anche in questa storia non mancano le ombre, tanto che il vescovo di Tivoli sciolse rapidamente l'associazione, mentre nel 2002 la Cei invitò le diocesi a non accogliere né promuovere agli ordini sacri le persone provenienti dagli ambienti legati a don Vergari. Il mio incontro con il sacerdote è durato una manciata di minuti. Mi ha aperto la porta, mi ha fatto entrare, appena ha capito che ero un giornalista mi ha spinto fuori di peso.

Quando Eccellenza avvisò del telefono sotto controllo

Il 3 maggio 2012 la magistratura mette sotto indagine per sequestro di persona, con l'aggravante della morte, l'allora rettore della basilica di Sant'Apollinare, scoprendo la potente rete di protezioni che don Vergari, uomo dagli impresentabili orientamenti sessuali, ancora vantava all'interno dei sacri palazzi. Il 19 maggio, proprio nei giorni dell'ispezione all'edificio di culto, don Vergari legge sui giornali che è finito sotto inchiesta per la scomparsa di Emanuela Orlandi dopo che le dichiarazioni di Sabrina Minardi e le diverse piste battute dagli inquirenti avevano puntato i riflettori su Sant'Apollinare. E si mette paura. Alle 11.01 compone un numero di telefono in Vaticano. L'ex rettore di Sant'Apollinare non immagina di avere l'apparecchio sotto controllo, gli inquirenti stanno ascoltando ogni sua parola. Al terzo squillo risponde un uomo. Don Vergari è impaurito ma ossequioso, come sempre con i superiori. Lo chiama, con deferenza, «Eccellenza», quindi si può immaginare che il suo interlocutore sia un monsignore o un vescovo che, purtroppo, non è mai stato identificato. Dal brogliaccio delle intercettazioni, riprodotto tra i documenti in Appendice, arriva però un colpo di scena. Dopo poche battute, «Eccellenza» svela una notizia che sciocca l'anziano sacerdote:

Vergari: Eccellenza mi sente... sono don Piero.
Eccellenza: Sì.
V.: Allora... che devo fare... questi qui... questi.
E. (lo interrompe bruscamente): No... non si rivolga a me don Piero, perché... lei stia... stia calmo... stia quieto... stia tranquillo... io gliel'ho detto fin da principio...
V.: Io sto tranquillissimo perché guardi... le dico la verità... io quella persona non l'ho mai vista, non l'ho mai conosciuta...
E. (lo interrompe nuovamente): Sì, ma lei stia tranquillo...
V.: Sì.
E.: Come le ho sempre detto, perché tutte le volte che lei è andato di fuori poi è successo quello che è successo...
V.: Sì.
E.: Stia tranquillo adesso!
V.: Sì.

E.: Non ha bisogno...
V.: Sì... E senta, mi chiamano..., telefonate... e... e... io non rispondo a nessuno... se mi chiamano i giornalisti che vogliono sapere...
E.: Guardi che il suo telefono è sotto controllo!
V.: Sì... eh.
E. (con tono perentorio): Io non voglio entrare in questa storia perché già... già mi hanno spremuto come un limone.
V.: Va bene... io adotto questo sistema... ai giornalisti non rispondo a nessuno.
E.: No no... stia in silenzio e basta!
V.: La ringrazio.
E.: Basta che i superiori siano avvertiti.
V.: Sì, sì, sì, lo sanno... io immagino questo perché...
E. (interrompe, ha fretta di chiudere la conversazione): Arrivederci!
V.: Sì... ci vediamo grazie.[9]

Dunque don Vergari è avvertito da un importante prelato di avere il telefono sotto controllo. L'interlocutore fa anche una considerazione che si presta a inquietanti interpretazioni. Dice: «Ogni volta che lei è andato di fuori poi è successo quello che è successo». Cosa intende? Il superiore lo ammonisce e lo invita a non compiere passi falsi. Da quel giorno don Piero è molto cauto in ogni telefonata. C'è da chiedersi come mai il misterioso «Eccellenza» sapesse che gli investigatori stavano intercettando il telefono dell'ex rettore di Sant'Apollinare. Da chi aveva ricevuto questa informazione cruciale? Si tratta forse di una semplice deduzione, una mossa per impaurire don Vergari? O davvero la Santa sede poteva contare su una talpa tra gli inquirenti? La domanda rimarrà sempre senza risposta, perché purtroppo su questo fronte non sono stati compiuti approfondimenti.

Del resto, nella comunità ecclesiale, quelli sono giorni in cui c'è molta fibrillazione. Tra i sacerdoti sembra scatenarsi una sorta di soccorso incondizionato verso l'ex rettore in difficoltà e sotto pressione. Lo chiamano vescovi, monsignori, semplici preti: tutti lo incoraggiano ad andare avanti. I più audaci si spendono in strategie e consigli tattici. Un sacerdote arriva a indicargli il «segreto confessionale» come pretesto per non dire niente del rapporto confidenziale con De Pedis. Una difesa sorprendente, un sostegno assoluto, come se don Vergari fosse un'anima pia.

Tre giorni dopo la conversazione con «Eccellenza», è il turno di Ennio Appignanesi, vescovo emerito di Potenza. A lui – scrivono gli inquirenti negli atti – don Vergari si rivolge per avere un consiglio su come rispondere in caso d'interrogatorio. Don Ennio se ne intende di procure e interrogatori, e quasi se ne vanta con l'ex rettore di Sant'Apollinare, visto che è stato sentito nell'ambito dell'inchiesta sull'omicidio di Elisa Claps, la ragazza uccisa nel 1993, i cui resti vennero trovati nel sottotetto della chiesa della Santissima Trinità a Potenza. Come già nella conversazione con «Eccellenza», anche il vescovo Appignanesi mette in guardia don Piero. Riporta la polizia giudiziaria:

> [Il vescovo Appignanesi, *nda*] avverte don Vergari che sicuramente le sue utenze sono intercettate... più che un colloquio tra amici, sembra la pianificazione di una strategia processuale che deve partire dalla coerenza delle dichiarazioni: don Ennio spiega a Vergari che se vuole essere credibile deve affermare sempre la stessa cosa, oppure, ancora meglio, dovrebbe avvalersi della facoltà di non rispondere, visto che le sue parole potrebbero essere «male interpretate». Monsignor Vergari, il quale deve aver meditato a lungo su come rispondere in procura, afferma di aver deciso di dire che lui era la guida spirituale di Enrico De Pedis, determinando l'entusiasmo di don Ennio, il quale conferma che tale dichiarazione bloccherebbe ogni possibile ulteriore doman-

da, visto che come guida spirituale lui potrebbe opporre il segreto della confessione.

Vergari: [...] C'era una persona che io ho conosciuto, si chiama Enrico De Pedis... badi bene... Enrico De Pedis... battezzato con nome di Enrico! Poi c'è una persona... detto Renatino...
Appignanesi: Eh eh... permetti don... ma parlare per telefono... te pare... se ti hanno inquisito... come titolo di... dovuto... sta a vede' che ti mettono il telefono sotto controllo.
V.: Dice?
A.: ... Noi non c'abbiamo niente da nascondere a nessuno!
V.: No no... niente... niente da nascondere? Niente da nascondere! Perché lei che dice continuiamo oppure non è il caso? Che dice don E...?
A.: [...] No, io dico, se ti hanno chiamato per la terza volta... Attento! L'importante è poter dire sempre le stesse cose! [...] Perché uno diventa credibile all'interno... Poi ci possono essere altri che ti possono consigliare eventualmente, perché se tu dici una parola giusta e onesta... Le interpretazioni sono dieci...
V.: Sì.
A.: E allora certe volte uno si avvale di... non volere dichiarare se è colpevole e questo o quell'altro... fate le indagini, io non ho niente da dire insomma... Ma non lo so, ecco... ascolto la tua domanda...!
V.: Io in fondo sono andato venticinque anni a Regina Coeli... ero un po', diciamo... una guida spirituale... aiutante cappellano, diciamo, no? La guida spirituale che ha continuato per alcuni anni anche dopo... diciamo, no? [...] allora si potrebbe dire che in fondo ero una guida spirituale... no? [...].
A.: Sì, ma su questo nessuno ti deve interrogare... perché è un ambito che non compete a nessuno... c'è il segreto della confessione... quindi non va venduto... [devi dire, *nda*] «su questo io non ho da dire nulla... soltanto alla mia coscienza e al Signore!... io ho fatto quello che farebbe ogni sacerdote... basta!».
V.: Certo! certo! certo! io non ho conosciuto altre persone scomparse... più o meno!...
A.: Molto bene... molto bene... molto bene!

L'impermeabile omertà su Emanuela

Queste intercettazioni non sorprendono gli inquirenti che indagano sulla scomparsa della ragazza. Sempre in questa inchiesta negli anni precedenti non erano mancati tentativi di evadere da indagini e domande che potevano rivelarsi troppo scomode. Tra i diversi episodi, un'imbarazzante intercettazione telefonica del 12 ottobre 1993 tra il gendarme vaticano Raul Bonarelli e un uomo da lui chiamato «Capo», identificato poi in Camillo Cibin, ispettore del corpo della Gendarmeria, che all'epoca si chiamava Vigilanza del Vaticano. È una giornata cruciale, siamo alla vigilia dell'interrogatorio che Bonarelli deve rendere all'autorità giudiziaria italiana proprio sulla vicenda Orlandi:

> Cibin: Ho parlato con Sua Eccellenza Bertani... E dice... per testimone, e dici quello che sai... che sai della Orlandi? Niente! Noi non sappiamo niente!... Sappiamo dai giornali, dalle notizie che sono state portate fuori! Del fatto che è venuto fuori di competenza... è... dell'Ordine Italiano.
> Bonarelli: Ah, così devo dire?
> C.: Ebbè, eh... che ne sappiamo noi? Se te dici: io non ho mai indagato... l'Ufficio ha indagato all'interno... questa è una cosa che è andata poi... non dirlo che è andata alla segreteria di Stato.
> B.: No... no, noi io all'interno non devo dire niente.
> C.: Niente.
> B.: Devo dire, io all'interno non devo dire niente, all'esterno è stata...
> C.: All'esterno però, quando è stata la magistratura vaticana... se ne interessa la magistratura vaticana... tra di loro, questo qua... niente dici, quello che sai te, niente!
> B.: Cioè, se mi dicono però se sono dipendente vaticano, che mansioni svolgo, non lo so, mi dovranno identificare, lo sapranno chi sono.

C.: Eh, sapranno, perché che fai, fai servizio e turni e sicurezza della Città del Vaticano, tutto qua?
B.: Eh... Va bene, allora domani mattina vado a fare questa testimonianza, poi vengo, vero?
C.: Poi vieni, sì, sì.
B.: Va bene.
C.: Va bene, ciao.

Per approfondire il ruolo di Bonarelli, insieme a quello di monsignor Bruno Bertagna, all'epoca segretario generale del Governatorato, organo dal quale dipendeva il corpo di vigilanza, il 22 aprile 2004 gli inquirenti inoltrano una rogatoria ai sacri palazzi. I due sono infatti cittadini vaticani e in virtù dei Patti lateranensi non possono essere sentiti per iniziativa di uno Stato straniero. Alla rogatoria l'autorità vaticana non ha mai dato risposta.

Andando a ritroso, questo atteggiamento ha segnato sempre l'inchiesta, a iniziare dai suoi esordi. L'allora vicedirettore del Sisde Vincenzo Parisi, nella sua relazione del 9 febbraio 1994 indirizzata al giudice istruttore, fu perentorio: «Ritengo che le ricerche conoscitive sulla vicenda siano state viziate proprio da quel diaframma frapposto tra lo Stato italiano e la Santa sede». Sulla stessa linea anche il sostituto procuratore generale Giovanni Malerba, che nel 1997 sottolineò come «l'intera vicenda della Orlandi fu caratterizzata da costante riservatezza da parte della Santa sede che, pur disponendo di contatti telefonici e probabilmente diversi, non rese partecipi dei contenuti dei suoi rapporti la magistratura e le autorità di polizia».[10]

Del resto, rivelazioni improvvide e strani errori hanno forse minato fin dall'inizio e in modo irreparabile anche l'ultima inchiesta sul caso. Il fatto più clamoroso rimane un'incredibile fuga di notizie verificatasi nel giugno del 2008, che ha avuto ripercussioni devastanti sull'indagine. Il 22 giugno Rosa Polito dell'agenzia stampa Agi lancia in rete un dispaccio in cui svela che l'ex amante di De Pedis, Sabrina Minardi, ha deciso di collaborare con gli inquirenti, raccontando dell'omicidio Orlandi e dei rapporti tra l'ex fidanzato e il Vaticano, a iniziare dalle attività di riciclaggio dello Ior di Marcinkus: «De Pedis aveva interesse a cosare [sic] con Marcinkus, perché questi gli metteva sul mercato estero i soldi provenienti dai sequestri». Si tratta indubbiamente di uno scoop, ma quella fuga di notizie, ripresa dai maggiori quotidiani e dalle televisioni, produrrà effetti negativi sugli sviluppi dell'inchiesta. A iniziare dal percorso che la procura stava facendo con la stessa Sabrina Minardi. Impaurita, da quel momento la donna comincia a rendere dichiarazioni non credibili, cambiando più volte versione, e rendendosi così inaffidabile. La divulgazione dei suoi racconti mette in allerta anche tutti gli appartenenti alla banda della Magliana che potevano sapere qualcosa sulla scomparsa della studentessa, che cominciano a stare attenti a come parlano al telefono e a prepararsi le risposte prima delle convocazioni in procura. Con un'ulteriore coincidenza: questa fuga di notizie è contestuale al cambio di gestione del fascicolo d'indagine sul sequestro e l'omicidio Orlandi. Proprio il primo luglio 2008, infatti, l'allora coordinatore dell'inchiesta Italo Ormanni cederà il caso a Giancarlo Capaldo.

Il suo lavoro aveva rappresentato indiscutibilmente un momento di rottura. Si era aperta una strada, Sabrina Minardi avrebbe potuto favorire e incoraggiare altre collaborazioni, ma quella porta si chiuse. Come nel 2012 si chiuderà bruscamente la trattativa con la Santa sede.

Questa inchiesta non s'ha da fare

Errori, depistaggi, fughe di notizie per zittire pentiti e insieme l'impenetrabile omertà curiale portano nel 2015 l'inchiesta su un binario morto.

Il procuratore capo Pignatone, ricevuti tutti gli esiti delle perizie scientifiche sulle ossa di Sant'Apollinare, senza che fosse emerso nulla di significativo, il 14 aprile 2015 fissa in procura una riunione con tutti i magistrati che seguono il caso, per decidere quali azioni intraprendere. È un momento decisivo. Da quanto si può oggi ricostruire di quell'incontro riservato, davanti agli inquirenti si prospettavano tre scenari: proseguire le indagini, chiedere il processo per gli indagati o archiviare. Capaldo puntava a chiedere il rinvio a giudizio degli esponenti della banda della Magliana che avevano pedinato Emanuela. Era convinto di aver assunto discreti elementi per affrontare il processo e che la mossa avrebbe infranto l'omertà che ancora regnava tra i testimoni. Il procuratore aggiunto intendeva anche sviluppare una nuova attività istruttoria, in particolare voleva approfondire il fronte dei compagni di scuola di Emanuela, perché alcune cose non tornavano. «Alcuni compagni – rifletteva il magistrato con i suoi collaboratori – sapevano qualcosa ma con ogni probabilità erano stati invitati al silenzio da parte dei genitori, altri erano come impazziti, altri ancora perfino minacciati. E, in effetti, in questa vicenda il numero di persone che hanno perso il senno, prima, dopo o durante l'inchiesta Orlandi, è abbastanza ampio.» Tra questi Raffaella Monzi, allieva della stessa classe di musica di Emanuela, l'ultima ad averle parlato e ad aver visto la ragazza ancora viva.

Il procuratore capo Pignatone invece assume subito una posizione opposta, cercando di convincere tutti che ormai non si possa far altro che archiviare. Il sorprendente epilogo è suggellato da una significativa e pura coincidenza: era stato sinistramente annunciato già tre anni prima, proprio negli stessi giorni dell'apertura della tomba, da uno degli indagati. È il 20 maggio 2012. Pignatone ha ormai preso il timone dell'inchiesta e ha deciso di aprire la tomba. Il telefono di don Vergari è ancora sotto controllo. E registra un'incredibile frase del sacerdote, pronunciata per tranquillizzare un amico preoccupato per il futuro dell'anziano prete. Nel brogliaccio gli inquirenti sintetizzano così la conversazione: «Don Piero ribatte che ormai aperta la tomba lui non ha nulla da dire né da fare e che il giudice che ha in mano la pratica è uno che vuole chiudere il caso». Un'indiscrezione o una deduzione? A dirlo al religioso, il giorno prima, era stata la vedova De Pedis: «Tanto il procuratore nostro sta prosciogliendo... sta archiviando tutto... è roba di pochi giorni, eh don Pie'? Resista!».

Si determina così una spaccatura senza precedenti in procura. Tre giorni dopo la riunione, il 17 aprile 2015, Capaldo manda una lettera vibrante al procuratore capo, rimasta a oggi inedita, che riproduciamo in Appendice. Nella missiva il procuratore aggiunto sottolinea ancora «la forza indiziaria» degli elementi acquisiti contro i vari esponenti della banda della Magliana, che «impongono il vaglio dell'udienza preliminare». L'unico punto di incontro tra Pignatone e Capaldo è la richiesta di archiviazione per don Piero Vergari, ma solo «per totale insufficienza degli elementi indiziari e non per una accertata sua estraneità al sequestro». Capaldo insiste anche sulla necessità di ulteriori approfondimenti su un inquietante personaggio che, solo pochi mesi prima, si era affacciato nella vicenda. Il suo nome è Marco Accetti, persona oscura e controversa, di professione regista, che, dopo aver contattato diversi giornalisti, tra i quali anche il sottoscritto, per attirare l'attenzione, va in procura e dimostra una conoscenza molto approfondita della storia, facendo anche ritrovare un flauto traverso che però mai si riuscirà ad attribuire con certezza a Emanuela. Nella lettera Capaldo elenca tutte le inquietanti circostanze che fanno di Accetti persona informata, comunque da considerare. Pignatone non vuole sentire alcuna ragione e respinge ogni richiesta del suo primo collaboratore. Raccogliendo il parere del sostituto Maisto, chiede così, il 5 maggio 2015, l'archiviazione al giudice delle indagini preliminari. Ma Capaldo non intende arretrare. Fa un gesto che nel mondo della magistratura assume una carica fortemente critica: si rifiuta di firmare il provvedimento. La richiesta di Pignatone, seppur priva della firma di chi da anni coordinava l'indagine per recuperare la verità su Emanuela, viene accolta e tutti i giudici, nei gradi successivi, condividono l'impostazione del procuratore capo. Fino al 6 maggio 2016, quando la Cassazione chiude definitivamente il caso.

Nell'ottobre successivo, il regista Roberto Faenza porta nelle sale cinematografiche *La verità sta in cielo*, un film sulla storia di Emanuela Orlandi. Nell'ultima scena si svela l'incontro tra un magistrato e un monsignore, che si accordano per darsi reciproco aiuto. Nessuno però ha mai voluto approfondire la notizia racchiusa in quella scena, sebbene il regista abbia spiegato che era tutto vero: «Molte pellicole iniziano avvertendo lo spettatore che persone e avvenimenti sono frutto di invenzione. Avvertenza il più delle volte enunciata per evitare grane. Questo film, al contrario, cita persone con i loro nomi e cognomi, insieme a fatti realmente accaduti».[11] E infatti tutti gli ulteriori elementi svelati in questo libro sviluppano quanto accennato nel film, trovando riscontri e inquietanti approfondimenti sulla trattativa avviata dalla procura di Roma con esponenti di rilievo del Vaticano e portata avanti per mesi nell'assoluta segretezza.

L'ultima speranza della famiglia Orlandi a questo punto rimaneva la promessa fatta al fratello della ragazza dal segretario di Stato Parolin di parlarne con papa Francesco. Così, poco prima della Pasqua del 2017, il segretario di Stato riconvoca nel suo ufficio in Vaticano il fratello di Emanuela. L'incontro avviene nello stesso salottino del precedente. Parolin entra subito nell'argomento: «Ho parlato con Francesco – ricorda Pietro Orlandi –, c'è molta chiusura su questo tema. Mi rendo conto che è una questione complicata». Poche parole, che tolgono ogni speranza. «Deve esserci una verità che pesa troppo ancora oggi» osserva il fratello di Emanuela. E in effetti sorprende che Parolin, affermando che la questione è complicata, lasci intravedere di sapere cose non di dominio pubblico. Pochi mesi dopo, nel giugno del 2017, nella ricorrenza della scomparsa della ragazza, la famiglia Orlandi ha formalmente chiesto di conoscere il contenuto del dossier su Emanuela ma il sostituto della segreteria di Stato, monsignor Giovanni Angelo Becciu, ha di nuovo spento ogni speranza: «Per noi, il caso Orlandi è chiuso. Abbiamo già dato tutti i chiarimenti che ci sono stati richiesti. Non possiamo fare altro che condividere, simpatizzare e prendere a cuore la sofferenza dei familiari. Non so se la magistratura italiana ha nuovi elementi, ma da parte vaticana non c'è nulla da dire in più di quanto non si sia già detto».

Ogni volta che si è intravisto uno spiraglio, subito è stato violentemente richiuso, impedendo di arrivare alla verità e lasciando a pochi la conoscenza di quanto accaduto. Una conoscenza che, come spesso accade in Vaticano, rimane un'arma carica senza sicura, pronta a essere adoperata per pressioni, ricatti e altre violenze. Dev'essere stata esattamente questa la situazione in cui si trovò Albino Luciani, quando venne eletto papa, pochi anni prima che Emanuela Orlandi sparisse. Giovanni Paolo I fu fortemente scosso dalla scoperta di come i mercanti avessero ormai occupato il tempio. Una verità troppo scomoda per essere rivelata.

---

1 Intervista dell'autore a don Pedro Huidobro, rettore di Sant'Apollinare.

2 Dalla richiesta di archiviazione dell'inchiesta firmata dal procuratore capo Giuseppe Pignatone. La differenza tra le 329 cassette repertate nella cripta e il totale finale di 409 indicato nel documento è data dal recupero delle cassette e dei resti ritrovati in tutti i diversi sotterranei della basilica. In particolare «venivano rinvenute – prosegue il documento – tre tipologie di ossa: a) 349 cassette contenenti ossa frammentate e imbrattate di terriccio; b) 16 cassette contenenti ossa inglobate in concrezioni biancastre e frammentate; c) 44 cassette contenenti ossa pulite e integre con eventuali residui molli. Rispetto a tale tipologia è stato possibile ricostruire il numero minimo di individui contenuti pari a 35, l'aspetto di conservazione è compatibile con quello di una inumazione in cassa per un lungo periodo».

3 *Ibidem.*

4 *Ibidem.*

5 *Ibidem.*

6 Intervista dell'autore a Pietro Orlandi, fratello di Emanuela.

7 *Ibidem.* Specifica Pietro Orlandi: «Una studentessa della scuola mi spiegò bene che suor Dolores, quando poteva, evitava di andare a fare le prove dei cori da don Vergari e andava in un'altra chiesa. Secondo questa ragazza a suor Dolores non piaceva affatto don Vergari».

8 Il testo è inserito con altre intercettazioni trascritte dalla polizia giudiziaria in una corposa nota informativa portata al pm Simona Maisto.

9 *Ibidem.*

[10] Dalla richiesta di archiviazione al giudice istruttore del 5 agosto 1997.

[11] Affermazioni tratte da *La verità sta in cielo*, libretto diffuso durante la presentazione del film che riassume tutte le verifiche sui fatti narrati compiute dal regista Roberto Faenza.

L'omicidio (morale) di Albino Luciani

L'incontro mai raccontato tra papa Luciani e Marcinkus

Il 29 settembre 1978 la notizia della morte di papa Giovanni Paolo I, ritrovato privo di vita nella sua camera da letto, lasciò il mondo intero senza parole. Erano trascorsi solo trentatré giorni dalla sua nomina, uno dei pontificati più brevi della storia.[1] In questi anni sono state approfondite molte ipotesi sulle cause del decesso, anche quella dell'omicidio. Papa Luciani, secondo alcune ricostruzioni, era diventato un ostacolo per gli affari spregiudicati dell'allora presidente dello Ior Paul Casimir Marcinkus e dei mondi che quest'ultimo rappresentava. Certo, un ottimo movente per l'assassinio di un pontefice, ma nient'altro: al di là di deboli indizi e qualche deduzione, non è mai stato portato alcun elemento sicuro a suffragio di questa pista investigativa. Proprio la mancanza di una verità inconfutabile ha incrinato l'immagine del piccolo Stato, che potrebbe esser stato teatro di un clamoroso delitto. Gli effetti peggiori di queste ombre si sono anche riflessi sui pontificati successivi: da Wojtyła a Bergoglio. E la morte di Luciani continua a spaventare quei sacerdoti che in curia vedono passare chi può essere sospettato dell'omicidio e chi, da questo, può aver tratto vantaggi.

Questo capitolo vuole approfondire un tema rimasto in gran parte inesplorato: che situazione incontrò papa Luciani fin dal primo giorno del suo pontificato? Fino a che punto la rete di Marcinkus aveva conquistato i sacri palazzi? E ancora, su quali coperture e quali connivenze poteva contare all'interno del Vaticano, tra potenti cardinali e alti prelati? Grazie a una documentazione inedita interna allo Ior, che qui è resa pubblica per la prima volta, racconteremo di un'impressionante ragnatela di flussi di denaro che permeava la curia fino ai suoi gradi apicali. Il filo del denaro sporco di Marcinkus ci porterà addirittura nelle camere del predecessore di Luciani, papa Paolo VI, e offrirà una risposta decisiva alle tante domande rimaste inevase sulla morte di uno dei pontefici più amati di sempre, proprio alla vigilia del quarantesimo anniversario della sua scomparsa e della probabile prossima beatificazione.

Il nostro racconto comincia qualche anno prima, nella primavera del 1972, quando Albino Luciani, all'epoca patriarca di Venezia, viene ricevuto in Vaticano dal presidente dello Ior Marcinkus.

«Lo faccia accomodare.» Il *dominus* incontrastato della banca del papa chiede alla sua segretaria, la taciturna Maria Vittoria Marigonda, di far entrare l'illustre ospite che in sala d'attesa iniziava a spazientirsi. Albino Luciani aveva varcato il portone del torrione Niccolò V, l'antica sede dell'istituto bancario, già quaranta minuti prima, salendo a passo veloce la scala sino all'ufficio del presidente. Con lui ci sono due accompagnatori: il segretario e un amico veneziano. Luciani è pieno d'inquietudine. Lo colpisce, in particolare, un aspetto che si rivelerà decisivo nel suo imminente e brevissimo pontificato. Non è intimorito dai modi bruschi e arroganti di Marcinkus, che già alcuni amici gli hanno descritto per metterlo in guardia. Non è nemmeno sorpreso dall'eccentricità di questo vescovo che, in modo sfrontato per l'epoca, ostenta un'inconsueta passione per sigari, campi da golf e palestre. Né, ancora, è intimidito dalla mole di questo robusto americano di origini lituane, alto un metro e ottantasei.[2]

A colpire Albino Luciani è la sua vicinanza con papa Paolo VI, pastore retto e insospettabile. Una vicinanza persino fisica: dall'ufficio del presidente dello Ior si poteva raggiungere direttamente l'appartamento pontificio in una manciata di minuti, seguendo un percorso lontano da malelingue e occhi indiscreti. Guardando il palazzo apostolico da piazza San Pietro, i due uffici erano simmetrici, a soli pochi metri di distanza in linea d'aria. L'Istituto per le opere di religione è infatti addossato al palazzo dove vivono i pontefici – almeno fino alla decisione fuori protocollo di Bergoglio di trasferirsi a Santa Marta –, subito dopo il cortile di San Damaso, nel cuore della Città del Vaticano.

Ma ancor più il patriarca di Venezia si chiedeva come questo burbero sacerdote, poco competente di questioni finanziarie, si fosse reso protagonista di una carriera davvero fulminea nel piccolo Stato. Una crescita inarrestabile, che lo aveva portato, prima come segretario generale e poi come presidente, dall'organizzazione della sicurezza dei viaggi papali fino ai caveau della strategica banca vaticana.[3] Marcinkus dimostrava certo riconosciute capacità organizzative e manageriali,[4] ma era privo di quelle competenze bancarie indispensabili per ricevere un incarico così particolare. Il giudizio negativo di Luciani nei suoi confronti si rafforza dopo la cessione del pacchetto di controllo della Banca Cattolica del Veneto dallo Ior al Banco Ambrosiano di Roberto Calvi. La vendita delle quote era stata perfezionata attraverso una sofisticata operazione di ingegneria finanziaria[5] che in Vaticano tutti sapevano non essere opera del vescovo-banchiere americano quanto di dirigenti spregiudicati come Luigi Mennini, il laico più potente dell'istituto di credito, figlio di un ferroviere e padre di quattordici figli, anziano banchiere che da un modesto ufficio, arredato alla buona, coordinava ogni movimento.

Il presidente dello Ior aveva concluso l'affare con Roberto Calvi senza coinvolgere e nemmeno avvisare né il patriarca di Venezia né i vescovi veneti, provocando forte risentimento. Perché cedere una banca storica del mondo cattolico a un istituto guidato da un banchiere privato poco limpido come Calvi? Luciani voleva capirne di più, e desiderava marcare il proprio dissenso. Così aveva ottenuto un appuntamento con Giulio Andreotti e, successivamente, udienza da Paolo VI, al quale voleva personalmente esprimere il suo profondo rammarico per quella operazione. Il papa lo aveva accolto calorosamente, senza però dare particolare rilievo alle sue lamentele. Per tranquillizzare il patriarca di Venezia, Paolo VI lo invitò a rivolgersi direttamente a Marcinkus: da lui avrebbe ricevuto ogni chiarimento. Almeno così sperava Albino Luciani. Da qui l'incontro tra il pastore veneto e il numero uno delle finanze vaticane, del quale questo libro per la prima volta rende pubblico il contenuto.

La segretaria di Marcinkus annuncia dunque l'ingresso di Luciani nell'ufficio. I suoi accompagnatori restano in sala d'attesa. Senza entusiasmo, il patriarca di Venezia varca la soglia e si avvicina all'americano. Sono uno di fronte all'altro, Luciani salta ogni preambolo e protesta, senza mai alzare la voce. Prefigura persino l'ipotesi che la diocesi veneziana chiuderà i conti per trasferirli in un altro istituto, il Banco San Marco.[6] Albino Luciani è un sacerdote conosciuto per l'aria delicata e una certa fragilità, per quel suo dolce sorriso che qualche anno dopo farà il giro del mondo, ma contrariamente a quanto si possa pensare è tutt'altro che accomodante e remissivo. Porta avanti con vigore le proprie idee. Non è abituato ad arretrare. Non ama i compromessi.

Marcinkus lo ascolta senza reagire. Nessuna interruzione, nessuna replica. Il patriarca di Venezia si rende conto che il suo interlocutore lo sta ascoltando per cortesia, ma con nessun timore e neanche interesse per le questioni che vengono sollevate. Il presidente dello Ior ostenta una freddezza e una sicurezza fuori dal comune. Sembra che niente possa scuoterlo. Ogni interrogativo sollevato da Luciani rimane così senza risposta. L'appuntamento dura solo pochi minuti ma segnerà una distanza incolmabile tra i due uomini, destinata ad aumentare negli anni successivi. Una divergenza su tutto, a iniziare dall'interpretazione del Vangelo. Luciani, proprio come oggi papa Francesco, voleva una Chiesa povera, condizione per lui necessaria per essere credibile; Marcinkus invece sapeva contare meglio i soldi che le *Ave Maria* del rosario. Il fatto che fosse stato Paolo VI a indirizzare il suo futuro successore verso Marcinkus, e che quest'ultimo l'avesse trattato in quel modo, rende ancora più inquietante il mistero del rapporto tra i due: il papa e il banchiere. Insomma, perché il pontefice avallava quell'uomo? Una domanda senza risposta, soprattutto per Albino Luciani, pastore dai modi schietti, originario di Canale d'Agordo, piccolo paese incastonato tra le Dolomiti, dedito all'agricoltura, che contava appena duemila anime nel 1912, anno di nascita di colui che diventerà uno dei papi più amati della Chiesa.

Luciani esce dall'ufficio di Marcinkus scuro in volto e disorientato. A chi lo accompagnava, il patriarca riferisce un'unica frase pronunciata dal potente banchiere in tonaca, poche e affilate parole che lo avevano turbato, rimaste fino a oggi sconosciute: «Lei pensi a seguire la diocesi – aveva detto l'americano salutando il suo ospite – che io penso a far sopravvivere la Chiesa». Un tono duro, sprezzante, rivelatore di un uomo potentissimo in Vaticano, che con un manipolo di laici controllava in modo assoluto la ragnatela finanziaria della Santa sede. All'epoca, per Marcinkus, Albino Luciani non era nessuno, non rappresentava certo un problema, era solo uno dei tanti vescovi italiani che si lamentava di questioni che non gli competevano. Ma il banchiere dello Ior non poteva immaginare che, appena sei anni dopo, quel veneto dal sorriso dolce sarebbe stato votato in conclave come successore di Paolo VI, scegliendo il nome di Giovanni Paolo I. Marcinkus non poteva sospettare che quel nuovo papa, con determinazione mai più vista fino a oggi, avrebbe cercato in ogni modo d'imporre trasparenza nella gestione del potere e delle finanze in Vaticano.[7]

Un ottimo movente

Perché Marcinkus poteva permettersi di rispondere in quel modo? Dall'inizio degli anni Settanta gli era stata affidata una missione strategica: risollevare le finanze vaticane finite in una pericolosa morsa. E doveva farlo in fretta. Dopo la morte di Giovanni XXIII, le offerte dei fedeli erano precipitate, passando da 19 a 5 miliardi di vecchie lire. All'orizzonte impauriva anche la tagliola fiscale: con l'ingresso dei socialisti al governo, l'Italia andava a introdurre la tassazione dei dividendi. Per la Santa sede questo voleva dire nuove pesanti imposte, calcolate su investimenti azionari per un tesoro pari a 1 miliardo e 200 milioni di euro di oggi.

Per evitare questa scure fiscale, bisognava procedere a una rapida dismissione degli investimenti azionari in Italia: Paolo VI aveva affidato l'incarico a Marcinkus e a un consulente fiscale assai efficiente, il siciliano Michele Sindona.[8] Sindona era in piena ascesa: l'Italia degli affari si rivolgeva a lui per ogni spericolata operazione finanziaria. Non solo. Da un lato Sindona costruiva i canali finanziari per riciclare i soldi della mafia, vantando tra i suoi clienti boss come l'italoamericano Joe Adonis, della famiglia di don Vito Genovese. Dall'altro s'impegnava senza sosta per trasferire all'estero le partecipazioni societarie che il Vaticano raccoglieva in portafoglio: dall'immobiliare Bastogi, la più antica società italiana quotata in Borsa, ancora in attività, all'industria Pastanella. Un'opera incessante, portata avanti grazie all'alleanza di ferro con Marcinkus e Roberto Calvi, il banchiere milanese che proprio Sindona aveva presentato al presidente dello Ior, appena eletto al vertice dell'istituto. Sindona intrecciava gli interessi di mondi, la mafia e il Vaticano, che ai più apparivano lontani. I tre arrivarono a condizionare e manipolare gli andamenti della Borsa di Milano, creando un blocco di potere protetto da sponde potenti come la loggia massonica Propaganda Due, dove il maestro venerabile Licio Gelli, amico di Marcinkus e in buoni rapporti con Paolo VI, chiamava a sé chi copriva ruoli apicali nella magistratura, nelle forze armate e di polizia, nella politica e nell'imprenditoria. Nel 1973 Sindona venne acclamato da tutti come il «salvatore della lira», secondo una definizione di Giulio Andreotti, che lo considerava protettore dei nostri mercati ma anche dell'establishment politico e finanziario.

Il problema non erano solo gli affari dello Ior, che veniva usato senza remore da uomini e società di Sindona e Calvi con il benestare di Marcinkus. C'è un'altra clamorosa verità che deve essere raccontata, una verità che emerge solo oggi, a quarantacinque anni di distanza, offrendo un elemento decisivo alla comprensione delle ragioni dietro la morte di

Giovanni Paolo I. Il sistema che si era sviluppato nella banca vaticana aveva superato il perimetro dell'antico torrione che ospita ancora oggi gli uffici. I tentacoli di quel blocco di potere si erano spinti nelle stanze del palazzo apostolico, fino all'appartamento pontificio, come un magnete che attrae tutto a sé facendo cadere ogni resistenza. Marcinkus e la sua squadra allo Ior curavano ricchi conti correnti di diverse e insospettabili autorità vaticane, e quei depositi lievitavano a dismisura, per la gioia degli eccellenti correntisti. L'appuntamento tra Luciani e Marcinkus aveva avuto quell'epilogo all'apparenza incomprensibile perché ormai l'arrogante interlocutore aveva conquistato un'autonomia assoluta e un potere enorme nella Santa sede. La situazione era più compromessa di quanto si potesse immaginare.

L'articolato sistema di potere che ruotava intorno a Marcinkus aveva ramificazioni e collusioni imprevedibili. Nella rete del banchiere americano erano coinvolti monsignori, vescovi, cardinali insospettabili, fino ai più stretti collaboratori di Paolo VI, protagonisti di operazioni che lambivano lo stesso pontefice. La curia era dominata da quella cordata. Ciò che era successo al patriarca di Venezia era una delle inevitabili conseguenze: Marcinkus si sentiva inattaccabile. Nessuno poteva permettersi di puntargli contro l'indice o di criticarlo davanti ai suoi superiori, perché lui di quei superiori custodiva i depositi, imbastiva le operazioni finanziarie: un fiume di denaro che nulla aveva a che fare con le opere di religione indicate nell'acronimo della banca. Si potrebbe anche ritenere che Marcinkus e i suoi collaboratori, che godevano tutti di ampissimi poteri e consolidate influenze, usassero quei conti correnti per i propri spregiudicati affari, all'insaputa dei titolari. Ma l'importanza dei personaggi coinvolti rende questa ipotesi molto remota. Così facendo, infatti, avrebbero creato un pericoloso e inutile *vulnus*, offrendo il concreto pretesto per essere cacciati, qualora scoperti.

I conti correnti del papa e del suo segretario

L'aspetto più inquietante dell'intera vicenda è che il rapporto tra Marcinkus e Paolo VI era ben più solido e articolato di quanto finora sia mai stato raccontato, e di quanto Albino Luciani potesse aver solo intuito prima di diventare papa. I due si erano conosciuti grazie a monsignor Pasquale Macchi, influente segretario personale del papa, sia per tutto il pontificato (dal 1963 al 1978), sia prima, quando Giovanni Battista Montini, da metà degli anni Cinquanta, era arcivescovo a Milano.[9] Macchi aveva caldeggiato la nomina di Marcinkus allo Ior, diventando, con il cardinale Giovanni Benelli, uno dei punti di riferimento del pontefice. Il fidato segretario condivideva con Marcinkus e Calvi la passione per l'arte,[10] ma il denaro costituiva l'autentico baricentro di questa relazione. Come ha sottolineato con efficacia lo scrittore John Cornwell, «Macchi aveva le orecchie del papa e Marcinkus i cordoni della borsa».[11]

Ma le sorprese più sconvolgenti arrivano analizzando per la prima volta i fogli di cassa, in pratica le contabili dello Ior di quegli anni, che documentano le relative operazioni sui conti correnti (i documenti più significativi sono riprodotti in Appendice), in particolare quelli di Macchi. Dalla lettura di queste carte inedite emerge una situazione patrimoniale fuori dal comune per un sacerdote che si dedica alla cura delle anime dei fedeli. Per capirle meglio è utile tornare a metà degli anni Settanta, proprio quando Luciani e Marcinkus s'incontrano. In quel periodo lo stipendio medio di un operaio si aggira intorno agli 800 euro di oggi, con la dovuta rivalutazione, mentre una piccola utilitaria, ad esempio una Fiat 126, costa l'equivalente di sei-settemila euro. I conti principali di Macchi erano due, uno in lire e l'altro in dollari, con un vorticoso giro di somme di denaro (vedi tabella). Quello personale, in dollari, numero 051 3 01303L, che qui pubblichiamo per la prima volta, il 20 marzo 1974 presenta un saldo in divisa americana di 1.707.364,54, pari a quasi 9 milioni e 500.000 euro di oggi, secondo le rivalutazioni Istat.[12] Sempre lo stesso giorno, attraverso un'imponente operazione finanziaria, lo stesso conto viene quasi svuotato: vengono cambiati 1.687.071,96 dollari e la somma viene trasferita, in lire, su un secondo deposito personale, il numero 001 2 01103Y, che vede così l'accredito dell'equivalente di 9.325.844,54 euro di oggi, sempre secondo le rivalutazioni Istat. Cospicui anche gli accrediti su altri conti, come il deposito numero 051 6 00555K, intestato a «segr. part. di S.S. (M.M.)»,[13] che indica un attivo di altri 2.126.608,54 dollari dell'epoca, equivalenti a circa 11 milioni e 700.000 euro.

Una movimentazione di denaro inconsueta per qualunque segretario, persino per quello del pontefice, e anomala anche rispetto agli anni precedenti. Il conto in dollari di Macchi, infatti, proprio nel 1974 registra un'impennata senza precedenti. Aperto l'8 gennaio 1970, il «libretto di conto corrente» testimonia una capienza certo florida all'inizio ma più contenuta rispetto alle operazioni degli anni 1973-1974. Il saldo più rilevante, precedente al periodo di cui stiamo raccontando, porta la data del 28 gennaio 1971 e registra un attivo di «soli» 200.000 euro di oggi.

Le sorprese non sono finite. Il 23 marzo 1974, in un'operazione con una banca statunitense, spunta addirittura il nome di Paolo VI, indicato espressamente su due assegni.

Movimenti bancari dei conti intestati a «mons. Macchi», segretario particolare di Paolo VI

DATA	CONTO CORRENTE	INTESTATARIO	OPERAZIONE	IMPORTO	IMPORTO RIVALUTATO IN EURO (agosto 2017)
20 MARZO 1974	051 3 01303L	MONS. P. MACCHI	LIQUIDAZIONE INTERESSI 20.292,58 DOLLARI	SALDO 1.707.364,54 DOLLARI	9.436.474,82
20 MARZO 1974	001 6 00259M	SEGR. PART. DI S.S. (M.M.)	LIQUIDAZIONE INTERESSI AL 20/3/74	6.614.920 LIRE	44.477,08
20 MARZO 1974	001 2 01103Y	MONS. PASQUALE MACCHI	LIQUIDAZIONE INTERESSI AL 20/3/74	2.457.535 LIRE	16.523,86
20 MARZO 1974	051 6 00555K	SEGR. PART. DI S.S. (M.M.)	LIQUIDAZIONE INTERESSI AL 20/3/74 7663,54 DOLLARI	SALDO 2.126.608,54 DOLLARI	11.753.604,73
20 MARZO 1974	001 2 01103Y	MSR. P. MACCHI	VENDITA DOLLARI 1.687.071,96	ACCREDITO 1.387.000.000 LIRE	9.325.844,54
20 MARZO 1974	051 6 00555K	SEGR. PART. DI S.S. (M.M.)	VENDITA DOLLARI 2.118.945	ACCREDITO 1.742.000.000 LIRE	11.712.776,63
23 MARZO 1974	051 6 00555K 001 6 00259M	SEGR. PART. C/M.P.M. IDEM	DA C/C 051 6 00555 585.885 DOLLARI 440.000.000 LIRE A C/C 001 6 00259	ACCREDITO LIRE 440.000.000	2.958.451,04
1 AGOSTO 1974	DA: 051 3 01303L A: 001 2 01103Y	SEGR. PART. C/M.P.M. IDEM	NOSTRO ACQUISTO DA C/C 051 3 01303 DOLLARI 1.250.758 CAMBIATI IN LIRE 938.068.855	ACCREDITO 938.068.855 LIRE	5.764.249,43
1 AGOSTO 1974	DA: 051 6 00555Y A: 001 6 00259M	SEGR. PART C/M.P.M. IDEM	ACQUISTO DOLLARI E CAMBIO IN LIRE	ACCREDITO 318.778.125 LIRE	1.958.829,16
7 AGOSTO 1974	051 3 01303L 001 2 01103Y	SEGR. PART C/M.P.M. IDEM	NOSTRA CESSIONE A C/C 051 3 01303 DOLLARI 1.359.520	ACCREDITO 1.359.520 DOLLARI	6.265.488,14
7 AGOSTO 1974	DA: 001 6 00259M A: 051 6 00555K	SEGR. PART C/M.P.M. IDEM	ACQUISTO E CAMBIO LIRE IN DOLLARI	ACCREDITO 462.000 DOLLARI	2.129.174,65
31 OTTOBRE 1975	DA: 001 2 01103Y A: 051 3 01303L	SEGR. PART. M.P.M. SEGR. PART. M.P.M.	GIROCONTO	ACCREDITO 1.500.000 DOLLARI	5.108.270,54
10 GIUGNO 1976	DA: 001 2 01103 A: 051 3 01303	M.P.M. M.P.M.	PER OP.NE ORD/E C/	ACCREDITO 1.200.000 DOLLARI	5.206.837,48

Allo Ior bisogna infatti contabilizzare l'assegno numero 0152 della banca Fncb di New York, dell'ammontare di 1.150.000 dollari, 6.355.963 euro di oggi.[14] Chi è il beneficiario di questa somma? «All'ordine S.S. Paolo VI – si legge sul relativo foglio di cassa – per erogazione in conto risultanze bilancio 1973.» Si tratta, con ogni probabilità, dei corposi dividendi di una società collegata alla Santa sede che però, purtroppo, non viene indicata. A Paolo VI vanno comunque gli utili. Il tutto tramite il conto della Fncb di New York presso lo Ior, un istituto di credito che proprio in quegli anni – certo per pura coincidenza – verrà usato per operazioni poco chiare tra Italia e Stati Uniti.[15]

Ma torniamo ai due assegni per il pontefice, perché dal secondo si può capire di più. Il numero 0153 è gemello del primo nella destinazione («all'ordine S.S. Paolo VI») e rimanda sempre alla Fncb di New York come vettore d'appoggio. La somma questa volta è a debito, e di entità assai più modesta: circa 275.000 euro di oggi. Ma l'aspetto sicuramente particolare dell'operazione è l'intestatario del conto numero 051 3 01588 sul quale viene addebitato l'importo. Nel foglio di cassa (riprodotto in Appendice), compare infatti un nome clamoroso: Cisalpine Fund, fondo Cisalpine. Di cosa si tratta? La logica farebbe supporre che il fondo abbia a che vedere con la fantomatica Cisalpine Overseas Bank di Calvi, diventando così un crocevia fondamentale nel crac dell'Ambrosiano. A Nassau, nelle Bahamas, aveva infatti sede la Cisalpine Overseas Bank che era stata costituita solo pochi anni prima, il 23 marzo 1971, diventando poi nel 1980 il Banco Ambrosiano Overseas con Marcinkus, Sindona e Gelli nel consiglio d'amministrazione. La Cisalpine era una delle società capofila del cosiddetto «comparto estero» dell'Ambrosiano, utilizzato da Calvi per drenare risorse dalle casse dell'istituto e per controllarlo senza apparire. Nella loro memoria del 28 dicembre 2004, i pm romani Luca Tescaroli e Maria Monteleone che indagavano sulla morte di Calvi sollecitavano a:

> Porre attenzione alla fondazione da parte di Roberto Calvi, Michele Sindona e mons. Marcinkus nel 1971 della Cisalpine Overseas Bank, la quale all'atto della costituzione ricevette dall'Ambrosiano depositi per 240 milioni di dollari divenuti poi nel 1977 456,6 milioni di dollari. Soltanto 254 milioni risultarono provenire dalle consociate estere del Gruppo Ambrosiano mentre i restanti 211,6 milioni da altri che non furono mai identificati dagli ispettori della Banca d'Italia.

Che il Cisalpine Fund sia una costola della società di Nassau è una deduzione fondata su plurime coincidenze: è abbastanza scontato che, avendo lo Ior di Marcinkus una parteciazione in quella banca, percepisca dividendi e sostenga le eventuali spese. Da qui l'apertura del Cisalpine Fund. È la prima volta invece che su un documento dello Ior si collega direttamente il nome di papa Paolo VI all'Ambrosiano o, in realtà e peggio, a una società-schermo di Calvi, definita la «cabina finanziaria dell'impero parallelo di Roberto Calvi».[16] Una traccia che può avere poche spiegazioni. La prima, la più semplice, è il millantato credito: si indica il nome del pontefice per zittire preventivamente qualunque critica sulle classiche operazioni *back to back* di Calvi, ovvero quel rapido gioco di spostamenti di somme tra diverse banche che Calvi utilizzava per celare destinatario e mittente dei suoi bonifici. L'ipotesi alternativa rimane la più inquietante: Paolo VI beneficiava davvero delle speculazioni al di là dell'Atlantico portate avanti dall'asse Marcinkus-Calvi, legando così in modo indissolubile il pontefice al presidente dello Ior. A rileggere le dichiarazioni proprio di Marcinkus si trova una parziale spiegazione, quando ripeteva che «qualsiasi guadagno dello Ior è a disposizione del papa».[17] Fino a oggi, però, la sua sembrava più che altro una *boutade* per imporre una linea aggressiva all'interno della Santa sede. Tra l'altro, in quella frase, Marcinkus parla di disponibilità generica e non effettiva, mentre i fogli di cassa svelano bonifici veri e propri.

Albino e Francesco, lo stesso sogno

Se gli utili della Cisalpine Overseas Bank di Calvi finivano nella disponibilità diretta del santo padre, può significare solo una cosa: il pontefice avallava davvero questo sistema. Del resto, poteva forse non sapere delle operazioni «all'ordine: S.S. Paolo VI», come si legge sui fogli di cassa? Una domanda a cui ne seguono altre, altrettanto inquietanti: Paolo VI poteva non conoscere i massicci movimenti per milioni di euro sui depositi del suo segretario particolare? Che origine aveva quella massa di denaro che veniva movimentata sulla rete dei conti di Macchi? Ancora, a che titolo veniva accreditata sui depositi anche personali del segretario del papa? Domande che rimangono, almeno per il momento, senza risposta. Ma, vista la stretta relazione personale tra Macchi e Marcinkus, è logico ritenere che i conti fossero una tangibile espressione del loro rapporto e che Macchi fosse il reale beneficiario di quei soldi.[18]

Passa un anno e questo sistema inizia a scricchiolare. Dalla fine dell'estate del 1974, infatti, emerge il crac della galassia di Sindona.[19] L'avvocato Giorgio Ambrosoli viene nominato dalla Banca d'Italia commissario liquidatore: pochi anni dopo, nel 1979, sarà ucciso da un sicario su incarico del banchiere siciliano. Ma chi immagina che il declino di Sindona abbia provocato un terremoto nel sistema rimane presto deluso: si tratta solo di scosse di assestamento. In realtà, la fine dell'era Sindona rafforza Marcinkus e fa crescere il ruolo di Calvi, che proprio in quegli anni drena in modo quasi ossessivo risorse dall'Ambrosiano per dirottarle verso quella galassia offshore cresciuta nell'ombra tra Bahamas, Sudamerica e Svizzera.

In Italia è un periodo buio: la crisi economica si abbatte sulle aziende, la conflittualità sociale cresce, il terrorismo semina paura. Con momenti particolarmente destabilizzanti, fino al rapimento e al successivo omicidio dello statista democristiano Aldo Moro, il cui corpo viene ritrovato privo di vita il 9 maggio 1978. Il 6 agosto seguente, dopo quindici anni di pontificato, muore a Castel Gandolfo Paolo VI.[20] Il successivo conclave indicherà in Albino Luciani il duecentosessantatreesimo pontefice: «Dio vi perdoni – sono le prime parole pronunciate dal papa neoeletto – per quello che mi avete fatto».

Fin da subito è ferma intenzione di Giovanni Paolo I riformare la curia. Vuole rivoluzionare l'organigramma, decapitando quel sistema di potere che allignava all'interno. Ma Luciani quanto sapeva? Già nel pomeriggio del 28 settembre 1978 aveva convocato il suo primo collaboratore, il cardinale Jean-Marie Villot, per annunciargli che lo avrebbe rimosso dall'incarico. Stessa sorte sarebbe toccata presto a Marcinkus e ai suoi più stretti collaboratori: il segretario generale della banca, monsignor Donato de Bonis, e Luigi Mennini, l'uomo della ragnatela finanziaria.

Giovanni Paolo I immaginava una Chiesa trasparente rivolta ai poveri, voleva rompere con quel blocco di potere cresciuto e consolidatosi allo Ior, vantando saldature con Gelli e la P2, Calvi e chissà quali altri mondi criminali sommersi.[21] Voleva sbarrare il passo a quel sistema, che forse aveva aiutato Paolo VI a rilanciare le finanze vaticane ma con metodi non condivisibili e denari impresentabili. In questo suo proposito papa Luciani sarà sconsigliato da più cardinali: chi per interesse, chi per evitare lo scandalo, chi ancora suggerendo solo qualche modesto cambiamento di facciata, all'insegna dell'antico proverbio latino *Promoveatur ut amoveatur.*[22] Lui non ascolterà nessuno. Nemmeno i miti consigli del cardinale Villot, che lo esortava a una soluzione diplomatica delle divergenze. Il papa voleva portare avanti questo progetto, che avrebbe provocato un terremoto in curia e fatto saltare i tanti e spregiudicati affari che il trio Sindona-Calvi-Marcinkus stavano portando avanti. E fin dai primi giorni di pontificato andrà in rotta di collisione con quel mondo. Ma non conosceva la ramificazione e la forza del potere che questo monolite esprimeva. Così comincia una spietata e martellante pressione contro il papa, evidentemente per ridurne anche l'autostima, facendolo sentire inadeguato al ruolo e portandolo all'isolamento. In quest'ottica è eloquente la ruvida descrizione che Marcinkus fa del nuovo pontefice:

> Questo pover'uomo viene via da Venezia, una piccola diocesi che sta invecchiando, con 90.000 persone e preti anziani. Poi, all'improvviso, viene catapultato in un posto e nemmeno sa dove siano gli uffici. Non conosce i compiti del segretario di Stato. Lo hanno chiamato «il prete del sorriso» ma lasciate che vi dica una cosa... quello era un sorriso molto nervoso... insomma, subentra al suo predecessore, si mette a sedere e il segretario di Stato gli porta una pila di documenti, dicendo: «Esamini questi!». Ma lui non sa neppure da dove cominciare.[23]

Il desiderio di riuscire a costruire una Chiesa diversa lo porterà inevitabilmente ad accumulare troppe tensioni, giorno dopo giorno. Se ne rende conto il medico personale, Giuseppe Da Ros, che lo visita solo una settimana prima della morte improvvisa: «Lo stress derivante dal suo nuovo ruolo era notevole [...] – spiegherà. Non era preparato né abituato a quella responsabilità. Gli dissi che non poteva continuare a quel ritmo, e lui rispose che non poteva farci nulla».[24] Ma la causa della morte non può essere semplicisticamente ridotta a uno stress eccessivo.

I mercanti del tempio

La notte del 28 settembre papa Luciani muore. Il comunicato diramato dalla Santa sede il giorno successivo parla di «infarto acuto del miocardio», come constatato dall'archiatra pontificio, il dottor Renato Buzzonetti:

> Questa mattina, 29 settembre 1978, verso le 5.30, il segretario personale del papa, padre John Magee, non avendo trovato il santo padre nella cappella privata, come d'abitudine, l'ha cercato nella sua stanza e l'ha trovato morto nel letto, con la luce accesa, come se leggesse ancora. Il medico, dottor Renato Buzzonetti, che accorse immediatamente, ha constatato la sua morte, accaduta probabilmente verso le ore 23 del giorno precedente a causa di un infarto acuto al miocardio.

Ma fin dal giorno dell'annuncio l'opinione pubblica si è divisa fra chi ritiene che il papa sia stato ucciso e chi invece attribuisce la morte alla sua salute malferma, incompatibile con la gravità dei pesi che il nuovo incarico lo portava a sostenere. In effetti le incongruenze della ricostruzione ufficiale sono molte, ed emergono fin dai giorni immediatamente successivi al decesso, alimentando mille sospetti. Chi ha trovato per primo il corpo senza vita di Giovanni Paolo I? Secondo il

Vaticano è stato il suo segretario personale, ma questa tesi è smentita poco tempo dopo. A raccontare la versione più credibile sono stati gli stessi segretari del pontefice. Padre John Magee è stato il primo a entrare nella camera da letto del papa ma non la persona che ha trovato il corpo senza vita. A rinvenire il cadavere di Albino Luciani è stata infatti suor Vincenza Taffarel, l'infermiera che con dedizione assoluta lo accudiva da più di vent'anni anni, dai tempi di Venezia. Racconta padre Magee:

> Come di solito le suore portavano un caffè al papa alle 5 del mattino perché lui si svegliava alle 4.30 del mattino e beveva il caffè. Le suore lo mettevano sulla balaustra così lui poteva berlo. Quella mattina però si accorsero che il papa non aveva bevuto il caffè. Allora bussarono alla porta ma non rispose nessuno. Aprendo la porta, una delle suore [suor Vincenza Taffarel, *nda*] vide che sopra il letto c'era una delle luci per leggere accesa. Il papa era morto. Quella mattina le suore hanno bussato alla mia porta, dicendo: «Il papa è morto, il papa è morto». Io ho risposto: «Ma questo non è possibile! Ho parlato con lui ieri sera, stava bene». «No, no, no, venga, venga, venga» mi dissero. Allora io ho messo la sottana sopra, sono corso giù, ho detto alle suore di aspettare fuori, sono entrato da solo e ho verificato che il papa era morto. Era seduto come uno che stava leggendo: aveva in mano dei fogli, i fogli di un'omelia. Ricordo che le punte delle dita erano proprio entrate dentro la carta. Aveva gli occhiali addosso e una specie di sorriso. Ma quando l'ho toccato lui era tutto un pezzo, era freddo, questo significa che era morto da molto tempo. Mi sono inginocchiato e ho pianto.[25]

Perché non fu fatta l'autopsia? Nelle ore successive alla morte, i cardinali presenti a Roma si riunirono per stabilire se autorizzarla. Si decise di far esaminare il corpo da una commissione composta da tre medici. Così, il 2 ottobre arrivò sulla scrivania del camerlengo cardinale Villot il rapporto stilato dai medici: la diagnosi di Buzzonetti venne ritenuta valida, anche se uno dei tre medici consigliava l'autopsia. I cardinali, nuovamente riuniti, scartarono a larga maggioranza quest'ultimo suggerimento, ritenendo corretta la certificazione di morte per infarto. Così vennero autorizzati i funerali, senza ulteriori verifiche e accertamenti.[26]

Ma sull'ipotesi di morte naturale del pontefice pesa un'ulteriore contraddizione. Nella storia del Vaticano lo stato di salute del papa è sempre uno dei segreti meglio protetti. S'informano i fedeli in caso di ricovero, di cambiamenti nell'agenda delle visite e dei viaggi, ma difficilmente, anzi mai, si affrontano ufficialmente questi delicati aspetti personali. La cartella clinica del pontefice è gelosamente custodita nell'appartamento pontificio e nessuno può consultarla senza l'autorizzazione proprio del santo padre. Allora, come faceva il dottor Buzzonetti, che mai aveva visitato Giovanni Paolo I, a diagnosticare un infarto acuto del miocardo? L'unico che conosceva salute, fragilità e sofferenze del pontefice era infatti il suo medico curante, Da Ros. Lui però ha sempre affermato che il suo paziente non aveva problemi di cuore, né di diabete e nemmeno di colesterolo. Allora è davvero credibile la versione della morte fornita dal Vaticano, che indica Luciani sorridente nel letto e intento a leggere, senza alcun segno tangibile di sofferenza sul volto, come invece è facilmente prevedibile aspettarsi dopo un infarto? Il volto sorridente si presterebbe più facilmente allo scenario di un decesso sopraggiunto a seguito di avvelenamento: prima un assopimento durante la lettura, poi il coma e infine la morte. Un'ipotesi che giustificherebbe anche il motivo per cui la commissione cardinalizia si oppose all'esame autoptico sul corpo di Luciani, lasciando così aperto un altro mistero.

Per fugare ogni dubbio non sarebbe stato meglio disporre l'autopsia? «Non si fanno mai ai papi» spiegano in curia. Ma la vicenda – obiettivamente – non aveva precedenti e forse richiedeva una decisione senza precedenti.[27]

Tra chi lo assisteva e collaborava con lui era noto che Luciani avesse qualche problema di salute. Proprio il giorno prima della morte, dopo l'udienza generale di mercoledì 28 settembre 1978, tra Giovanni Paolo I e suor Taffarel ci fu un drammatico dialogo. Suor Vincenza si era infatti accorta che le pieghe del viso del papa si erano fatte più profonde, le mani erano divenute più pesanti:

> Suora: Santità, Mi pare che le sue mani si siano ingrossate.
> Luciani: Non solo le mani, sorella, ma anche i piedi sono come due pesi morti che tirano giù. Mi sento le ginocchia legate. È certo per la stanchezza di questi giorni, ma passerà.
> S.: Vuole che chiami il dottor Da Ros?
> L.: No, no, non disturbiamo nessuno per un po' di peso ai piedi, Da Ros è stato qui sabato e mi ha detto che il cuore va bene.[28]

A questo racconto si integrano anche le testimonianze dei due segretari del pontefice, arrivate però solo alla fine degli anni Ottanta. Il 2 ottobre 1987, don Diego Lorenzi, intervistato da Enzo Tortora, affermò che il giorno prima della morte papa Luciani aveva accusato delle fitte al petto. Un'indiscrezione confermata l'anno seguente, quando il secondo segretario, monsignor Magee, in un'intervista a «30Giorni», affermò che quel pomeriggio del 28 settembre Giovanni Paolo I aveva avvertito un dolore al petto, delle fitte e un conseguente senso di oppressione. Il papa avrebbe chiesto quindi di suor Vincenza, che gli somministrò «una di quelle pillole che si mettono sotto la lingua». Poi Luciani avrebbe fatto una battuta: «Mi sento bene, la medicina di suor Vincenza fa miracoli!».

Ricorda don Lorenzi:

> Verso metà della cena [erano le 20.15 circa, *nda*] il papa accusò delle fitte, alla nostra richiesta di convocare un medico rispose: «No, mi sta passando, mi sta passando». Siccome la nostra educazione nel rispettare i superiori, tanto più il papa, ci impediva di disobbedire, si è ritenuto opportuno di non chiamare il medico. Fu un'omissione di cui non potemmo valutare la gravità. A cena ultimata si era messo in contatto telefonico con il cardinale Giovanni Colombo, all'epoca arcivescovo di Milano, credo che stessero cercando un suo sostituto che gli subentrasse alla sede patriarcale di Venezia. Poi accompagnammo il papa nella camera da letto. Fu padre Magee a dire al papa: «Sopra la testata del letto c'è una peretta, se durante la notte avesse bisogno può farla azionare e noi saremo qui pronti ad accorrere per qualsiasi necessità». Il papa poi salutò: «A domani, se Dio vuole».[29]

Albino Luciani è stato ucciso o è stato stroncato da un infarto? Le tante ricostruzioni emerse negli anni non permettono di rispondere con certezza a questa domanda. In molti avrebbero avuto validi motivi sia per eliminarlo sia per rallegrarsi della sua inaspettata morte. Ma la verità, come spesso accade, sta nel mezzo, incrocia le due versioni. Luciani non è stato ucciso con un atto volontario, ma è quantomeno riduttivo ritenere che lo stress subito per il nuovo ruolo ne abbia determinato la morte. Il papa si sente come circondato, ha timore a fidarsi di chiunque e giorno dopo giorno scopre verità inconfessabili, di cui finalmente questo libro dà prova certa, con documenti contabili interni allo Ior dell'epoca che mostrano come Marcinkus, Mennini e De Bonis fossero parte di un potere più complesso, non solo fuori le mura – come fino a oggi si è sempre raccontato – ma anche in Vaticano. Non quindi un generico stress da lavoro ma la crescente consapevolezza che i mercanti avevano espugnato il tempio, la curia era nelle loro mani. Prova devastante di ciò è quanto descritto nelle pagine precedenti: gli affari e le gestioni dei depositi allo Ior portavano accrediti per cifre incredibili sul conto del braccio destro di Paolo VI. E, come non bastasse, al pontefice in persona erano indirizzati anche assegni con somme riconducibili a società di Calvi.

Non possiamo sostenere con certezza che Luciani fosse custode di questa sconvolgente verità. Ma non possiamo escluderlo. È certo che questa verità avrebbe determinato un profondo senso d'impotenza in chi, come lui, stava lavorando senza sosta per costruire finalmente una «Chiesa povera». Se queste notizie fossero emerse all'epoca, avrebbero sicuramente costituito una micidiale arma ricattatoria, paralizzando ogni volontà di riforma, anestetizzando ogni cambiamento: potevano mettere a repentaglio la sicurezza del papa, lacerare il suo cuore e compromettere l'immagine della Chiesa.

Ogni pratica allo Ior era sconvolgente. Attraverso protezioni eccellenti, all'istituto veniva soddisfatta ogni esigenza di vescovi e cardinali. E ancora attori, registi, politici e imprenditori, come vedremo nel prossimo capitolo. I tentacoli di questo sistema occulto avvolgevano ogni sacro palazzo. È probabile che Luciani stesso ne sia rimasto schiacciato. La conoscenza di questa verità tragica e indicibile avrebbe aggravato a tal punto il suo stato di salute da portarlo improvvisamente alla morte.

---

[1] Il pontificato più breve della storia fu nel 1590 quello di Urbano VII, morto di malaria ad appena tredici giorni dall'elezione.

[2] Nato a Chicago, Marcinkus è cresciuto nel sobborgo violento di Cicero, dove negli anni tra le due guerre Al Capone insediò il suo

quartier generale. Nei sacri palazzi circolava la storia che proprio il padre Mykolas, emigrato nel 1908 dalla Lituania, fosse uno degli autisti di Al Capone.

3 «Negli anni Cinquanta inizia a percorrere i corridoi della Santa sede un giovane sacerdote americano trasferitosi a Roma per frequentare i corsi di diritto canonico all'Università gregoriana. Viene ordinato sacerdote nel 1947, dopo l'università Marcinkus si trasferisce alla Pontificia accademia ecclesiastica, campus per diplomatici della Santa sede. Che sia un astro nascente lo si capisce subito. Ad appena trent'anni, nel 1952, già dispone di una scrivania presso la segreteria di Stato. Le voci sul suo ingresso lesto in Vaticano si rincorrono. C'è chi indica nell'allora segretario di Stato, il cardinale Giovanni Benelli, che lo volle subito come collaboratore, il suo mentore. C'è chi legge nelle raccomandazioni americane del giovane sacerdote la chiave che lo introdusse nelle stanze del potere di papa Pacelli (Pio XII), assai sensibile alle tesi anticomuniste del cardinale di New York Francis J. Spellman. [...] Un incontro negli uffici della segreteria di Stato andrà a cambiargli la vita, facendo poi precipitare le finanze vaticane. Factotum di Pio XII è infatti Giovanni Battista Montini, allora pro segretario del papa. Un bresciano tignoso. Seppur agli antipodi per stile e carattere rispetto all'imponente sacerdote americano, dopo un'iniziale avversione, stringerà con Marcinkus un'alleanza di ferro. Figlio di un banchiere, Giovanni Battista Montini diventa papa Paolo VI nel 1963, dopo la morte di Giovanni XXIII. Egli riporterà la finanza della Santa sede, dopo un periodo di basso profilo, sui binari di una politica aggressiva e spregiudicata. [...] Nel 1964 Paolo VI è in visita nel centro di Roma, la folla straripa e quasi lo schiaccia. La prontezza di Marcinkus è fulminea. Sua Santità viene portato in salvo dal robusto sacerdote. L'indomani è scelto come guardia del corpo. Diventa il responsabile della sicurezza del papa nei viaggi in tutto il mondo: dall'India alla Turchia, dal Portogallo agli Stati Uniti. Nel 1970, durante un viaggio nelle Filippine, Marcinkus blocca un pittore che si avventa sul pontefice con un pugnale. L'americano entra nella stanza dei bottoni. Stringe amicizia anche con il segretario particolare del papa, padre Pasquale Macchi che gode di un fortissimo ascendente sul santo padre. Tra i due l'intesa è immediata. Marcinkus salta i gradini in fretta. Diventa vescovo e viene scelto come segretario della banca vaticana (1971)» (Gianluigi Nuzzi, *Vaticano S.p.A.*, Chiarelettere, Milano 2009).

4 Tesi sostenuta in particolar modo da Rupert Cornwell (*Il banchiere di Dio, Roberto Calvi*, Laterza, Bari 1983), e da Leonardo Coen e Leo Sisti (*Il caso Marcinkus. Le vie del denaro sono infinite*, Mondadori, Milano 1991).

5 La cessione del 37 per cento delle azioni si realizzò utilizzando il comparto estero dell'Ambrosiano. In particolare, secondo Carlo, figlio di Roberto Calvi, «nel 1972 13,5 milioni di azioni della Banca Cattolica del Veneto cedute dallo Ior alla lussemburghese Compendium (poi divenuta Banco Ambrosiano Holdings) furono trasferite alla società Radowall. Altre 4.560.000 azioni della Banca Cattolica del Veneto rimasero sul conto n. 90521 di Radowall, acceso presso lo Ior. Al trasferimento dei due pacchetti a La Centrale, lo Ior fu pagato in lire. Pagò Radowall in dollari all'estero trattenendo un beneficio di $ 7,6 milioni per la conversione lira/dollaro. Radowall impiegò il ricavato per rimborsare Cisalpine Overseas di Nassau-Bahamas (poi divenuta Banco Ambrosiano Overseas Limited). Nel successivo 1973 la banca vaticana sottoscrisse obbligazioni a favore di Compendium per 85 milioni di franchi svizzeri garantite da Radowall attraverso cui erano transitati i fondi» (Carlo Calvi, *Radowall, Ior e l'affaire Banca Cattolica e Toro Assicurazioni*, http://fraudauditing.blogspot.it/2013/07/radowall-ior-e-laffaire-banca-cattolica.html).

6 Fondato nel 1895 a Venezia per iniziativa del comitato diocesano dell'Opera dei Congressi.

7 Eppure alcuni episodi lasciavano presagire il futuro. Il 16 settembre 1972 Paolo VI, in visita pastorale a Venezia, al termine della messa in piazza San Marco si tolse la stola papale mostrandola alla folla e la mise sulle spalle del patriarca Albino Luciani. Al di là dell'imbarazzo del timido Luciani, il gesto da molti venne interpretato come «profetico».

8 Come indica lo storico Carlo Bellavite Pellegrini nel monumentale *Storia del Banco Ambrosiano* (Laterza 2002), il finanziere grazie a una lettera di monsignor Amleto Todini, lontano parente della moglie, aveva conosciuto nel 1958 Massimo Spada, uomo chiave dello Ior prima di Marcinkus. Grazie a lui era entrato in contatto con Montini all'arcivescovado di Milano. Due anni dopo, con il Vaticano, acquistò la Banca Privata Finanziaria, tramite la società Fasco A.G. del Liechtenstein, mentre nel 1964 lo Ior cedette a Sindona la quota di maggioranza della Banque de Financement di Ginevra (Finabank),

rimanendo azionista con il 29 per cento delle azioni. Passano quattro anni e nel 1968 il finanziere compra anche la Banca Unione, in passato della famiglia Feltrinelli.

[9] Pasquale Macchi, nato a Varese nel 1923, laureato all'Università Cattolica di Milano, aveva ricevuto l'ordinazione presbiterale nel 1946 a ventidue anni. «Volto d'angelo, polso rigido» scriverà Giancarlo Galli in *Finanza Bianca* (Mondadori 2004). «Lo conoscevamo bene all'Azione cattolica milanese: un cuore grande come una casa, la disponibilità a "tutto capire" ma assoluta intransigenza nello stile. "Un prete è un prete", andava ripetendo, e se la prendeva con quei "colleghi" che principiavano a dismettere la tonaca per il clergyman.» È stato sempre l'ombra di Paolo VI, condividendo ogni scelta del pontefice. Come quella di nominare Marcinkus nel dicembre del 1968 segretario dello Ior, subito dopo esser stato consacrato vescovo di Orta, sede episcopale vicino a Cartagine, in Tunisia. Dopo la morte di Montini tornò a Varese come arciprete del santuario del Sacro Monte per poi venir nominato da Giovanni Paolo II nel 1989 arcivescovo prelato di Loreto, dove rimase fino al 1996 quando si dimise. Negli ultimi anni si dedicò a far meglio conoscere la figura di Montini per poi morire a Milano il 5 aprile 2006 a ottantadue anni.

[10] Macchi aveva anche curato con particolare dedizione la collezione di arte moderna dei musei vaticani, riscontrando considerazione e stima di Marcinkus e Calvi, come indica Philip Willan (*Calvi e l'Italia dei poteri occulti*, «MicroMega», n. 5, 2008).

[11] John Cornwell, *Un ladro nella notte. La morte di Papa Giovanni Paolo I*, Pironti, Napoli 1990.

[12] https://rivaluta.istat.it.

[13] L'intestazione con ogni probabilità è da leggersi come «segretario particolare di Sua Santità (monsignor Macchi)».

[14] I soldi arrivavano dal conto che la Fncb di New York aveva aperto allo Ior, il n. 051 7 10000Y.

[15] Tra queste operazioni poco chiare c'è una delle consistenti rimesse di denaro dello scandalo Lockheed in cui l'azienda americana ammise di aver corrotto militari e politici per convincerli a comprare i suoi aerei e che nel 1978 portò alle dimissioni del presidente della Repubblica Giovanni Leone. Nel febbraio del 1976 la procura di Roma avviò un'inchiesta sulla fornitura di quattordici aerei Hercules C 130 all'Ae-

ronautica militare da parte della Lockheed. Si scoprì che l'8 novembre 1971 sempre la Fncb di New York «preannunciava una terza operazione nella filiale di Roma per $ 600.000 all'ordine di William Cowden, direttore delle vendite internazionali della compagnia» (dalla sentenza della Corte costituzionale del 2 agosto 1979, procedimento di accusa nei confronti di Gui Luigi, Tanassi Mario e altri).

16 Francesco Anfossi, *La vera storia della banca del Vaticano*, «Famiglia Cristiana», 22 maggio 2013.

17 *Relazione conclusiva della Commissione mista italo-vaticana*. La commissione è stata costituita il 24 dicembre 1982 e ha concluso i suoi lavori nell'autunno dell'anno seguente, realizzando un corposo documento finale, conservato nel fondo documentario del professor Mario Cattaneo, docente dell'Università Cattolica di Milano e membro del comitato di sorveglianza del Banco Ambrosiano subito dopo la morte di Roberto Calvi.

18 L'altra ipotesi, come già anticipato, è che le operazioni finanziarie sui conti di Macchi e quelle targate «Cisalpine» nella disponibilità di Paolo VI avvenissero a insaputa degli interessati. Fosse così, significa che la squadra di Marcinkus si esponeva a dei rischi inutili. Perché intestare fittiziamente queste operazioni al papa e al suo collaboratore quando era molto più semplice utilizzare qualche conto intestato a fondazioni di comodo? Di certo si costituiva una rete di informazioni delicatissime che, se fossero diventate all'epoca di dominio pubblico, avrebbero scatenato il finimondo. Informazioni quindi assai preziose per tessere trame di potere e ricatti nei sacri palazzi.

19 Il crac era di notevoli proporzioni: due miliardi di dollari le perdite della sola Franklin, 300 milioni quelle della Banca Privata che aveva Giorgio Ambrosoli liquidatore, 82 milioni di dollari per il solo cambio estero della Finbank.

20 Sarà un giovane giornalista dell'Ansa a fare lo scoop e ad annunciare la morte di Montini. Si chiama Luigi Bisignani, tesserato alla P2, legatissimo ad Andreotti, con ottime relazioni in Sudamerica e in Vaticano. Nei successivi trent'anni Bisignani sarà nel backstage di trame e scandali, spesso coinvolto in inchieste che mirano anche allo Ior.

21 Luciani aveva in mente anche di allontanare dalla diocesi di Chicago, la più grande degli Stati Uniti, il cardinale John Patrick Cody, nella

bufera per scandali economici e sessuali e molto legato a Marcinkus. Era sospettato di intrattenere una relazione con un'impiegata della cancelleria arcivescovile, oltre a essere un pessimo amministratore e un pastore in netto contrasto con il clero della diocesi. Dopo l'elezione di Luciani, i sostenitori di Cody a Roma lo informarono che Giovanni Paolo I avrebbe sicuramente portato a termine il progetto di allontanarlo dalla diocesi a causa delle sue trovate insolite e delle chiacchiere sul suo conto che ormai circolavano anche dentro i sacri palazzi. E per questo motivo, secondo David Yallop, Cody avrebbe avuto un movente (come Marcinkus o Villot) per assassinare il papa, con l'aiuto dei suoi amici presenti a Roma. Luciani morì, Cody rimase alla guida dell'arcidiocesi di Chicago fino al 1982, Marcinkus rimase presidente dello Ior fino al 1989, Villot fu riconfermato segretario di Stato da Giovanni Paolo II ma morì per una polmonite il 9 marzo 1979 e il suo corpo oggi riposa nella chiesa di Trinità dei Monti a Roma.

22 Marcinkus negò con forza che Luciani avesse in serbo la sua rimozione dal vertice della banca, escludendo sia l'ipotesi dell'assassinio del papa sia la presenza di massoni in Vaticano. Si veda John Cornwell, cit.

23 *Ibidem.*

24 Da Ros citato in Hilmi Toros, Vatican City, A.M. cycle, Associated Press, 16 ottobre 1978.

25 Intervista a padre Magee in *Giovanni Paolo I. Il Papa del sorriso – La grande storia*, Raitre, in onda il 17 agosto 2012.

26 Claudio Rendina, *Giovanni Paolo I. La morte del papa del sorriso*, «la Repubblica», 29 settembre 2013.

27 I dubbi, le incongruenze, le contraddizioni che negli anni si sono succedute su uno degli episodi più misteriosi nella storia recente della Chiesa hanno alimentato anche una ricca pubblicistica, che ha ricostruito la morte di papa Luciani come provocata proprio da avvelenamento. È il caso del bestseller *In nome di Dio* del giornalista americano David Yallop.

28 Giancarlo Zizola, *Il conclave. Storia e segreti*, Newton Compton, Milano 1993.

29 Intervista a don Diego Lorenzi in *Giovanni Paolo I. Il Papa del sorriso*, cit. Chi conosceva Albino Luciani già da quando era solo un prete inoltre parlò di problemi respiratori. A metà degli anni Cinquanta infatti

gli fu diagnosticata una tisi polmonare e per questo dovette lasciare la parrocchia e recarsi in sanatorio a Sondalo. Lì i medici capirono però che non si trattava di tubercolosi ma di una polmonite. Negli anni a seguire in molti hanno raccontato vari episodi legati a problemi respiratori di Luciani fino a quando don Lorenzi, in una lettera del 19 agosto 1980 ad Andreotti, affermò: «Mi affretto comunque ad assicurarle che Giovanni Paolo aveva ambedue i polmoni funzionanti e che nessuno dei due era stato messo a riposo». Nonostante ciò, più di una fonte contestò la diagnosi di Buzzonetti, parlando invece di embolia polmonare. Uno dei medici convinti di questa ipotesi è Joaquín Navarro-Valls, diventato poi direttore della sala stampa della Santa sede. Navarro-Valls, intervistato da Cornwell (cit.), ipotizzò che, per la modalità subitanea della morte, non poté che trattarsi di embolia ai polmoni. Embolia, stessa causa della morte del fratello di Luciani, Edoardo, scomparso nel marzo del 2008.

Seconda parte
Soldi

I fantasmi dello Ior

La ragnatela di Marcinkus

Tante, troppe verità sullo Ior. Come una nebbia fitta che rende ogni cosa indistinta. Paul Casimir Marcinkus sarebbe stato un monsignore affabile e generoso, disponibile con tutti, anche con l'ultimo sacerdote che incontrava nei sacri palazzi. Sarebbe insomma la «vittima» di tre laici senza scrupoli. I loro nomi? Roberto Calvi, Michele Sindona e Licio Gelli. Un uomo di Dio tradito da un blocco di potere che in quegli anni imperversava fuori dal Vaticano. Un sistema di interessi e alleanze che prima avrebbe accolto il monsignore e poi lo avrebbe stretto in un abbraccio mortale, trascinando la banca del papa in una serie di operazioni indicibili. In molti, nei sacri palazzi, sostengono che questa sia la verità. Sono tante le giustificazioni diffuse negli anni per far passare Marcinkus come una vittima. O al massimo come una figura solitaria ed estranea al mondo curiale. Ancor di più alla Chiesa. La verità, però, è ben diversa.

Grazie a una documentazione a oggi inedita, questo libro può dimostrare prima di tutto la centralità e l'assoluta importanza del sacerdote americano nello Ior e in Vaticano. Marcinkus non era solo, come alcuni hanno a lungo creduto, un cattivo in un mondo di buoni. Il monsignore era invece parte di un sistema diffuso e ben radicato, fuori ma anche dentro le mura. Tra cardinali, alti prelati e diverse figure di primissimo piano nella curia.[1]

Sul cartellino allo Ior, il nome e cognome della firmataria del conto corrente delle missionarie della carità era indicato per esteso: Anjezë Gonxe Bojaxhiu. Indubbiamente una delle persone più famose al mondo, ma in pochi conoscono il nome di battesimo di questa suora albanese di origini kosovare. Per tutti Anjezë è semplicemente madre Teresa di Calcutta. Fino al dicembre del 1964 era una suora sconosciuta fuori dai confini dell'India. Fu Paolo VI a indicarla al mondo intero quando, a conclusione del viaggio proprio nel paese asiatico, chiese pubblicamente che fosse donata a madre Teresa l'auto decappottabile bianca che aveva usato durante la visita che si avviava a concludersi. Così, la fama di questa piccola donna straordinaria iniziò a crescere a dismisura. Nel 1979 le sue opere infaticabili tra le vittime della povertà in India le fecero vincere il Nobel per la pace. Nel 2016 papa Francesco l'ha nominata santa. A ormai ben vent'anni dalla morte, ancora oggi madre Teresa risulta essere la suora più amata di tutto il pianeta. Grazie alla totale abnegazione che ha dedicato ai poveri, tutti i giorni riceveva offerte da ogni angolo del mondo. Le somme finivano investite in progetti umanitari o andavano ad alimentare i conti, presso lo Ior, delle missionarie della carità, l'istituto religioso che aveva fondato nel 1948.

Madre Teresa detiene anche altri primati, tra questi uno finora sconosciuto: negli anni della presidenza Marcinkus, tra le pochissime donne clienti della banca vaticana, lei era certamente diventata quella che amministrava il conto di gran lunga più consistente. Proprio in quegli anni la suora era l'unica ad avere potere di firma sui depositi del conto, in dollari e in lire, intestato alle missionarie della carità. Il saldo complessivo rimane uno dei segreti meglio custoditi allo Ior, anche perché la contabilità della missione di madre Teresa non è mai stata resa pubblica. Tuttavia, tra i dipendenti della banca vaticana, quei conti erano diventati una leggenda: si mormorava che ogni anno maturassero somme impressionanti d'interessi. Se solo madre Teresa li avesse chiusi o trasferiti, l'istituto avrebbe rischiato il *default*.

Da Bombay madre Teresa raggiungeva spesso Roma in visita ai papi. I primi appuntamenti furono con Paolo VI, ma l'agenda si infittì soprattutto con Giovanni Paolo II,[2] successore di Albino Luciani, eletto al soglio di Pietro con il conclave del 16 ottobre 1978. Dopo aver salutato Wojtyła, madre Teresa si recava negli uffici dello Ior.[3] Qui i fedelissimi di Marcinkus l'attendevano per dedicarle ogni attenzione. Lei però non raggiungeva il salone centrale, mescolandosi a cardinali, prelati, parroci, religiosi, membri di congregazioni e laici, insomma quel mondo cattolico in fila ordinata davanti ai pochi sportelli dell'istituto. La discrezione imponeva che fosse un religioso a incontrare madre Teresa. Così lei andava direttamente dal braccio destro di Marcinkus, monsignor Donato de Bonis.[4] Questi l'accoglieva con entusiasmo per poi chiudere la porta e approfondire con lei le questioni più pressanti del momento.

Fu sempre lui a rassicurarla quando la sorella ricevette una comunicazione giudiziaria – così si chiamava all'epoca l'avviso di garanzia – per una presunta violazione delle leggi valutarie italiane. L'indagine, condotta dal sostituto procuratore di Roma Orazio Savia, voleva accendere un faro proprio su presunte irregolarità valutarie nella raccolta di fondi per beneficenza che venivano trasferiti in Vaticano. Savia voleva illuminare un mondo fino a quel momento mai esplorato, ma l'inchiesta finì presto per arenarsi.

In quegli anni Marcinkus e De Bonis rappresentavano ormai un'unica e consolidata guida della banca. I due si erano conosciuti e piaciuti negli anni Sessanta, lavorando in curia. De Bonis rappresentava la «memoria storica» dello Ior, dove era approdato nel 1954, come fedelissimo del cardinale Alberto di Jorio, il primo presidente nella storia dell'Istituto per le opere di religione. La profonda conoscenza che possedeva De Bonis riguardo ogni attività della banca spinse Marcinkus a sceglierlo come segretario generale quando, nel 1970, il prelato americano venne promosso da Paolo VI a presidente dell'istituto di credito. Da quel momento l'asse di potere si rafforzò giorno dopo giorno: De Bonis era un fine conoscitore di ogni meandro segreto della banca. E si muoveva con destrezza nei sacri palazzi, mostrando più familiarità con il jet set del cinema che con le anime bisognose di conforto dei fedeli, più affinità con gli uomini dei palazzi romani che con i poveri di madre Teresa. Figlio di un bancario e fratello del direttore generale del Banco di Napoli, De Bonis era un sacerdote di potere e mondanità, intesseva relazioni strategiche sia con il mondo politico, da Giulio Andreotti a Francesco Cossiga, sia con quello dello spettacolo. Per lui non esistevano barriere ideologiche o pregiudizi. «Il denaro è sempre e solo denaro» ripetevano nel salone della banca a ogni minimo sussulto di dignità. Monsignore porgeva una mano, elargiva un suggerimento e – perché no? – offriva l'opportunità all'establishment di un deposito nella banca del papa. Per questo erano tutti pronti a baciare l'anello: lo ossequiavano, lo magnificavano, lo corteggiavano. Nei palazzi del potere romano, per tutti, l'alter ego di Marcinkus era semplicemente «Donatino». All'occorrenza Donatino offriva i suoi particolarissimi servigi finanziari: benvenuti allo Ior, l'unica banca offshore nel centro di Roma. Non serviva andare in Svizzera, Lussemburgo, o spingersi a Montecarlo, bastava raggiungere la capitale, prendere un taxi e farsi lasciare in piazza San Pietro. Trecento passi e già si varcava la soglia dell'impenetrabile banca vaticana, dove tutti desideravano aprire un conto. Il motivo era molto semplice: grazie ai Patti lateranensi una sorta di scudo giudiziario proteggeva le attività dei clienti dell'istituto da ogni curiosità della magistratura e del fisco. Come se non bastasse, i dipendenti della banca godevano dell'immunità rispetto a qualsiasi indagine italiana. Ogni attività svolta allo Ior non poteva insomma essere né intercettata né vagliata da qualunque magistratura, anche straniera, se non dopo essersi rivolta a quella vaticana, che puntualmente respingeva ogni richiesta di assistenza giudiziaria.

De Bonis poteva così mettere a disposizione dei propri clienti una sofisticata ragnatela di conti correnti fittizi – formalmente intestati a fondazioni o opere di carità – per far circolare ogni tipo di denaro. Già nel 2009, con il libro *Vaticano S.p.A.*, ho iniziato a raccontare queste attività occulte, indicando De Bonis come artefice di uno «Ior parallelo» per il riciclaggio di denaro. Ma dalla documentazione inedita e interna all'istituto di credito vaticano raccolta per questo libro possiamo finalmente compiere un ulteriore passo avanti. Oggi scopriamo che De Bonis aveva costituito questa rete già agli inizi degli anni Settanta, poco dopo aver ottenuto la promozione a numero due della banca, quindi non solo successivamente al declino di Marcinkus, come già emerso.[5] Non è solo una questione di date. Significa che questo polmone nero era operativo già all'epoca di Sindona e Calvi. La prova più solida è il conto numero 051 1 01538A che De Bonis apre come unico firmatario il 19 agosto 1972, intestandolo a «Opus Caritatis». Leggendo il cartellino presso lo Ior (riprodotto in Appendice) emerge con chiarezza che il deposito è collegato nella titolarità al conto numero 051 3 06721A («Fond. A. Alberto») e al numero 001 1 12567 («Opus Pauli»). Questi ultimi due conti, infatti, sono espressamente indicati con intestazione e numero di riferimento nel frontespizio del cartellino. Costituiscono le pietre miliari dello Ior parallelo, un articolato sistema di decine e decine di depositi, alcuni utilizzati anche, anni dopo, per riciclare la più grande tangente mai scoperta nella storia repubblicana: la maxitangente Enimont, il capitolo più oscuro di Tangentopoli. Non è facile districarsi in questo labirinto di operazioni e conti dai nomi molto simili. Il deposito «Opus Pauli» ha un conto quasi omonimo, il numero 001 3 11419F, intestato appunto a «Opus B. Pauli». Su questo vengono accreditati, ad esempio, nel maggio del 1978, più di 2 miliardi e 858 milioni di vecchie lire, equivalenti a oltre 10 milioni di euro di oggi, sempre secondo la rivalutazione Istat.[6] Sono il frutto della vendita di buoni ordinari del tesoro. Ma chi è il reale intestatario del conto: la misteriosa e poco chiara «segreteria particolare» indicata nella contabile della banca – che fa pensare, visto l'acronimo Scv (Stato Città del Vaticano), alla segreteria del segretario di Stato o del pontefice – o uno dei tanti clienti eccellenti di De Bonis che cercavano discrezione e anonimato? Mistero.

Studiando la contabilità di quegli anni emerge un ulteriore aspetto rilevante, che permette una ricostruzione finora mai compiuta. Più si approfondisce la storia dello Ior dagli anni Settanta, più si evidenzia come l'istituto di credito coltivasse diverse anime, antitetiche tra loro. Un Giano bifronte, un'entità dai mille volti, con conti che arrivano da mondi che nulla hanno in comune: da un lato quelli che servono per combattere la fame nel mondo, dall'altro quelli di uomini vicini a Sindona e alla mafia italoamericana. Soldi profumati d'incenso mischiati a narcodollari macchiati di sangue. Oltre ai depositi di prelati, istituti religiosi, congregazioni, allignava un mondo occulto tra conti e sottoconti, un sistema fognario e finanziario di riciclaggio utilizzato da chi voleva tenere i soldi lontano da occhi indiscreti. Spulciando tra i clienti si scoprono anche nomi sorprendenti. Erano altri anni rispetto a oggi: le norme antiriciclaggio erano blande in Italia e inesistenti nella Città del Vaticano. De Bonis amava portare attori e attrici allo Ior, stringendo rapporti e amicizie con star come Alberto Sordi e Sophia Loren, solo per indicare alcuni tra i volti più famosi avvistati nel torrione della banca. Erano semplici amici personali del monsignore o alcuni di loro godevano anche del lusso di un conto corrente speciale?

Attori e politici: un conto allo Ior non si nega a nessuno

Una prima clamorosa risposta arriva dai fogli di cassa della banca che ho raccolto ed esaminato per questo libro. Bonifico con data 19 gennaio 1977: dalla Marine Midland Bank di Londra viene accreditata, in sterline, una somma rilevante, oltre 615.000 euro di oggi. È destinata al conto numero 051 3 02113R. Il foglio di cassa dell'operazione riserva una sorpresa inaspettata, indicando come intestatario del conto corrente uno degli attori più famosi del teatro italiano del Novecento, e uno degli artisti più impegnati nel sociale: Eduardo De Filippo. Anche lui poteva contare su un deposito allo Ior. Grazie all'amicizia coltivata con monsignor De Bonis. Sarà proprio uno dei fratelli del sacerdote, Mario de Bonis, a raccontare con enfasi il legame tra il prelato e l'attore:

> Donato, uno dei miei nove fratelli [...], con tre lauree al suo attivo, di cui una in teologia, e quattro lingue parlate, frequentava il grande commediografo, cui lo legavano sentimenti di affettuosa stima e comunanza culturale, artistica e spirituale. Eduardo e Donato si amavano come fratelli.[7]

Peccato che a ogni cerimonia in onore del fratello si dimentichi di ricordare come quest'ultimo sia stato soprattutto il braccio destro di Marcinkus. Eppure non poteva non saperlo: lui stesso frequentava lo Ior, e almeno in un'occasione portò una valigetta zeppa di soldi per accreditarli sul conto dell'impareggiabile «Donatino». Questo almeno è ciò che emerge dagli archivi riservati della banca. Correva l'anno 1978, pochi giorni prima di Natale. Mario de Bonis versa sul conto del fratello, numero 001 6 02477W, ben 55 milioni di vecchie lire equivalenti a oltre 181.000 euro, sempre seguendo la rivalutazione Istat. Tutto in contanti, ovviamente.[8] Eppure nei suoi racconti Mario preferisce concentrarsi su altri aspetti:

> Lui anima nera? Ma quando mai! Da bambino faceva il chierichetto nelle processioni. Si vedeva che aveva la vocazione, già dimostrava di amare Gesù, poi il seminario a Potenza (come vicerettore e rettore), quindi Salerno. [...] Mio fratello è stato vicino a tre papi, ha fatto e lasciato solo opere, non chiacchiere. Non ha lasciato un solo mattone di proprietà! Faceva tanta beneficenza. Amava i giovani, la sua vita fu tutta di opere in favore di altri. Ha sempre distribuito e mai preso, di questi tempi è roba da premio Nobel. E poi Luigi Bisignani le verità le ha dette: «Donato de Bonis è stato sempre sacerdote onesto, vero sacerdote di Cristo».[9]

Il «sacerdote di Cristo» sul ponte di comando dello Ior, una banca catapultata in un vorticoso giro di denaro, un impetuoso fiume di soldi di provenienza poco chiara, che viene distribuito per anni su una sterminata rete di conti. Somme enormi, frutto di speculazioni sulle valute (soprattutto dollari, franchi svizzeri e marchi), compravendite di titoli, acquisti importanti di once d'oro e palladio da far impallidire ogni mercante di metalli preziosi.

Il palladio è un metallo raro, di colore bianco-argenteo, della famiglia del platino. È assai prezioso e viene impiegato soprattutto in gioielleria per la creazione dell'oro bianco, lega formata da oro e palladio appunto, che serve per decolorare il primo. In Vaticano a esserne appassionato era soprattutto Marcinkus. Il numero uno dello Ior, come qualsiasi speculatore, era molto attento alle quotazioni dei metalli preziosi. Con una predilezione per oro e palladio. Acquisti, compravendite, smobilizzi: pur non essendo certo un esperto, il banchiere del papa era come rapito da queste speculazioni. Seguiva i consigli dei dirigenti della banca, investiva molto. Anche qui vengono in aiuto diversi documenti dell'istituto sui movimenti contabili nei depositi dell'allora presidente, che fotografano impietosamente come speculazioni e corsa al profitto fossero centrali nella sua gestione. Il punto di partenza sono i suoi due conti personali (numero 001 8 22126, in lire, e numero 051 6 04568, in dollari) dai quali, a seconda della situazione, senza problemi Marcinkus prelevava o accreditava le somme ottenute dalle vendite dei metalli preziosi. L'8 giugno 1976 firma senza imbarazzo il foglio di cassa numero 359769, che riassume una cessione di oro e palladio a suo favore per un incasso di 135.000.000 di lire, pari a circa 627.000 euro di oggi (come si evince dalla contabile riprodotta in Appendice).

Investimenti in metalli preziosi erano all'ordine del giorno allo Ior di Marcinkus, dove si affaccia il Vaticano che conta: il cardinale Sergio Guerri, per esempio, porporato di potere nella curia romana, che anni prima, su indicazione di Paolo VI, aveva affidato a Sindona l'incarico di smobilizzare le partecipazioni della Santa sede in diverse società italiane. Proprio lui, il 17 gennaio 1980, acquista «oro fino Once troy», addebitando la spesa, oltre 170.000 euro di oggi, sul suo deposito allo Ior, il numero 051 6 00231. Sono interessanti le parole che il 17 marzo 1992 sceglierà Giovanni Paolo II nell'omelia pronunciata al rito funebre in suffragio del cardinale:

> In ogni suo impegno il cardinale Guerri fu e volle essere soprattutto un sacerdote a totale servizio di Dio e della Chiesa. Ebbe profonda e convinta pietà eucaristica, congiunta a prudenza, saggezza e indubbie capacità professionali. Sempre fedele e obbediente ai superiori, lavorò con piena dedizione, senza risparmio di tempo e di fatica. Persona di poche parole, ma schiette ed efficaci, raggiunta nel 1980 l'età del meritato riposo lasciò i suoi incarichi, iniziando così il terzo e ultimo periodo della sua vita, nel silenzio.

C'è anche monsignor Marcello Magliocchetti, già cameriere segreto soprannumerario di Pio XII,[10] uno dei maggiori giuristi nei sacri palazzi. Magliocchetti può vantare legami molto profondi nella capitale. Nel 1960 è stato lui a celebrare le nozze tra Renato e Maria Angiolillo – che diverrà poi famosa per il suo salotto – nella cappella del Vicariato a San Giovanni in Laterano.[11] Come tutti i curiali di prestigio, anche monsignor Magliocchetti disponeva di un conto in lire e di un altro in dollari,[12] operando spesso su operazioni valutarie. Nell'autunno del 1976 le carte dello Ior documentano un acquisto di dollari per 113.000 euro di oggi: un'operazione piuttosto importante per un monsignore dedito al diritto e alla cura delle anime.

Altri aspetti inquietanti emergono analizzando il portafoglio clienti di quegli anni. Michele Sindona non era solo socio e consulente dello Ior. La squadra dello spregiudicato finanziere siciliano, uomo di fiducia di mafiosi del calibro dei Bontate, dei Genovese, insomma del gotha criminale italoamericano, era entrata nella banca vaticana a piene mani e la usava per ogni necessità: dai grandi affari internazionali alle operazioni finanziarie personali. Sindona doveva aver dato disposizione ai suoi uomini di aprire lì i loro conti, chiedendo a Marcinkus e a Mennini rendimenti sempre migliori. Loro evidentemente avevano accolto di buon grado la domanda, sottoscrivendo depositi che consentivano movimenti al riparo da occhi indiscreti. A iniziare dal braccio destro del banchiere siciliano, Pietro Macchiarella, con un passato da direttore generale della Banca dell'Agricoltura, scelto da Sindona come vicepresidente del consiglio di amministrazione della Banca Privata Italiana. Il primo giugno 1974, alla vigilia del crac, dal conto alfanumerico DI 90537 presso lo Ior vengono trasferiti 40 milioni di vecchie lire sul deposito di Macchiarella, numero 051 3 01560, convertiti in dollari, per un valore di quasi 257.000 euro di oggi. Macchiarella era forse uno degli uomini di Sindona che meglio conosceva il Vaticano. Lo testimonierà lui stesso anni dopo, davanti alla Commissione parlamentare d'inchiesta sul dissesto finanziario, svelando che fu proprio il banchiere siciliano ad aiutare la Democrazia cristiana, primo partito dell'epoca, con un bonifico di ben 200 milioni, attraverso Andreotti e un conto presso la banca del papa. In effetti, Andreotti aveva potere di firma, con De Bonis, sul conto intestato all'inesistente fondazione Spellman. Sarà poi il pubblico ministero dell'inchiesta sulla bancarotta, Guido Viola, a tratteggiare bene questo contesto di alleanze e connivenze:

> È indubbio che intorno a Sindona fu tessuta una ragnatela di protezioni che, a dispetto del già difficile lavoro portato avanti dagli

inquirenti, ha tentato per anni di aprire un ombrello di salvataggio per il bancarottiere. Sindona, come tanti altri uomini della finanza italiana, aveva invischiato nella sua rete innumerevoli uomini politici con laute elargizioni, sperando in un investimento futuro.[13]

La mossa di usare lo Ior come scudo per i loro movimenti, anche per gli affari personali, si rivelerà strategica per gli uomini di Sindona quando le inchieste giudiziarie e quelle degli organi di vigilanza indeboliranno il sistema di potere costruito dal banchiere, cercando di fare emergere il labirinto di criminalità finanziaria che era stato creato con le protezioni di Gelli e di Andreotti. All'istituto di credito del Vaticano, infatti, nessuno avrebbe mai bussato. La prova più evidente arriva dalle movimentazioni dei conti correnti, anche dopo il crac. Mentre l'autorità giudiziaria si concentra su uomini e banche di Sindona, e s'intensificano gli arresti, le perquisizioni e i sequestri, quel mondo continua a operare sui conti presso lo Ior. I corridoi finanziari protetti della Santa sede vengono usati per cercare di mettere in salvo i tesori accumulati.

I movimenti che risultano in entrata e uscita sono impressionanti, e continuano a essere alimentati anche dopo il primo agosto 1974, quando la Banca Unione si fonde con la Banca Privata Finanziaria dando vita alla Banca Privata Italiana, con Macchiarella presidente. Nella primavera del 1975, dal conto della Banca Unione presso lo Ior partono numerosi bonifici in valuta estera a favore del deposito della gemella Banca Privata, che nel frattempo era stata messa in liquidazione coatta amministrativa, con Giorgio Ambrosoli come liquidatore.[14] Era un sistema contabile occulto distribuito tra paradisi fiscali, Banco Ambrosiano, istituti di Sindona e Ior: né la guardia di finanza, né le procure, né l'avvocato Ambrosoli potevano davvero ricostruire la complicatissima rete di potere e interessi economici.

Soci e amici di Sindona in Vaticano, clienti speciali allo Ior

Negli stessi anni si affacciano allo Ior come correntisti anche numerosi personaggi legati alla galassia di Marcinkus e Sindona. Tra questi meritano attenzione l'imprenditore Stefano Falez (conto numero 001 2 01562 X) e l'uomo d'affari italoamericano Mark Antonucci (conto numero 001 5 90533Q): entrambi i personaggi portano direttamente nei sotterranei del potere dell'epoca.

Falez è un imprenditore di origini jugoslave che operava allo Ior con conti propri e giroconti intestati alla società Sicar. Sono interessanti le cariche societarie che ricopriva all'epoca: amministratore unico dell'immobiliare Compagnia San Giorgio, dove Luigi Mennini era presidente del collegio sindacale, e consigliere della società Brink's Securmark:

> La Compagnia San Giorgio Spa immobiliare è fondata per conto del Vaticano nel 1951 dal prete francese padre Georges Roche, che ha un curriculum professionale interessante. È segretario del cardinale Eugène Tisserant, eminente biblista e stratega del Vaticano per i rapporti con l'Est comunista. Tisserant era a capo dell'Ordine equestre del Santo Sepolcro di Gerusalemme nel 1965, quando Gelli, futuro maestro venerabile della loggia P2, ne venne onorato con il titolo di commendatore. [...] Alcune delle persone che amministravano e controllavano le finanze della Compagnia San Giorgio le ritroviamo in episodi fra i più delicati della storia recente del paese. Secondo uno studio del giornalista e storico Gian Paolo Pelizzaro, il collegio dei revisori dei conti del

1976 era composto da commercialisti tutti domiciliati in Roma, piazza Navona 49, presso la fiduciaria Fidrev Spa. La Fidrev avrebbe svolto attività di consulenza per il Sisde, fin dalla costituzione dell'agenzia informativa interna, ed era azionista di maggioranza all'atto di costituzione dell'Immobiliare Gradoli Spa. Quest'ultima, e altre società a essa legate, risultavano proprietarie di una serie di appartamenti ubicati in via Gradoli 96, la palazzina scelta da Mario Moretti per l'allestimento di un covo brigatista durante il sequestro Moro. [...] Sindaco supplente nella Compagnia San Giorgio, nel 1971, è un collega di Mennini, il capo contabile dello Ior Pellegrino De Strobel. Il fratello, di nome Pietro, svolge un'analoga mansione nel 1979 in un'altra società «cattolica», la società di trasporto e custodia valori, denominata Brink's Securmark.[15]

Antonucci aveva fondato la società Brink's Securmark con Sindona nel 1972 e aveva scelto proprio il banchiere siciliano come padrino al battesimo di suo figlio David, una cerimonia officiata da Marcinkus in persona:

Nel 1984 la Brink's sarà vittima di una clamorosa e inquietante rapina, che frutta 35 miliardi di lire ai suoi autori. In quel momento Falez non avrà più cariche nella società, ma risulterà proprietario dell'immobile sulla via Aurelia, dove avviene la rapina. Uno dei fondatori della Securmark, precursore della società svaligiata, è Mark Antonucci, cittadino americano e socio di Sindona nel quotidiano «Daily American». La Banca Privata finanziaria di Sindona è stata fra i primi clienti della Securmark. Forse avevano questo in mente i responsabili della rapina quando telefonarono all'«Unità» per rivendicare «l'esproprio proletario» nella «multinazionale sindoniana». L'ideatore della rapina era Tony Chichiarelli, un falsario romano dai collegamenti molteplici. Sfruttando le sue doti di falsario, aveva confezionato il falso comunicato numero 7 delle Brigate rosse, che aveva mandato le forze dell'ordine al lago della Duchessa a cercare vanamente il cadavere di Aldo Moro.[16]

Da parte sua Falez poteva contare anche in Italia sul suo fiuto negli affari e su ottime relazioni. Uno dei successi più rilevanti della sua scalata fu quando riuscì a importare il sistema alberghiero Holiday Inn in Italia dagli Stati Uniti, senza dimenticare l'immensa rete di rapporti che aveva intrecciato nei decenni precedenti. Con particolare attenzione agli incarichi diplomatici e una predilezione per l'Ordine di Malta, che rappresentò prima presso la Santa sede e poi a Belgrado, diventando in seguito, nel luglio del 1992, ambasciatore della Slovenia nella Città del Vaticano. Suo pupillo è certamente il figlio Alessandro, imprenditore che ha consolidato sia l'impero turistico del padre sia i rapporti con il Vaticano. Non è un caso, infatti, che Falez jr sia stato scelto come gentiluomo di Sua Santità, potendo così introdurre gli ospiti di rango agli incontri privati ufficiali del pontefice con i grandi della terra. Amico e fedelissimo di Pier Ferdinando Casini, Falez jr ha fatto crescere l'hotel Minerva, che gestiva nel cuore della capitale, trasformandolo in un salotto della politica cattolica italiana, tra convegni e incontri riservati, nel periodo in cui il partito di Casini risultava determinante nelle alleanze di governo.[17]

Agli inizi degli anni Ottanta l'asse Sindona-Calvi, con lo Ior come bancomat, stava comunque indebolendosi. Sindona, travolto dalle inchieste, finge persino un rapimento, mentre le crisi di liquidità dell'Ambrosiano e l'assenza di finanziatori espongono Roberto Calvi a rischi altissimi. Il banchiere milanese cerca di salvare la sua banca ma trova ovunque porte chiuse: gli stessi ambienti che, negli anni, aveva arricchito, ora negano ogni supporto. La situazione precipita il 17 marzo 1981, quando viene trovata, nella fabbrica La Giole a Castiglion Fibocchi, vicino ad Arezzo, la lista degli appartenenti alla loggia massonica P2 di Gelli. Appena sessanta giorni dopo

Calvi finirà in manette, processato e condannato per reati valutari. Un sistema di potere stava implodendo.

Il re della cocaina e la banca di Nassau: una testimonianza inedita

Quando, il 18 giugno 1982, Roberto Calvi venne trovato impiccato sotto il ponte dei Frati Neri a Londra, la comunità finanziaria internazionale rimase sotto choc e il sistema di potere al quale il banchiere era legato reagì cercando di gestire e contenere la situazione fuori controllo. La prima indagine sulla morte si orientò subito verso il suicidio, stabilendo che Calvi si era tolto la vita e archiviando così in fretta il procedimento. L'idea che si fosse suicidato faceva comodo a molti. A iniziare da chi, nel mondo delle banche e delle imprese, vedeva finalmente spianata la strada per mettere le mani sull'istituto. Senza dimenticare la curia romana, che perdeva un attore ormai scomodo, complice e testimone d'innumerevoli malefatte finanziarie. Ma c'era anche un fronte più composito in subbuglio. I piccoli azionisti che vivevano una crisi senza precedenti, disorientati e spaventati dal rischio di perdere i loro risparmi. E certamente la criminalità organizzata, da Cosa Nostra alla banda della Magliana, che aveva investito con Calvi e lo Ior di Marcinkus e che adesso perdeva referenti importanti.

Eppure, che si trattasse di omicidio si poteva capirlo subito, osservando il corpo di quel non più giovane banchiere ciondolare all'alba dall'impalcatura posta sotto il ponte, con alcuni mattoni infilati nelle tasche della giacca e nei pantaloni a fare da zavorra. Una messa in scena macabra per depistare le indagini. Come puntualmente accadde, facendo perdere tempo prezioso, fondamentale per risolvere casi come questi. Ogni manuale di scienza delle investigazioni spiega che, quando avviene un omicidio, ogni ora e ogni giorno che passa senza un colpevole compromette l'esito delle indagini: o un omicidio si risolve nelle prime quarantotto ore oppure la situazione si complica terribilmente. Infatti questo errore marchiano nella prima inchiesta sulla morte di Calvi sarà fatale per la verità, mai realmente raggiunta. Eppure era impossibile che il banchiere si fosse infilato i mattoni nell'abito, si fosse arrampicato sull'impalcatura come un aitante atleta, avesse teso un nodo scorsoio e poi con un salto carpiato da olimpionico si fosse lanciato nel vuoto, morendo impiccato. Il tutto senza scalfire minimamente le unghie, che rimasero pulite, come appena uscite dalla manicure: un particolare che mi confidò il giudice Otello Lupacchini, che fece riesumare il corpo del banchiere nel 1998.

Bisognerà aspettare l'autunno del 2005 quando, al termine di lunghe indagini, il pm Luca Tescaroli accuserà di omicidio un'insolita brigata di malfattori o presunti tali, che si sarebbero messi insieme per far fuori Calvi. Persone disarmoniche tra loro: dal faccendiere Flavio Carboni al boss della Magliana Ernesto Diotallevi, dal cassiere di Cosa Nostra Pippo Calò al contrabbandiere Silvano Vittor. È arduo ritenere che questi signori, di estrazione così diversa, si siano riuniti a un tavolo decidendo l'omicidio. Infatti, in ogni grado di giudizio, le corti hanno sempre respinto questa impostazione, assolvendo la pletora di imputati. Con una motivazione chiara: assente o troppo frammentario e contraddittorio il movente, insufficienti gli elementi di prova a carico. La pubblica accusa non ha mai voluto riconsiderare l'approccio, riproponendo la stessa trama nei giudizi successivi, con il risultato che la Cassazione ha chiuso definitivamente il procedimento. Tutti assolti. Certo, possiamo consolarci sostenendo con certezza che Calvi è stato ucciso. Ma questa verità, emersa in modo definitivo solo nel 2011, quando, dopo quasi trent'anni dalla morte, la Suprema corte ha stabilito che si trattava di un assassinio, è parziale, modesta e insoddisfacente. Chi ha ucciso Calvi? La certezza dei fatti è stata manipolata e distrutta in un indegno gioco dell'oca: a un passo avanti verso la verità ne seguivano sempre due all'indietro.

Nel novembre del 2016 il giudice Simonetta D'Alessandro, archiviando anche il procedimento sui mandanti (Gelli, Carboni e il faccendiere Francesco Pazienza), consolida la tesi che pezzi di Vaticano, massoneria e Cosa Nostra abbiano deciso l'omicidio dopo che l'Ambrosiano aveva perso ingenti somme di denaro di provenienza mafiosa. In quegli anni allo Ior e all'Ambrosiano è dunque accertato che s'incrociavano i capitali che arrivavano dalle famiglie italoamericane con quelli che uscivano per alimentare la dissidenza anticomunista in Polonia. Né Calò per i siciliani né Marcinkus per il Vaticano «potevano accettare il rischio»[18] che Calvi, ormai all'angolo, confessasse all'autorità giudiziaria «quella tipologia di attività illecita, volta a far convogliare denari mafiosi in quelle direzioni, e l'attività di riciclaggio che attraverso il Banco veniva espletata». Una tesi più storica che giudiziaria, che fa coppia con quella che vuole Calvi ucciso perché impossibilitato a restituire ingenti capitali alla mafia.

Ad aggravare le difficoltà di queste inchieste ha contribuito il muro di gomma impenetrabile eretto dal Vaticano, che mai ha fornito l'attesa collaborazione giudiziaria, facendo finire ogni rogatoria su un binario morto: «Le rogatorie avviate verso lo Stato Città del Vaticano – sottolinea il giudice D'Alessandro – hanno avuto esiti pressoché nulli». Se ad esempio la Santa sede fornisse la documentazione presente negli archivi dello Ior sulle operazioni imbastite con Calvi in Italia e all'estero, potrebbero emergere soggetti e speculazioni rimasti nell'ombra, possibili moventi dell'omicidio del banchiere, e perfino i mandanti. Notizie insomma determinanti per risolvere il giallo. A partire proprio da quelle sui rapporti con la banca di Nassau, alle Bahamas, la Cisalpine, citata come abbiamo visto in alcuni bonifici indicanti il pontefice Paolo VI nei fogli di cassa dello Ior.

Quanto fosse inquietante e vasta la rete di Calvi l'ho potuto valutare solo recandomi personalmente a Buenos Aires, dove avevo appuntamento con due boliviani: Ayda Suárez Levy, classe 1934, già sposata con il boliviano Roberto Suárez Gómez, soprannominato negli Usa «il re della cocaina», e il figlio Gary. Siamo alla fine di novembre del 2012. L'incontro è fissato per motivi di sicurezza all'ultimo piano del grattacielo che ospita l'albergo Nh City, a due passi dalla Casa Rosada. Un'immensa sala convegni completamente svuotata, con le vetrate che danno sui tetti di Buenos Aires, fa da cornice. Al centro solo due sedie, una per me e una per questa minuta e anziana signora che quando mi stringe la mano mi fa scambiare la sua gentilezza per una manifestazione di incertezza. Trascorro quasi un giorno intero con lei, poco dopo ci raggiunge anche il figlio Gary. Dietro al passo incerto e all'apparente fragilità dovuta all'età, Ayda mostra una memoria di ferro, un carattere deciso e molta rabbia mitigata dall'educazione borghese. Dopo una vita passata nel silenzio ha deciso di raccontare i retroscena dell'impero che aveva costruito in Sudamerica il marito, dal quale si è separata dopo averne scoperto i traffici. Roberto Suárez Gómez era al vertice di un colosso della droga, soprannominato dalle autorità statunitensi la «General Motors of cocaine»: possedeva 250.000 ettari di pascoli e coltivazioni di coca, era in grado di organizzare un golpe in Sudamerica, gestendo centinaia di milioni di narcodollari, laboratori capaci di raffinare anche una tonnellata e mezzo di cocaina al giorno nei momenti d'oro, flotte di aerei e navi per portare lo stupefacente negli Usa. Il potere di Suárez Gómez si basava su tre pilastri. Innanzitutto una spietata polizia segreta comandata dal fascista Stefano Delle Chiaie e dal nazista Klaus Barbie, il boia di Lione che, fuggito in Sudamerica dopo il Reich, si faceva chiamare Klaus Altmann. Secondo pilastro: la capacità di condizionare fortemente il potere politico, come quando nel 1980 finanzia il golpe del generale Luis García Meza Tejaola in Bolivia. Infine le alleanze, per fornire la pasta di cocaina e per riciclare la montagna di narcodollari che guadagnava. Per la coca era legato da un patto d'acciaio con Pablo Escobar, capo del cartello di Medellín, mentre per il riciclaggio ciò che emerge dal racconto di Ayda Suárez Levy mi gela il sangue:

> In Venezuela nel 1980 mio marito mi presentò Roberto Calvi, il presidente di una banca, e mi disse che lui poteva fare da garante per noi in futuro. Mio marito Roberto era contento e felice di aver incontrato in Venezuela Calvi, perché disponendo di un garante di questo livello gli affari sarebbero andati molto meglio... con la cocaina immagino, non fu esplicito ma immagino fosse così... Calvi era socio di mio marito... Una volta mio marito era stato con mio figlio a Saint Moritz dove Gunter Sachs [il marito di Brigitte Bardot morto suicida nel 2011, *nda*] gli disse che in quel periodo Calvi era molto spaventato, e chiedeva di incontrarlo per parlargli. Sachs disse che Calvi aveva grossi problemi con Pablo Escobar perché quest'ultimo voleva che gli tornassero indietro i soldi che aveva depositato in una banca a Nassau. Seppi che s'incontrarono in Toscana: mio marito Roberto disse a Calvi che la soluzione era quella di restituire i milioni di dollari dei colombiani depositati presso la Cisalpine Overseas di Nassau, relativi al debito contratto con Escobar, che in questo modo si sarebbe tranquillizzato. Certo,

se Calvi ha chiesto aiuto a mio marito vuol dire che era nella più totale disperazione.[19]

Il figlio Gary puntualizza:

Nessuno dei colombiani o dei boliviani aveva i conti all'Ambrosiano, ma è sicuro che ne avevano in altre banche e società collegate all'Ambrosiano... Mio padre mi diceva che Calvi era fortissimo... Era un suo socio, accanto a lui, come un partner che insieme a te in un affare guadagna una percentuale da quello che tu investi... lui guadagnava una percentuale di quei soldi entrati nei Caraibi.

Queste rivelazioni aprono un fronte nuovo sui possibili rapporti tra Calvi ed esponenti del cartello di Medellín, già accennati in un rapporto dell'Fbi e non smentiti dal figlio del banchiere, Carlo Calvi:

La principale entità estera dell'Ambrosiano era costituita proprio dall'Ambrosiano di Nassau e probabilmente se arrivavano narcodollari questi finivano in società amministrate fiduciariamente dalla consociata estera o da suoi funzionari. Queste società devono poi essere sfuggite alla liquidazione. Non ricordo questo Roberto Suárez Gómez perché mio padre conosceva molti Gómez ma è vero che uno degli ultimi viaggi di mio padre fu proprio in Venezuela.[20]

Fosse provata la ricostruzione compiuta dalla vedova di Roberto Suárez Gómez, emergerebbe un collegamento inquietante: alla Cisalpine Overseas Bank di Nassau, società estera del Banco Ambrosiano, direttamente o tramite fiduciarie a essa collegate, Escobar e il cartello di Medellín avevano aperto alcuni depositi per diversi milioni di dollari. E si tratta proprio della banca omonima del «fondo Cisalpine» presso lo Ior, coinvolto in operazioni per milioni di dollari a favore di Paolo VI, come abbiamo visto nel capitolo precedente. A questo punto diventa fondamentale capire perché Paolo VI viene indicato in quegli assegni: sono operazioni diverse o c'è qualche collegamento?

Inutile chiedere in Vaticano, dove si preferisce sempre il silenzio, temendo che eventuali notizie possano compromettere la credibilità della Santa sede, muovendo rumorosi e ingombranti scheletri negli armadi dei sacri palazzi. Le annunciate operazioni di trasparenza e pulizia non toccano questi segreti. Evidentemente si preferisce tenere nascosta la verità, sapendo però che così facendo si rischia di subire ricatti da chi, conoscendola, la utilizza come leva per ogni spregevole fine.

È la stessa situazione che abbiamo incontrato per la scomparsa di Emanuela Orlandi. E ancor prima per il crac di Sindona, che vedrà la Cassazione, nel 1990, intervenire con la scure, assolvendo gran parte degli imputati per prescrizione o riducendo in modo radicale le pene. Mennini, ad esempio, vide azzerata ogni pendenza dalla Suprema corte, che stabilì un difetto di giurisdizione della magistratura nei suoi confronti. Un colpo di spugna che ha fatto uscire di scena senza graffi le seconde file di quel mondo sommerso, offrendo loro un'attesa boccata d'ossigeno. Il fatto che non si sia mai voluto far piena luce su queste vicende, lasciando ampie zone d'impunità, ha impedito di estirpare alla radice questo sistema criminale-finanziario. Pur perdendo figure apicali come Calvi, Marcinkus e Sindona, il blocco di potere ha saputo rigenerarsi, ostacolando con la forza dei privilegi mantenuti e del ricatto ogni tentativo di cambiamento e riforma, fino ai giorni nostri. Basti pensare allo Ior, che è stata l'ultima banca offshore in Europa a aderire alle norme antiriciclaggio, imposte nel mondo dopo l'11 settembre 2001 e soprattutto dopo la conseguente stretta sui paradisi fiscali per bloccare i flussi finanziari di Al Qaeda.

Emerge un'ultima considerazione che oggi bisogna sottolineare: perde definitivamente di credibilità sia la comune vulgata che vuole un Marcinkus raggirato da Sindona e Calvi sia, soprattutto, quella che cerca di rappresentare questo sistema di potere come un corpo estraneo al pontificato di Paolo VI e poi a quello di Giovanni Paolo II. Nessun papa doveva intralciare la frenetica attività finanziaria dell'asse Sindona-Marcinkus-Calvi. E, in effetti, morto Luciani, questa proseguì per un altro decennio, fino a quando la morte non intervenne ancora una volta, eliminando i protagonisti. Dopo Calvi, nel 1986 sarà il turno di Sindona, trovato morto in cella nel carcere di Voghera dopo aver bevuto una tazzina di caffè corretto al cianuro. Rimarrà Marcinkus, dimesso da Karol Wojtyła oltre dieci anni dopo, nel 1989. Ma anche in quest'ultimo caso si commise un errore marchiano. La malapianta era troppo ben radicata per venire estirpata. Non era sufficiente mandare via Marcinkus per trasformare lo Ior in una banca pulita, come Wojtyła, artefice in questo caso di un'astuta mossa mediatica, sperava di comunicare. Ma addossare a lui ogni responsabilità suona oggi come una subdola operazione per occultare una verità ben più imbarazzante: troppe storie degli ultimi vent'anni raccontano infatti come il sistema Marcinkus-De Bonis-Mennini e il *loro* Ior abbiano proseguito nelle attività spregiudicate, velleitarie o addirittura criminali almeno fino al 2014. I discepoli, anche in questo caso, hanno superato i maestri.

---

1 Quando nacque l'11 febbraio 1887 con il nome originario di Ad Pias Causas, lo Ior era soltanto una commissione cardinalizia che per

volere di papa Leone XIII si occupava di amministrare le risorse delle «pie fondazioni», confluite in un fondo creato apposta per depositarvi lasciti ereditari e offerte dei fedeli. Cespiti immobiliari e somme di denaro che all'epoca andavano protetti e tenuti nascosti per il pericolo incombente delle confische disposte dalle autorità italiane. Lo Ior in quanto tale viene istituito con due chirografi firmati da papa Pacelli durante la Seconda guerra mondiale, nel 1942. Il pontefice concede subito autonomia assoluta alla banca nei riguardi della curia romana. Lo Ior diventa «ente centrale della Chiesa cattolica», ottenendo così l'immunità per i suoi dipendenti secondo l'articolo 11 dei Patti lateranensi. E vanta uno statuto ambizioso: «La custodia e l'amministrazione dei capitali, depositati in titoli o anche in contanti, e destinati a opere di religione e di cristiana pietà». Da sempre, però, chiunque nei sacri palazzi sa che si tratta di un obiettivo puramente formale: dai tempi del presidente Alberto Di Jorio e degli investimenti azionari dei soldi ottenuti con i Patti lateranensi, l'istituto assomiglia più a una banca d'affari che al custode dei risparmi delle pie confraternite.

2 Karol Wojtyła aveva pregato madre Teresa di andarlo a trovare ogni volta che veniva in Vaticano e questo, negli anni Ottanta e Novanta, accadeva in media due volte all'anno, come testimonia José Luis González-Balado nella prefazione di: Madre Teresa di Calcutta, *Il cuore della preghiera*, Bompiani, Milano 2012.

3 Madre Teresa portava in Vaticano anche generosi benefattori della sua opera, come la sua amica statunitense Eileen Egan, responsabile dei Catholic Relief Services e cofondatrice del gruppo American Pax Association.

4 Nato a Pietragalla, in provincia di Potenza, il 13 aprile 1930 e ordinato presbitero nel 1953, venne consacrato vescovo nel 1993 dal cardinale Corrado Ursi. Segretario particolare del cardinale Alberto di Jorio, venne nominato segretario generale della banca nel 1970.

5 Dai documenti conservati nell'archivio di monsignor Renato Dardozzi e pubblicati in *Vaticano S.p.A.*, era emerso che lo «Ior parallelo» era stato costituito da De Bonis con il progressivo indebolimento della figura di Marcinkus, accelerato quando nel 1987 i giudici milanesi ne chiesero – senza ottenerlo – l'arresto per il dissesto del Banco Ambrosiano.

6 https://rivaluta.istat.it.

[7] Gennaro Pucino, *Intervista a Mario de Bonis, amico del grande Eduardo e cultore della sua arte poetica*, dicembre 2010, consultabile al sito www.napolinternos.it. Anche Mario de Bonis divenne amico dell'attore, ne studiò tutta l'arte teatrale e, soprattutto, poetica. Mario de Bonis ha scritto negli anni diversi saggi e ricerche sull'attore; non da ultimo *Eduardo visto da vicino*, presentato alla Cineteca nazionale di Roma il 7 ottobre 2014, con ospite d'onore Gianni Letta.

[8] Dal versamento indicato nel foglio di cassa dello Ior n. C 187787 del 19 dicembre 1978.

[9] *Donato de Bonis. Intervista al fratello Mario – Incronaca*, La nuova tv canale 12, 12 gennaio 2016.

[10] Questi camerieri, scelti direttamente dal papa, appartenevano alla famiglia pontificia e avevano il ruolo oggi ricoperto dai gentiluomini di Sua Santità, ovvero quello di ricevere e intrattenere gli ospiti degli incontri privati del santo padre.

[11] Nozze con testimoni d'eccezione: l'allora presidente del Consiglio, Fernando Tambroni, e Maria Di Bernardo, moglie dell'industriale Franco Palma (proprietario dell'azienda Squibb e zio dell'ex ministro Nitto), suocera, a suo tempo, di Francesco Bellavista Caltagirone e testimone nel processo per l'omicidio di Mino Pecorelli.

[12] Monsignor Magliocchetti operava sul conto n. 051 6 03040L in dollari e sul n. 001 3 06345Q in lire italiane.

[13] Pubblico ministero Guido Viola, requisitoria al processo per il crac Sindona.

[14] In particolare il 7 aprile 1975 dai conti correnti n. 053 7 06229L e 057 7 06270G di Banca Unione partono due bonifici di 372.222 franchi svizzeri e 436.601 marchi tedeschi a favore dei conti n. 053 7 35230J e 057 7 35270D della Privata Italiana.

[15] Philip Willan, *Calvi e l'Italia dei poteri occulti*, «MicroMega», n. 5, 2008.

[16] *Ibidem.*

[17] Il Minerva era uno dei buoni nomi della catena di alberghi che i Falez, da papà Stefano ad Alessandro, erano riusciti a inanellare tra Napoli con l'Holiday Inn e soprattutto Roma, con l'hotel Crown Plaza nella via Veneto della Dolce Vita, il Residence e appunto il Minerva. Senza dimenticare gli interessi nella sanità con il Roma America Hospital, il centro diagnostico Health Care Italia e la casa di cura Salvator Mundi.

[18] Decreto di archiviazione del procedimento sui mandanti dell'omicidio Roberto Calvi, giudice Simonetta D'Alessandro, tribunale di Roma.
[19] Intervista mandata in onda nel programma di La7 *Le inchieste di Gianluigi Nuzzi*, nell'inverno del 2012.
[20] *Ibidem.*

La malapianta

La confessione di fronte a papa Francesco

È il 3 luglio 2013. Dopo aver riletto gli appunti, l'aristocratico tedesco Ernst von Freyberg, da pochi mesi alla presidenza dello Ior, esce dalla sua stanza presso la residenza di Santa Marta, lo stesso edificio in cui vive papa Francesco. Sa bene che quel giorno d'estate sarà per lui decisivo.[1] Nominato il 15 febbraio dello stesso anno per espresso volere di Benedetto XVI, il banchiere è atteso a uno degli incontri più delicati della sua vita. Si riunisce infatti il vertice della Santa sede. Insieme al nuovo pontefice e al segretario di Stato Tarcisio Bertone, è convocato il Consiglio dei cardinali al completo. Sono presenti tutti i porporati più influenti, con pochi altri monsignori di particolare rilievo nella geometria del potere curiale. L'appuntamento è ovviamente a porte chiuse. Sono i primi mesi del pontificato di Bergoglio, quelli che segneranno le sue scelte future. Nell'occasione, uno dei partecipanti registra ogni parola del capo dello Ior: oggi, grazie anche alle testimonianze di altri prelati presenti, possiamo raccontare per la prima volta cosa accadde durante quella drammatica riunione e svelare i contenuti dell'intervento del banchiere.

Lentamente i porporati entrano nella grande sala al terzo piano del palazzo apostolico, tra l'appartamento ormai chiuso di Benedetto XVI e la segreteria di Stato.[2] Bergoglio li osserva uno a uno. La maggioranza dei cardinali presenti aveva certo votato per lui, ma molti solo all'ultimo scrutinio, quando i vertici della curia erano stati chiamati ad allinearsi alla linea emersa in conclave. Von Freyberg entra e sembra come cercare lo sguardo del papa. Il santo padre rimane impassibile. In sala c'è chi osserva questo avvocato, banchiere e uomo d'affari con curiosità, chi con interesse, chi con aria di sfida e chi, come lo stesso Bertone, con ostentata indifferenza. Von Freyberg porta nervosamente la mano agli occhiali e si avvicina al microfono.

Le ragioni che animavano l'interesse della curia erano due. La prima, più superficiale, radicata in quella malizia pettegola ben radicata nella Santa sede, riguardava il passato del banchiere. Fino a poco prima Von Freyberg era stato infatti presidente della Blohm+Voss, industria cantieristica navale tedesca con sede ad Amburgo, impegnata dai tempi della Wehrmacht nazista nella fabbricazione di navi militari e sottomarini da guerra. Quel banchiere dall'aria apparentemente mite, dallo stile sobrio ed elegante, non era certo un guerrafondaio, ma i precedenti incarichi favorivano l'ironia tagliente dei porporati, che non lesinavano battute affilate.

La seconda ragione riguardava un'intervista quantomeno audace che Von Freyberg aveva da poco rilasciato al «New York Times». «Non posso fare commenti sui singoli clienti – aveva dichiarato, annunciando tolleranza zero contro il riciclaggio di denaro – ma posso dirle che ho preso i nomi indicati sui giornali e ho controllato personalmente. Non ho trovato neanche uno di questi nomi. Quel boss della mafia, quel politico, Osama bin Laden. Nessuno ha conti con noi né sono delegati di qualche conto».[3] L'indomani, a Radio Vaticana, il banchiere era stato ancora più netto. Conti cifrati? Somme enormi senza padrone? «Pura fantasia, non esistono conti cifrati. Fin dal 1996 è tecnicamente impossibile, con il nostro sistema, aprire un deposito cifrato. Io stesso ho fatto controlli a campione: non ho trovato traccia di conti cifrati.» Nemmeno per quanto riguarda il passato? «Non potrebbero esistere in questo sistema.»[4]

La presa di posizione negazionista è giudicata pericolosa da diversi porporati. Le parole azzardate di «quel laico» – com'era indicato sbrigativamente da alcuni cardinali, che nemmeno pronunciavano il suo cognome –, appena arrivato in Vaticano, rischiavano di esporre la Santa sede a clamorose smentite. Dagli anni di Marcinkus le intestazioni fittizie, i conti alfanumerici – come emerso fin dal 2009 e in modo incontrovertibile con il saggio *Vaticano S.p.A.* e come anche in questo libro si mette in luce, con ulteriori casi e documenti – erano prassi consolidata. Perché dunque negarlo? In un momento tra l'altro così delicato, andando proprio nella direzione opposta a quella indicata ogni giorno da papa Francesco, ovvero quella di togliere gli scheletri dagli armadi, smetterla di nasconderli. Così, l'attesa per l'intervento del presidente dello Ior è carica di tensione: il banchiere avrebbe confermato questa linea scivolosa? Von Freyberg sceglie di esprimersi in lingua italiana, per essere ben compreso dalla maggior parte dei suoi interlocutori. Comincia il suo intervento partendo dai numeri, per far capire a tutti la mole di denaro che è chiamato a gestire. In sala il silenzio è assoluto:

> Gestiamo i conti della Santa sede, delle diocesi, delle congregazioni e delle congregazioni femminili, per un totale di più di due miliardi. [Questi conti costituiscono, *nda*] il nostro gruppo più importante di utenti. Ci sono anche persone fisiche, ne abbiamo 13.000, e queste persone fisiche sono soprattutto gli impiegati e i pensionati della Santa sede, dello Stato vaticano e dello Ior. C'è un gruppo di più o meno 1400 persone che non entra in modo

stretto in questo mondo cattolico, sono le missioni diplomatiche, diplomatici, ex diplomatici presso la Santa sede, non i nostri, gli altri che vengono da noi, e sono ex relazioni della Santa sede: questo è un gruppo molto diverso... [Ci sono, *nda*] tante eredità, [...] in più anche per ragioni tradizionali abbiamo questa clientela. Gestiamo più o meno 7 miliardi, 5 miliardi sul nostro proprio bilancio e 2 miliardi con terzi. L'utenza depone da noi i suoi fondi e noi li investiamo soprattutto in titoli di Stato e con altre banche. Facciamo pochissimo credito, con un bilancio di 5 miliardi abbiamo solo un credito di 25 milioni. Il nostro principale ruolo è di proteggere il patrimonio, nient'altro, così da noi non si fanno operazioni di *swap* o di *hedge fund*. È solo un'attività di protezione patrimonio. C'è un secondo servizio che rendiamo, e questo è il servizio di pagamento importante per gli utenti, soprattutto per le congregazioni che hanno tante attività nel mondo.

Il banchiere ogni tanto compie qualche errore in italiano: dice «pensionisti» al posto di «pensionati», «diplomati» al posto di «diplomatici», Bertone interviene per correggerlo, strappando mezzi sorrisi ai porporati. Ma l'atmosfera rimane tesa. Von Freyberg sa che deve ancora affrontare la questione più spinosa. È quasi certamente la prima volta che un presidente della banca vaticana di fronte a una platea così qualificata, con il pontefice, il segretario di Stato e i cardinali più influenti della curia, s'inoltra a parlare del delicatissimo tema del riciclaggio.

Quando sono arrivato era chiaro da dove cominciare. Ci sono due grandi elementi: uno è l'attività illegale dei nostri clienti, che si chiama oggi *anti money laundering* [riciclaggio, *nda*], e l'altro è la comunicazione. Infatti i due argomenti sono molto intrecciati l'uno con l'altro. Sui nostri utenti la mia osservazione personale, oggi... insomma... come oggi... ehm..., la mia osservazione personale è questa: fino al primo aprile 2011 non c'era una legge vaticana che riguardava l'antiriciclaggio. Fino a quel momento lo Ior gestiva i suoi affari come pensavano giusto, e come lo pensava desiderato dai suoi superiori. Questo è cambiato il primo aprile 2011, con una legge [la prima legge antiriciclaggio nello Stato vaticano, *nda*] che non è stata molto spiegata allo Ior. Cioè c'era una legge, ma non c'era un *training*, un regolamento per metterla in pratica [in modo, *nda*] molto preciso. Il risultato è che negli ultimi due anni ci sono state transazioni non conformi alle regole e non sono sempre state riportate in tempo.

Cala il gelo in sala. Le parole del banchiere pesano come pietre. Il presidente imputa proprio ai superiori, quindi ai cardinali, la gestione opaca del denaro allo Ior, in assenza di una qualunque seppur minima regola antiriciclaggio. La banca vaticana avrebbe gestito i propri affari «come desiderato dai suoi superiori». Non era quindi una scelta autonoma dei vertici dell'istituto, era la volontà espressa dai superiori, ovvero dai porporati e dallo stesso pontefice. Non è finita. Quando è entrata in vigore – finalmente, seppur molto in ritardo – la legge contro il riciclaggio, questa non è stata applicata. Sui giornali, in tv, tutti davano spazio e applaudivano le nuove norme che il Vaticano aveva adottato contro i traffici di denaro sporco, ma allo Ior nessuno le seguiva. Una riforma a metà, in pratica. Si era deciso di soddisfare la sete di trasparenza dei media e dei fedeli, ma bisognava nascondere quello che Von Freyberg denuncia durante il suo atteso intervento: mancando un regolamento attuativo, nessuno allo Ior poteva seguire le indicazioni espresse dalle norme. Così, ancora per mesi, l'istituto ha potuto operare come banca offshore nel cuore di Roma. Tutto ciò a dispetto di quella pubblicistica che sbandierava con eccesso di zelo l'annunciata trasparenza.

Von Freyberg prosegue riprendendo la questione dei conti correnti cifrati e dei clienti innominabili che già aveva affrontato nelle interviste al «New York Times» e a Radio Vaticana, compiendo un inspiegabile scivolone, almeno in apparenza:

Che tipo di problema abbiamo? Sono soprattutto persone fisiche che utilizzano i loro conti per operazioni illegittime, riciclaggio in tutti i sensi. Possono essere membri del clero, persone laiche: non c'è una regola dove il rischio sia più alto. Penso che non sono tanti casi, tutti quelli riportati dalla stampa li ho controllati io stesso, nel primo giorno, sul computer, e non c'erano. Non c'era il conto Andreotti, non c'erano fra noi certi gentiluomini che c'erano nella stampa: tutto quello non esisteva. [...] Secondo argomento è la comunicazione. Il più grande problema dello Ior è che trascura il messaggio del santo padre e del Vaticano. Questo è il mio compito: che questa situazione sia risolta. Io ho cominciato con la comunicazione e il nostro problema è il seguente. Viviamo in un triangolo di fatti veri come Ambrosiano; di voci false, come Andreotti, Osama bin Laden e tutti quegli altri; e di un silenzio totale da parte nostra. La nostra scelta di comunicazione è stata quella di non parlare con nessuno o in un modo non molto felice o, negli ultimi anni del mio predecessore, di parlare molto individuale, direi. Così non ci siamo mai veramente difesi contro le voci false e non abbiamo mai ammesso ciò che è vero. La nostra scelta è stata di prendere uno specialista della comunicazione e di andare verso la Chiesa, il pubblico, in modo sistematico. Ciò significa che c'è stata una prima settimana coi giornalisti, adesso... di fare un rapporto annuale e metterlo su internet così tutti possono vedere che c'è. Dal punto di vista dell'antiriciclaggio ho preso una ditta che si chiama Promontory, i leader mondiali penso di questo settore, e loro adesso guardano ogni singolo conto da noi, se è giusto o non giusto. Oggi come oggi abbiamo poco più di mille conti e ce ne sono forse dieci che non sono giusti e dobbiamo fare qualcosa. Un terzo lavoro che abbiamo fatto, ed è un lavoro pressoché finito, è

> stato quello di prendere un grande studio legale, Cleary Gottlieb, ufficio di Roma, ma è statunitense, e loro hanno dato per noi un parere legale sul nostro inquadramento legale, perché viviamo in un mondo e lavoriamo in un mondo, non siamo solo nello Stato vaticano e dobbiamo rispettare queste regole, niente toglie a che fare con la sovranità, ma sono le regole normali per ognuno [che ha una, *nda*] raccolta di 7 miliardi anche in altri paesi. Anche gli altri paesi vogliono sapere un po' che cosa si fa e dobbiamo adeguare anche il nostro comportamento per ubbidire alle regole di altri Stati. Ecco, questo è un riassunto della nostra situazione, oggi come oggi.

Papa Francesco ascolta con grande attenzione. Il banchiere tedesco nega il conto di Andreotti allo Ior. Sembra un tentativo maldestro di circoscrivere il passato irrisolto della banca vaticana agli anni bui di Marcinkus, Sindona e Calvi. Ma quel sistema di potere si era solo progressivamente indebolito, non era scomparso, si era momentaneamente inabissato per tornare più forte di prima, con uomini nuovi a riciclare altre enormi somme di denaro.

Il dopo-Marcinkus

Certo, alcuni episodi potevano trarre in inganno. Basti pensare a quando, nel 1984, si stabilisce il pagamento di 405 milioni di dollari da parte dello Ior, ai liquidatori dell'Ambrosiano, come «contributo volontario» per chiudere ogni pendenza finanziaria legata al dissesto della banca di Calvi.[5] Ma sarebbe una lettura molto superficiale ritenere che la banca abbia per questo voltato pagina. Marcinkus non venne mai abbandonato dal Vaticano. Anche questo è testimoniato dai nuovi documenti consultati e da diverse fonti.

Il difensore di Marcinkus, Adolfo Gatti, per esempio, era un avvocato che godeva della totale fiducia nei sacri palazzi. Era anche correntista allo Ior, come si scopre leggendo, per la prima volta, gli atti contabili riservati della banca. Oggi scopriamo da questi documenti che alcune sue robuste parcelle venivano pagate proprio con i soldi della banca vaticana: un compenso da un miliardo di vecchie lire è liquidato il 31 luglio 1984 con denaro prelevato dal conto numero 001 9 10420T, riservato alle spese legali. Lo stesso giorno viene pagato un altro difensore di Marcinkus, il professor Agostino Gambino, membro per la Santa sede della Commissione italovaticana sul dissesto della banca di Calvi, già avvocato della Banca Privata di Sindona. Nei lavori della commissione, Gambino si era prodigato per minimizzare le responsabilità del presidente dello Ior, indicandolo in pratica come una vittima di Calvi: «Non c'è alcun elemento di colpa nei confronti di Marcinkus» disse. Il 31 luglio 1984 risulta per lui il pagamento di un miliardo di vecchie lire, stessa somma bonificata anche all'avvocato Adolfo Gatti.[6]

I giudici di Milano che nel 1987 firmarono la clamorosa richiesta di arresto per il vescovo americano e alcuni suoi collaboratori, proprio per il crac dell'Ambrosiano, la pensavano diversamente.[7] Marcinkus vide confermata la previsione che aveva fatto qualche anno prima: «Posso essere un pessimo banchiere ma almeno non sono in galera».[8] Anche se il mandato di cattura viene bocciato in Cassazione, il provvedimento, insieme al successivo sviluppo delle indagini su Calvi compiuto dal pubblico ministero Pier Luigi Maria Dell'Osso, spinsero Wojtyła e il segretario di Stato dell'epoca Agostino Casaroli a far pressioni sempre più insistenti sul presidente dello Ior, chiedendogli un passo indietro. Si dimetterà nel 1989.[9]

Fino al 1996, da ex presidente, Marcinkus rimane in Vaticano. «Teme che uscendo possa venire arrestato» mormorano i detrattori nei sacri palazzi, forse con qualche ragione: se fosse uscito dal piccolo Stato, avendo perso il ruolo di potere ricoperto per anni, sarebbe potuto finire oggetto di qualche misura cautelare. Terminate le turbolenze giudiziarie dell'Ambrosiano, nel 1997 il prelato forse più scomodo della Chiesa si trasferisce a Sun City, in Arizona: va a fare il parroco, come tanti altri anziani sacerdoti. Con Marcinkus, nel 1989, avevano lasciato lo Ior anche i suoi collaboratori, Luigi Mennini e Pellegrino de Strobel, finiti sui giornali e nel mirino della magistratura. Ma tutta la struttura di comando della banca rimase immutata. Dopo vent'anni di amministrazione spregiudicata, condotta all'insegna della più totale impunità, era difficile che quell'istituto di credito potesse cambiare rapidamente.

Marcinkus lascia la banca, De Bonis diventa prelato dell'istituto e concede alcune interviste per smarcarsi dal vecchio presidente e suo protettore, nel frattempo sostituito da Angelo Caloia, cattolico lombardo molto vicino al banchiere Giovanni Bazoli, scelto nel giugno del 1989 da Giovanni Paolo II per le apprezzate virtù e per mettere finalmente una pietra tombale su un passato troppo scomodo e ingombrante, che tanto aveva compromesso l'immagine del Vaticano.

È un'ingenuità o un atto di malafede pensare che lo Ior, dopo l'addio di Marcinkus, si sia trasformato all'improvviso in una banca etica. In realtà quel sistema non ortodosso continua a prosperare. Proprio in quegli anni, dal 1989 in poi, nella galassia di conti costituita da monsignor Donato de Bonis è riciclata gran parte della maxitangente Enimont, pagata dalla famiglia Ferruzzi ai partiti della Prima e della Seconda repubblica per separare i destini della Montedison da quelli dell'Eni, sciogliendo così l'Enimont, il sogno di Raul Gardini di costruire un unico polo chimico italiano. I Ferruzzi si affidarono a un uomo che in Italia ha sempre rappresentato il crocevia di trame, affari e misteri, ovvero Luigi Bisignani: e se quest'ultimo allo Ior aveva un amico, si trattava proprio di monsignor De Bonis.

I guai arrivano con Tangentopoli, quando il pool dei magistrati di Mani pulite accende un faro sulla maxitangente indagando i mediatori che la trattarono, da Sergio Cusani a Mauro Giallombardo e, appunto, Luigi Bisignani. I magistrati seguono i flussi di denaro, i più consistenti portano direttamente in Vaticano. Per gli inquirenti ben due terzi dei 130 miliardi della maxitangente, ovvero 88,9 miliardi, passarono proprio dallo Ior. In particolare, alcune somme transitarono sul conto di Andreotti, creando un potenziale *vulnus* per l'uomo che in quegli anni era candidato a diventare presidente della Repubblica.

Dall'87 al '92 De Bonis introduce in Vaticano cash per oltre 26 miliardi di vecchie lire (circa 26 milioni di euro di oggi) e li deposita tutti sul conto Fondazione Spellman. Negare l'esistenza del deposito numero 001 3 14774 C, aperto proprio nel 1987 presso lo Ior e intestato a un'inesistente «fondazione Francis Spellman», che tra le firme autorizzate vedeva quella del sette volte premier Giulio Andreotti, è quindi una mossa contro la verità, un goffo tentativo di smentire una vicenda ormai storicamente accertata. Quel deposito costituisce invece e purtroppo il perno più occulto dell'operazione portata avanti proprio all'interno della banca vaticana per pulire e distribuire la tangente più grande mai scoperta nella storia d'Italia, con le provviste che entravano all'istituto in titoli di Stato e da qui venivano trasformate da monsignor De Bonis in denaro liquido, da dirottare sui conti di politici e intermediari, come Sergio Cusani, imputato e condannato nel processo-simbolo di Mani pulite.

Tutto ciò avviene nonostante sia arrivato Caloia alla presidenza dell'istituto: il volto pulito scelto per dimenticare un passato troppo imbarazzante. Un'operazione di *restyling* ma di sola facciata, che serve a rendere più presentabile lo Ior alleggerendo così le pressioni dei media. In realtà, gli anni bui proseguono. Caloia, su indicazione del cardinale Casaroli, da una parte cerca di arginare le attenzioni dei pubblici ministeri milanesi predisponendo risposte fuorvianti per contenere l'inchiesta sulla maxitangente, dall'altra tenta di non farsi travolgere da quel sistema criminale radicato dai tempi di Paolo VI. Deve essere stata un'autentica umiliazione, per lui, scoprire che nel corso della sua presidenza, a sua insaputa, si riciclavano miliardi di tangenti. Come approfondito già in *Vaticano S.p.A.*, Caloia scoprirà che tra l'89 e il '93, sui diciassette conti principali che De Bonis aveva via via aperto all'istituto, vengono compiute operazioni per oltre 310 miliardi di lire, circa 300 milioni di euro di oggi. Solo i depositi e i ritiri in contanti superano i 110 miliardi.[10] È questa la verità ormai accertata dello Ior parallelo, un gigantesco sistema clandestino costruito negli anni del dopo-Marcinkus.

De Bonis sfruttò l'entrata in scena di Caloia e il vuoto di potere successivo alle dimissioni di Marcinkus per rafforzarsi, gestendo somme da capogiro. La reazione da parte dei contabili perbene dello Ior fu di totale disorientamento: «Il nuovo – rivelano alcune fonti sentite per questo libro – era peggio del vecchio. Alcuni uomini non erano cambiati, gli affari erano gestiti con metodi più sofisticati ma venivano portati avanti senza alcuna remora». De Bonis si presentava a tutti con il profilo del sacerdote modesto e generoso. Quando qualche lucano si recava in banca, lo accoglieva con calore. Apriva il primo cassetto della scrivania e ai più giovani domandava: «Quanto tempo rimani a Roma?». E regalava qualche banconota per le piccole spese. In banca ripeteva spesso una battuta: «Sono casto, ma non ho mai fatto voto di povertà!». Eppure ostentava distacco dal denaro, con un vezzo inconsueto: non toccava quasi mai i soldi o, meglio, maneggiava solo le banconote appena stampate, quelle usate nemmeno le sfiorava. Diceva che poteva prendere qualche infezione.

C'è da chiedersi, allora, a cosa è dovuto l'errore di Von Freyberg, vista anche la posizione sempre cristallina e l'ottima reputazione di questo banchiere, che era stato scelto in extremis da Benedetto XVI, dopo l'annuncio della rinuncia, per depotenziare l'influenza della curia italiana sulle finanze vaticane. La domanda è rilevante, perché la riunione di cui abbiamo raccontato si svolge in un momento cruciale. Sono i primi mesi del pontificato di Francesco. Il papa deve individuare le priorità e scegliere i suoi collaboratori, che saranno decisivi per portare avanti le riforme annunciate. Von Freyberg da una parte denuncia l'alta gerarchia vaticana che ha deliberatamente lasciato lo Ior libero di portare avanti affari senza trasparenza, dall'altra nega il conto di Andreotti. Perché? È possibile che lo abbia fatto in assoluta buonafede. Probabilmente gli hanno nascosto la verità, per farlo arrivare disinformato a quel consesso e, quindi, delegittimarlo agli occhi di Francesco. Un modo sottile, subdolo, per indebolirlo e quindi renderlo inaffidabile agli occhi del nuovo pontefice, che puntualmente, un anno dopo, deciderà di sostituirlo. Certo, la verità del conto sul quale Andreotti aveva potere di firma era ormai stata evidenziata dal mio *Vaticano S.p.A.*, ma probabilmente sarà stata presentata agli occhi di Von Freyberg come una ricostruzione distorta, portata avanti da chi aveva altri interessi.

La presidenza di Von Freyberg sarà la più breve mai avuta nella storia dello Ior: vent'anni è durata quella di Marcinkus, altri vent'anni quella di Caloia. Il banchiere tedesco resterà in carica nemmeno sedici mesi, fino al 9 luglio 2014. Se avesse ben studiato i documenti interni dell'istituto sarebbe venuto a conoscenza di un quadro inquietante, ancora oggi in gran parte sconosciuto all'opinione pubblica.

La nuova lista nera dei clienti dello Ior

Gli archivi riservati dello Ior a cui abbiamo avuto in parte accesso per scrivere questo libro tratteggiano un quadro ben diverso da quello prefigurato dal banchiere tedesco, documentando la larga diffusione di un sistema occulto che poteva contare su solidissime alleanze nei sacri palazzi, anche dopo le dimissioni di Marcinkus.

Solo a partire dal 1993, ben quattro anni dopo l'arrivo di Caloia, Giovanni Paolo II decise che quel sistema era divenuto ormai impresentabile agli occhi del mondo e diede disposizioni al nuovo segretario di Stato, il cardinale Angelo Sodano, affinché si provvedesse a un ricambio in banca. Tutto in forma riservata e discreta, ovviamente, senza destare ulteriori scandali e allarmare l'opinione pubblica. L'operazione viene affidata allo stesso Caloia, che aspettava l'occasione propizia per riscattarsi. Il suo lavoro si svolge in diretto coordinamento con il segretario di Stato. Il presidente doveva muoversi su due fronti: in primo luogo allontanare i dirigenti collusi o compiacenti, poi individuare e bloccare tutti i conti correnti utilizzati per operazioni poco chiare, o intestati a persone ritenute non cristalline. Dopo aver scoperto il traffico di tangenti anche sotto la sua presidenza, Caloia non si fida di nessuno. L'11 aprile 1993 riesce ad allontanare De Bonis, che viene nominato prelato dell'ordine di Malta e provvisto di un accogliente ufficio nella centralissima via Condotti a Roma. Ma sarà solo una vittoria a metà la sua: De Bonis infatti continua a esercitare pressioni e influenze su alcuni funzionari e dirigenti della banca, per proteggere i suoi affari e interessi. Caloia non aveva quasi più fiducia in Giovanni Bodio, direttore generale dopo Mennini, e diffidava dei cinque capiufficio dell'istituto di credito: monsignor Carmine Recchia, il commendator Lelio Scaletti, Pier Giorgio Tartaglia, Paolo Scarabelli e Mario Clapis. Cercava comunque di gratificarli, concedendo loro ogni anno dei bonus (dai 20 milioni di vecchie lire a Bodio, ai 5 che incassava monsignor Recchia, come risulta dai fogli di cassa riservati consultati per questo libro), ma il clima all'interno rimaneva ostile. Caloia si rivolge a Sodano per sollecitare un ricambio dei dirigenti. Per esempio monsignor Carmine Recchia, rimasto in seconda fila durante gli anni di Marcinkus, nel ruolo defilato di responsabile dell'archivio della banca.[11] Caloia chiederà la sua rimozione: «La sua esperienza si è sempre tradotta in termini di copertura nei confronti dell'attività dell'ex prelato [De Bonis, *nda*]» scrive al segretario di Stato. «La sua fuoriuscita consentirebbe maggior trasparenza di operatività ed eliminerebbe il consolidarsi di non trascurabili connivenze e condizionamenti interni.»[12] Poco dopo Sodano ne dispone il trasferimento.

Ciò che invece a oggi ancora non si conosceva, e che questo libro può raccontare, è l'azione sul secondo fronte aperto da Caloia, ovvero la complessa operazione di blocco dei conti correnti sospetti, una volta che le attività illegali compiute allo Ior erano emerse dalle indagini delle procure italiane. Tra i documenti contabili analizzati assume rilievo l'elenco interno di ben quarantasei depositi bloccati al 20 giugno 1994, sui quali erano state versate somme per oltre 43 miliardi di vecchie lire (vedi tabella). Una lista

Lista dei conti bloccati al 20 giugno 1994

COD. CONTO	NOMINATIVO	CAPITALE DARE (LIRE)	CAPITALE AVERE (LIRE)	IMPORTO RIVALUTATO IN EURO (agosto 2017)
001 1 10015	DI JORIO CARD.A.C./OPERE		97.078.590	78.915,49
001 1 13488	O GABE REV.FESSAHAIZION		887.998	721,86
001 2 00882	SP.MIN.INF.LUCCA C/C.G.		2.030.802.536	1.650.845,80
001 2 00994	FATE BENE FRATELLI ROMA	2.452.174		1993,38
001 2 23485	KUPISZEWSKI S.E.HENRYK		619.591	503,67
001 3 06665	SEBASTIANI MONS. SERGIO		28.063.451	22.812,87
001 3 16765	CIUFFA DON RENATO		37.890.417	30.801,24
001 3 11363	PALA REV. ONORATO		693.761.545	563.960,95
001 3 12384	O' GABER REV. FESSAHAZION		186.189.567	151.354,09
001 3 14774	FONDO CARD. F. SPELLMANN		7.026.332.717	5.711.728,06
001 3 19292	CONGR. SP. PIE DISCEPOLE		2.098.909.584	1.706.210,23
001 3 15346	FONDO ANNA BURATTI			
001 3 15439	ACCOGLI S.E. MONS. LUIGI		61.447.359	49.950,75
001 3 15846	FATEBENEFRATELLI C/IS. TIB		1.362.486.854	1.107.569,87
001 3 15924	ASSOC. LOTTA LEUCEMIA		313.480.475	254.829,27
001 3 16007	SERRA GESUINO			
001 3 16316	LEONE DANTE UGO		65.599.352	53.326,33
001 3 16593	KUPISZEWSKY S.E. HENRYK		14.578.172	11.850,64
001 3 17178	FONDO SAN SERAFINO		1.472.744.813	1.197.198,91
001 3 17624	BONIFACI DOMENICO		1.486.772	1208,60
001 3 18957	ACCOGLI S.E. MONS. LUIGI		10.969.182	8916,88
001 3 20368	FERRARI S.E. MONS. C.C/ERED		322.403.902	262.083,15
001 3 20786	FOND. MONITOR ECCLESIAT.		7.000.000	5690,32
001 6 02660	BONIFACI DOMENICO		24.865.285.381	20.213.069,04
001 8 91963	BONIFACI DOMENICO			
051 3 00336	SEGR. PART. S.S. PAOLO VI		2.550.589,23	2073,38
051 3 02401	DE MICHELI ING. TITO		575.214,82	467,59
051 3 03920	MEMORIAL FUND PAOLO VI		641.015,48	521,08
051 3 04636	VERNADE MONS. GEORGES		833.513,03	677,57
051 3 05115	OGBAGABER REV. FESSAHAZION		13.536,77	11
051 3 05555	ACCOGLI S.E. MONS. LUIGI		16.740,42	13,61
051 3 05903	PISANI S.E. MONS. TARCISIO		11.480,16	9,33
051 3 07865	SEBASTIANI S.E. MONS. S.		26.673,04	21,68
051 3 09504	GUALDI BORSELLA DI IORIO		122.402,78	99,50
051 3 09880	BELTRITTI S.B.G. GIUSEPPE		19.649,79	15,97
051 3 09936	KUPISZEWSKI S.E. HENRYK		61,39	0,05
051 3 10717	SERRA GESUINO			
051 3 11033	G.G.G. BORSA S. PALAESTINAE		7.930,95	6,45
051 6 03214	DE MICHELI TITO		10.259,90	8,34
052 3 09011	KUPISZEWSKI S.E. HENRYK		22,08	0,02
053 3 00384	SEBASTIANI MONS. SERGIO		56.251,77	45,73
053 3 90593	KUPISZEWSKI S.E. HENRYK		8,09	0,01
057 3 00472	DF BONIS MONS. DONATO		807,92	0,66
057 3 00679	ARC.TA S.MARIA PIETÀ		436.583,95	354,90
057 3 00697	ACCOGLI S.E. MONS. LUIGI		21.891,10	17,80
057 3 01244	SEBASTIANI MONS. SERGIO		86.586,93	70,39

consistente, dove troviamo di tutto. Ci sono depositi legati allo Ior parallelo di monsignor De Bonis: quello del costruttore Domenico Bonifaci (24 miliardi), il fondo San Serafino della famiglia Ferruzzi (1,4 miliardi) e lo stesso conto fondazione Francis Spellman con saldo congelato di oltre 7 miliardi di vecchie lire. Ma vengono sequestrati anche altri conti insospettabili. A iniziare dal numero 051 3 00336, intestato alla Segreteria particolare di papa Paolo VI, sul quale sono depositati solo 2 milioni e mezzo di vecchie lire. Spiccioli rispetto al sorprendente giro di denaro analizzato nei precedenti capitoli. Perché dunque bloccarlo? Evidentemente qualcuno lo aveva alleggerito prima dell'intervento di Caloia. Ma l'aspetto rilevante è un altro. Il sequestro è la prova che su quel deposito, così vicino a Paolo VI, tanto che il papa era indicato nell'intestazione, erano passate somme sospette. Sospetti che avevano convinto la presidenza a congelarlo. Si ripropone qui la stessa domanda sollevata in precedenza: si tratta di un deposito che la segreteria di Paolo VI, e quindi monsignor Macchi, utilizzava a titolo personale, all'insaputa del pontefice, oppure le somme venivano movimentate con il suo benestare? Ancora: Macchi e Montini potevano ignorare quei giri di denaro? Un'ipotesi poco credibile. Se così fosse sarebbe da spiegare perché qualcuno allo Ior si assumeva rischi tanto alti, usando addirittura il conto corrente del segretario del papa. Sarebbe stato molto più semplice e sicuro depositare i soldi su uno dei tanti conti fittizi che venivano aperti e usati in quel periodo per alcuni versamenti innominabili.

Scorrendo la lista dei clienti nel mirino di Caloia risultano bloccati anche conti di sacerdoti, prelati e futuri cardinali. Come i quattro depositi dell'allora monsignor Sergio Sebastiani, esperto di finanze vaticane e di economia. Pur comparendo nella lista nera, Sebastiani non ne risente nella sua carriera in Vaticano. Nel 1994 è nominato segretario generale del comitato per il Giubileo del 2000. Nel 1997 sale al vertice della Prefettura per gli affari economici della Santa sede, strategico organo di controllo dei vari dicasteri, una specie di Corte dei conti vaticana. Monsignor Sebastiani sceglie come fidato consultore il banchiere romano Giampietro Nattino, proprio in quegli anni in ascesa, tra la capitale e il Vaticano, con la sua banca d'affari Finnat. Nel 2016 Nattino finisce sotto inchiesta con l'accusa di riciclaggio tra lo Ior e altre banche. Nella lista nera di Caloia compaiono anche diplomatici come Henryk Kupiszewski, ambasciatore polacco presso la Santa sede e l'ordine di Malta; congregazioni e ordini religiosi come quelli del Fatebenefratelli (1,3 miliardi) e delle «suore min. inf.» (probabilmente ministre degli infermi) di Lucca (2 miliardi).

Ma è un altro documento, sempre sullo «Ior parallelo», a essere ancor più sconvolgente, custodito nelle segrete della banca vaticana e qui reso pubblico per la prima volta (vedi Appendice). È un appunto vergato e firmato a mano da monsignor De Bonis, nel quale il prelato della banca riporta tutti i conti correnti che gestiva. È diviso in tre gruppi di depositi, a seconda della valuta e della proprietà (in lire e in dollari, gestiti per conto terzi o personali). Risaltano subito conti correnti che portano a pensare a Karol Wojtyła. Si tratta dei conti 001 3 11595, intestato «Mons. Stan.», e 001 3 11746, intestato «Sua Sant.», entrambi in lire, e dei depositi, in dollari, 051 3 04011, intestato «Sua Sant.», e 051 3 04020, «Don Stanisl». È logico ipotizzare che possa trattarsi dei quattro depositi di riferimento dell'allora papa Giovanni Paolo II e del suo segretario, oggi cardinale e arcivescovo emerito di Cracovia, il polacco Stanisław Dziwisz.

È sorprendente che i quattro conti compaiano in questo elenco, nel quale De Bonis indica con precisione tutti i depositi, con intestazioni fittizie, gestiti per clienti innominabili (i conti: 001 3 16764, «Jonas Foundation», utilizzato da Luigi Bisignani; 001 3 14774, «Spellman», con firma Andreotti; 001 3 14337, «Santa Caterina» e 14577 «San Martino», ancora avvolti dal mistero). È quindi ipotizzabile che il prelato gestisse anche i conti riferibili al pontefice e al suo primo assistente, o che utilizzasse questi depositi, a loro fittiziamente intestati, per far circolare denaro imbarazzante. Entrambe le possibilità sono inquietanti e replicano la stessa identica situazione che abbiamo incontrato vent'anni prima, con la premiata coppia Marcinkus-De Bonis e quelle strane movimentazioni su conti attribuiti a monsignor Macchi, fidato segretario particolare di Paolo VI. La contiguità, che questi documenti adombrano, tra i pontefici (Paolo VI prima e ora Giovanni Paolo II) e i peggiori vertici dello Ior, appunto Marcinkus e De Bonis, impone una rilettura unitaria dei rapporti tra la banca degli scandali e l'appartamento pontificio. È solo una mera coincidenza o, invece, la prova di un costume che è andato avanti per decenni senza che nessuna riforma potesse sradicarlo? Perché – è bene evidenziare – anche nel caso minore, ovvero nell'ipotesi di un millantato credito, c'è da chiedersi perché persone spregiudicate potevano utilizzare conti attribuiti al papa e al suo segretario personale senza che nessuno smascherasse questo malaffare, inevitabilmente foriero di scandali.

L'opera di Caloia è di certo meritoria. Giorno dopo giorno, però, si rivela la classica goccia d'acqua pulita in un oceano di denaro dalle origini ben poco chiare. Il presidente non aveva né gli strumenti né l'autorevolezza per riuscire a imporsi, per far recepire quella necessità di trasparenza che tanto veniva ostentata pubblicamente. Marcinkus incontrava più volte

Wojtyła, si confrontava con lui sulle necessità anche finanziarie del popolo polacco tanto caro al pontefice. Caloia per vedere il papa doveva attendere le cerimonie ufficiali. Intanto fiumi di denaro continuavano ad arrivare all'istituto nelle forme più disparate e imprevedibili, rendendo impossibile un reale controllo. Il presidente dispose l'informatizzazione di tutti gli uffici, per rendere più trasparenti le pratiche. Ma le trappole e i fondi neri erano ben mimetizzati. Anche perché spesso consistenti somme in contanti non venivano nemmeno depositate agli sportelli della sede centrale ma passavano su conti di transito aperti in banche estere. A iniziare dalla Svizzera.

I milioni di madre Tekla

La casa Santa Birgitta accoglie le sorelle brigidine[13] in un elegante edificio a quattro piani. Le orazioni si svolgono nella vicina chiesetta. A solo pochi passi c'è la dimora per i pellegrini che vogliono fermarsi qualche giorno. Un piccolo angolo di cielo che si trova a Lugano, in Svizzera. Un luogo di silenzio e ristoro dello spirito, con terrazza suggestiva vista lago e un panorama che si allarga sulle montagne. Decido di visitarlo e arrivo lì all'inizio dell'estate del 2017. Al complesso accedo salendo un'irta e discreta scaletta che da via Calloni, tra alberi secolari, porta fino al giardino delle suore. «Le suore di Santa Birgitta – leggo nel dépliant pubblicitario in quattro lingue, illustrato da fotografie un po' rétro, che una sorella dal volto impassibile mi consegna alla reception – offrono ai loro ospiti di ogni età e religione un'atmosfera familiare in un albergo semplice e decoroso. Ottima cucina, camere con servizi, accogliente sala da pranzo, quattro soggiorni, ascensore, sala per conferenze, cappella.» Un soggiorno a prezzi economici nel centro della città: 127 franchi svizzeri a persona (111 euro) a notte in una singola e 106 franchi (93 euro) in una doppia, con trattamento di pensione completa, e la delizia di poter godere dei pasti preparati dalle sorelle cuoche. Di più non è dato sapere. All'ingresso la suora dall'aria eccessivamente severa, con la tipica divisa scura e il caratteristico copricapo costituito da una corona di lino bianco formata da cinque pezze circolari di tessuto rosso disposte a croce, s'insospettisce di fronte alle domande, non risponde alle richieste di ulteriori informazioni e se ne va.

Questa residenza rappresenta il fiore all'occhiello dell'ordine del Santissimo Salvatore di Santa Brigida, la cui casa madre si trova in piazza Farnese a Roma, con abbadessa madre Tekla Famiglietti. Le sorelle brigidine operano in tutto il mondo, hanno conventi negli Usa, in Messico, a Cuba, in India, nelle Filippine, in Indonesia e in mezza Europa. Negli anni del pontificato di Wojtyła, con Caloia allo Ior, madre Famiglietti è la suora più influente nei sacri palazzi. Un filo rosso di solida amicizia e reciproca riconoscenza la lega senza intermediari a Giovanni Paolo II e al suo segretario, don Stanisław Dziwisz. Entrambi apprezzano quanto fatto dall'ordine nella Polonia comunista. Inoltre l'abbadessa può contare su rapporti di consuetudine e collaborazione con Fidel Castro e il suo primo segretario Carlos Valenciaga Díaz: gode del rispetto e della riconoscenza dell'allora premier Giulio Andreotti: dal conto di quest'ultimo, «fondazione Francis Spellman», troviamo diverse rimesse a suo favore. «Con lei ebbi un'incomprensione» mi racconta Pietro Orlandi, fratello di Emanuela, per diciotto anni allo Ior con diverse mansioni. «Quando veniva in banca erano tutti molto deferenti nei suoi confronti, ma lei aveva sempre un atteggiamento scostante con noi dipendenti. Dava però delle laute mance a chi la serviva. Quando toccò a me vidi che mise la mano in tasca: estrasse una banconota e me la tese con la mano. Senza guardarmi negli occhi, senza proferire parola. Non l'accettai, declinai cortesemente, lei ritrasse subito la mano con il denaro. I colleghi erano pietrificati, temevano ritorsioni per quella che da tutti venne letta come una mancanza di rispetto. Ma io vivevo del mio stipendio, guadagnato con onestà, non delle prebende di suor Tekla che da noi depositava incredibili somme di denaro.»[14]

Un'altra suora che si faceva chiamare madre Tekla la ritroviamo anche in Svizzera: usciva dalla casa delle brigidine di via Calloni per raggiungere il cuore di Lugano, dove le banche e le fiduciarie si susseguono una dopo l'altra. Non c'è certezza che sia la stessa sorella, probabilmente un'omonima. Negli stessi anni entrava rapidamente negli uffici del Banco di Lugano: «L'arrivo di madre Tekla – mi racconta uno dei dipendenti – provocava un gran fermento in banca. I clienti di riguardo entravano da un ingresso secondario e defilato, in pratica dal garage. La sorella saliva in ascensore al terzo o quarto piano e s'infilava nei salottini riservati alla clientela più prestigiosa. La ricordo come una sorella schiva, dai modi sbrigativi, che mostrava un apparente disprezzo per il denaro. Ogni volta si presentava con un borsone semirigido in pelle che conteneva un tesoro in contanti. Entrava in ufficio con la valigia chiusa, la spingeva sul tavolo e chiedeva di accreditare la somma sul conto. "Di quanto si tratta?" poteva domandare il funzionario, solerte e rispettoso. La risposta era sempre la stessa: "Non conto mai il denaro, lo faccia lei". Se poi le si chiedeva da dove provenissero tutti quei milioni, lei spegneva ogni curiosità: "È un'altra nostra fedele che ci ha lasciato" rispondeva laconica per chiudersi di nuovo nel silenzio. Una volta madre Tekla dovette fare qualche minuto di anticamera, perché il collega era impegnato con un altro cliente. Quando si liberò, lei lo accolse gelida: "La prossima volta che mi fa attendere così a lungo, saluto, esco, e non mi rivedrà mai più. Attraverso la strada e me ne vado alla banca concorrente, non aspettano altro... Prima però incontro il suo superiore per riferire quanto accaduto. Dovreste essere onorati di avermi qui, non farmi perdere tempo"».[15]

Il sistema di depositi delle brigidine al Banco di Lugano era cosiddetto «a grappolo», formato da diversi conti e sottoconti, alcuni collegati direttamente allo Ior. Quando arrivavano queste rimesse alla banca del papa, nessuno poneva domande, nessuno fiatava. Alla struttura dell'istituto, a ogni livello, mancavano certo gli anticorpi presenti oggi nei grandi circuiti del credito per contrastare il riciclaggio di denaro sporco. Caloia poteva aver ripulito la banca da compari, alleati e soci di Marcinkus, ma nemmeno immaginava le potenti arti mimetiche di chi utilizzava l'istituto – potevano essere sacerdoti, monsignori e suore – per occultare capitali al fisco o celarne l'ignobile provenienza. Non sarà certo il caso delle brigidine, ma questi episodi mostrano i corridoi che venivano utilizzati per portare fiumi di denaro contante nella banca offshore vaticana. Una dinamica inconfessabile, che è andata avanti almeno fino al 2014.

---

[1] Classe 1958, discendente della famiglia nobile sveva dei Freyberg-Eisenberg, sposato con Elisabeth Montagne, dopo aver studiato legge a Monaco e Bonn, ha lavorato prima come analista tra New York e Londra per poi fondare nel 1991 la società finanziaria Close Brothers GmbH, dove è rimasto, dopo la cessione alla banca giapponese Daiwa Corporate Advisory GmbH, come direttore amministrativo fino al dicembre del 2012. Nello stesso anno,

l'impegno al vertice della Blohm+Voss, industria navale nel settore bellico e civile.

2 Alla riunione era presente una nutrita pattuglia di porporati italiani in asse con Bertone: il cardinale al vertice della Prefettura per gli affari economici della Santa sede, Giuseppe Versaldi, il cardinale Giuseppe Bertello, a capo del Governatorato, e Domenico Calcagno, presidente dell'Apsa, il dicastero che si occupa del patrimonio immobiliare e degli investimenti della Santa sede.

3 Rachel Donadio, *Vatican Bank Looks to Shed Its Image as an Offshore Haven*, «New York Times», 30 maggio 2013.

4 *Trasparenza con bilanci on line e controlli sui 19 mila conti*, intervista di Bernd Hagenkord a Ernst von Freyberg trasmessa da Radio Vaticano il 31 maggio 2013 e consultabile al link: https://www.avvenire.it/economia/pagine/intervista-radio-vaticana-al-presidente-ior.

5 Bisognerà aspettare più di trent'anni per conoscere l'esatto ammontare di questo risarcimento. Infatti, fino al 2017, nelle varie ricostruzioni si è sempre indicata la somma di 242 milioni di dollari mentre una somma maggiore è stata indicata dal cardinale australiano George Pell, voluto da papa Francesco nel ruolo di prefetto della segreteria per l'Economia. In una relazione del 2015, trapelata solo due anni dopo, Pell evidenziava come: «Dopo gli scandali del 1982 nella banca vaticana con l'arcivescovo Marcinkus e i banchieri laici Michele Sindona e Roberto Calvi, quando il Vaticano fu costretto a pagare 406 milioni di dollari Usa in risarcimenti, era tornata una relativa serenità, finché non vennero applicate all'interno del Vaticano le leggi internazionali contro il riciclaggio di denaro». Analizzando i fogli di cassa dello Ior si trovano certamente tre consistenti bonifici del 5 luglio 1984 con soldi prelevati dal conto proprio dello Ior n. 051 6 04423P denominato «Provv. (Osci Val.)» che probabilmente indica la cassa per le operazioni sulle oscillazioni delle valute. Di questi bonifici due sono a favore dell'Ambrosiano tramite il conto Ior n. 051 7 11900M della banca Mantrust di New York, anticipati via telex il 28 giugno. Il primo è di 151,5 milioni di dollari a favore di Banco Ambrosiano holding tramite la Banque generale du Luxembourg, il secondo è di 41.608.444,46 dollari a favore di Banco Ambrosiano Spa da accreditare sempre sul conto della Mantrust NY. L'ultimo risulta invece «a favore Union de Banques Suisses Luxembourg city a/Cque 52010 att. Kobel» per altri 47.713.777,77 dollari.

6 Dal foglio di cassa n. 320232 «per accredito a avv. prof. Agostino Gambino in c/ 001 8 90521 presso di noi, vedi nostra lettera del 17 luglio 1984 prot. 863688 pos. 2028 e quietanza dell'Avv. Gambino del 17 luglio 1984 prot. 118672 pos. 2028».

7 Il giudice istruttore Renato Bricchetti il 20 febbraio 1987 spiccò un mandato di cattura contro Marcinkus, Pellegrino de Strobel e Mennini per concorso nel crac dell'Ambrosiano ma la Cassazione annullò i provvedimenti perché i tre godevano di immunità essendo dipendenti di enti centrali del Vaticano e quindi non perseguibili secondo i Patti lateranensi.

8 Shawn Tully e Marta F. Dorion, *The Vatican's Finances*, «Fortune», 21 dicembre 1987.

9 Quando si dimise, Marcinkus rilasciò una dichiarazione dai toni assai umili: «Sono molto grato al santo padre per aver acconsentito alla mia richiesta di ritirarmi dal servizio in Vaticano e tornare negli Stati Uniti. I quarant'anni che ho trascorso lontano dalla mia diocesi – in servizio diplomatico, lavorando alla preparazione e realizzazione dei viaggi papali, servendo l'Istituto per le opere di religione e il Governatorato – mi hanno arricchito come sacerdote e offerto una percezione più acuta e profonda dell'unità e universalità della Chiesa. Hanno anche confermato il mio convincimento circa la necessità del lavoro pastorale nella vita di ogni sacerdote. Il ministero parrocchiale è sempre stato la mia ambizione, e giorno dopo giorno ho cercato di essere fedele a questa vocazione, affrontando ogni aspetto del mio lavoro con spirito pastorale. Adesso che sono libero da responsabilità amministrative e torno negli Stati Uniti, mi renderò utile nei servizi pastorali che mi saranno affidati, come molti altri sacerdoti anziani della mia diocesi» (Gerald Posner, *I banchieri di Dio*, Newton Compton Editori, Milano 2016).

10 Non ci sono prove di un coinvolgimento penale di Caloia o del nuovo direttore generale Giovanni Bodio, che aveva preso il posto di Mennini caduto in momentanea disgrazia, nell'operazione «maxitangente Enimont». Più probabile che i due fossero ignari delle attività di De Bonis, rimasto l'ultimo della vecchia guardia in banca.

11 Monsignor Recchia, classe 1929, aveva frequentato il Seminario Maggiore di Roma per arrivare all'ordinazione presbiteriale nel 1953 e alla carica di protonotario apostolico soprannumerario nel 2003.

[12] Citato in Gianluigi Nuzzi, *Vaticano S.p.A.*, Chiarelettere, Milano 2009.
[13] Il primo monastero dell'ordine del Santissimo Salvatore di santa Brigida fu fondato nel 1369.
[14] Incontro con l'autore, giugno 2017.
[15] Incontri con l'autore, novembre 2016 e marzo 2017.

La rivoluzione fallita di papa Benedetto

«Hai quindici minuti per salvare i tuoi figli»

Agosto 2009. Ancora una volta, un brivido corre in profondità lungo tutta la schiena. Il caldo a Venezia è insopportabile. Il professor Ettore Gotti Tedeschi rallenta il passo, si ferma dopo aver attraversato piazza San Marco, riparando all'ombra del porticato. Non è l'afa a togliergli il fiato, è il ricordo di una telefonata. Un brevissimo colloquio di pochi giorni prima, che lo ha turbato profondamente, facendogli trascorrere le ultime notti con gli occhi sbarrati, fissi al soffitto. Il professore ricorda ogni parola pronunciata con flemma dal suo interlocutore, un apprezzato uomo delle istituzioni, pragmatico e soprattutto molto ascoltato per la sua capacità di visione. «Ettore, allora, dicono che andrai allo Ior, complimenti! Presidente della banca del Vaticano! Mi sembra una grande opportunità!» Pausa. «Però... ecco, permettimi, siamo amici da troppo tempo perché non ti dia un consiglio.» Di nuovo una breve pausa. «Vedi, tra qualche tempo lì le cose cambieranno radicalmente. Tu dovrai farti trovare pronto e, soprattutto, protetto.»

«In che senso, scusa?» chiede il professore. Ancora un attimo di silenzio prima della risposta. «Beh – replica l'amico abbassando il tono della voce –, dovrai evitare assolutamente di conoscere i nomi dei correntisti. Così un domani, dovesse un'indagine penale coinvolgere l'istituto, non ti toccherà... Pensaci, è un gran bel vantaggio...» Lo interrompe rapido Gotti Tedeschi: «E se invece dovessi chiedere i nomi dei clienti?». «A quel punto, amico mio, avrai quindici minuti per mettere in sicurezza i tuoi figli. A presto caro, e ancora complimenti vivissimi.» È un consiglio amicale o un avvertimento? L'unica certezza è che il professore ne resta sconvolto.[1]

Passa qualche giorno e il cardinale Tarcisio Bertone lo convoca in segreteria di Stato. Vuole proporgli ufficialmente l'incarico della presidenza allo Ior. Prima di accettare, Gotti Tedeschi chiede un colloquio riservato con Benedetto XVI e con il suo assistente, monsignor Gänswein. Da questo incontro, il banchiere raccoglie la decisione del santo padre di imprimere una svolta decisiva di trasparenza alle finanze vaticane. La mossa di Benedetto XVI è il risultato di un piano dagli obiettivi ambiziosi. Un progetto antesignano rispetto alle riforme che quattro anni dopo avrebbe messo in cantiere papa Bergoglio: trasformare lo Ior in una banca in linea con gli istituti di credito più trasparenti del mondo occidentale. Una vera rivoluzione. Per coglierne però la portata e la forza bisogna tornare indietro di qualche mese, trasferendoci nell'appartamento del pontefice presso il palazzo apostolico. I racconti che seguono socchiudono le porte dei sacri palazzi portandoci ancora una volta nelle stanze più inviolabili, durante gli incontri più delicati del santo padre. Ciò è stato possibile grazie a nuovi documenti e ad alcuni testimoni e protagonisti di queste vicende, sentiti durante la stesura del libro.

Sono momenti essenziali, che servono a inquadrare lo scontro tra il papa e i mercanti ormai dimoranti nel tempio. Uno scontro che ha segnato la seconda parte del pontificato di Ratzinger. Su tutto domina la sofferenza di Benedetto XVI per un inesorabile senso d'impotenza. Un'inquietudine profonda sul futuro della Chiesa, troppo condizionato da chi cerca di avere mani libere nell'amministrazione dello Stato.

È importante rileggere alcune scelte che Ratzinger ha compiuto per riaffermare il ruolo della Chiesa nel mondo, alla luce di quanto oggi possiamo raccontare dall'interno. Il progetto di Benedetto XVI è cominciato con la lotta alla pedofilia, che ha impegnato anche finanziariamente le diocesi, soprattutto in Irlanda e negli Stati Uniti. Contemporaneamente il papa sapeva che il suo pontificato doveva affrontare un tema altrettanto decisivo, quello del denaro e, più in particolare, del rapporto tra i sacerdoti, la curia e i soldi. La questione è assai controversa, perché il denaro serve, ma corrompe. Dovrebbe essere un mezzo, ma talvolta diventa un fine. Il problema sta quindi tutto in chi lo gestisce. Chi ha la delega e amministra la Santa sede.

Proprio da questo fronte arriveranno le onde telluriche più destabilizzanti, che saranno determinanti nella rinuncia al pontificato dell'11 febbraio 2013. Diventa quindi indispensabile ricostruire la genesi di questo scontro in Vaticano, non solo per capire le ultime mosse di Benedetto XVI e la successiva elezione di Bergoglio, ma soprattutto per valutare le possibilità che Francesco ha, oggi, di vincere la sfida. Anche perché, come vedremo, emerge una sorprendente continuità tra i due pontificati. Senza la coraggiosa azione preparatoria di Benedetto XVI, portata avanti con fatica negli ultimi, drammatici mesi al timone della barca di Pietro, mai Bergoglio avrebbe trovato la maggioranza al conclave del marzo 2013. Il punto di partenza è proprio l'estate del 2009, poco prima dell'incontro tra Bertone e Gotti Tedeschi, quando alcuni fatti fanno precipitare gli eventi.

L'attacco di Ratzinger a Bertone

Senza proferir parola, Tarcisio Bertone esce livido in volto dallo studio di Benedetto XVI. Accenna un frettoloso saluto in segreteria e lascia l'appartamento pontificio alla prima loggia del palazzo apostolico. Sebbene il cardinale si accerti sempre di chiudere la porta quando è convocato dal santo padre, per tenere lontano orecchie indesiderate, quel giorno l'uscio rimane leggermente aperto per tutta la durata dell'incontro. Un'imprudenza sfuggita al segretario di Stato, che permette oggi di svelare per la prima volta i contenuti del loro colloquio. Il forte e ruvido accento tedesco, la lentezza dell'eloquio, lo sguardo deciso contribuiscono ad accentuare la fermezza di Ratzinger: mai il papa è stato così chiaro. Per ben due volte ripete e sottolinea a Bertone l'aggettivo «esemplare»: vuole che capisca finalmente l'indirizzo che deve prendere l'amministrazione del denaro in Vaticano. «Per essere ascoltati – questo il senso del monito del santo padre – dobbiamo essere esemplari. Essere esemplari nei confronti degli altri, del mondo finanziario internazionale. Se tutti i paesi devono adeguarsi alle norme di trasparenza, noi dobbiamo essere tra quelli che cambiano le regole, per essere inattaccabili.»

Il pontefice fa riferimento a quanto accaduto in tutto il mondo dopo l'attentato dell'11 settembre 2001 alle Torri gemelle di New York. Le investigazioni finanziarie su Al Qaeda hanno determinato in gran parte dei paesi occidentali rigide regole sulla trasparenza bancaria, e una severa stretta sui paradisi fiscali. L'irritazione del papa nasce perché allo Ior non si è fatto abbastanza per eliminare le opacità, omettendo colposamente di adeguare la banca a quanto ormai da anni sollecitavano gli organismi internazionali. Si chiedeva un allineamento ai nuovi criteri contabili introdotti contro il riciclaggio di denaro sporco, per eliminare ogni corridoio finanziario che alimentasse il traffico di droga o, appunto, finanziasse il terrorismo internazionale. Sebbene Ratzinger non sia esplicito, la reprimenda è rivolta proprio all'amministrazione dello Stato. Non è certo la prima volta che il papa sottolinea come in curia si temporeggi troppo nel mettere in atto le sue disposizioni. Tutto viene procrastinato nel tempo, facendo perdere d'incisività ogni iniziativa. La macchina burocratica conserva le vecchie usanze: per ogni passo in avanti ne seguono sempre almeno due all'indietro.

Ora però il gioco deve finire. La sollecitazione di Benedetto XVI è perentoria. Chiede a Bertone risposte evidenti e immediate. Tutto passa nelle mani del cardinale. Sarà lui a trasformare in azione il monito appena ricevuto, mostrando così fedeltà alle disposizioni espresse dal santo padre. È in quel momento che, in segreteria di Stato, matura l'idea di sostituire l'allora presidente dello Ior Angelo Caloia, il successore di Marcinkus. La rimozione di Caloia, infatti, centrerebbe un duplice obiettivo: da un lato sarebbe percepita, dentro e fuori le mura, come un palese segno di discontinuità, e al tempo stesso consentirebbe di allontanare un alto funzionario ormai indesiderato. Perché proprio il presidente dello Ior? Perché è il soggetto debole. Il manager lombardo è un laico, questo lo rende quindi più «attaccabile» rispetto al suo predecessore Marcinkus. In più, Caloia appartiene ormai alla vecchia guardia, è tra i dirigenti ritenuti espressione del pontificato di Giovanni Paolo II. Un'area di potere che è stata progressivamente messa in minoranza da Bertone. Giorno dopo giorno, infatti, il cardinale segretario di Stato ha favorito i propri fedelissimi, accentrando così il potere nei dicasteri e nelle congregazioni. Sono azioni che, negli ultimi anni, hanno cambiato l'equilibrio in curia. Caloia conta sempre meno santi in paradiso. Bertone non lo ha mai amato, ritenendolo, tra l'altro, troppo vicino a Giovanni Bazoli, banchiere duellante con quel Cesare Geronzi al quale il segretario vaticano è «storicamente» legato.[2] Senza dimenticare un altro aspetto che potrebbe essere foriero di scandali: già in quei mesi, su Caloia iniziano a addensarsi dubbi e perplessità per alcune vendite di beni dello Ior che sarebbero stati ceduti a prezzi di favore. Un'ipotesi che, all'epoca, era solo in fase embrionale – verrà alla luce con un'inchiesta interna per peculato solo nell'autunno del 2015 (ancora in corso) – ma che viene utilizzata per far cambiare idea a chi, in curia, insiste nel voler mantenere il presidente al suo posto.

Quegli incontri riservati tra Ratzinger e Gotti Tedeschi

Il pretesto per cacciare Caloia è ulteriormente rafforzato, secondo osservatori stranieri come Philip Willan del «Guardian» e lo scrittore e giornalista americano Gerald Posner,[3] dall'uscita, nel maggio del 2009, del mio saggio *Vaticano S.p.A.*, nel quale, con numerosi documenti inediti e riservati, veniva mostrato come il presidente dello Ior avesse subìto gli eredi di Marcinkus, capaci di portare avanti importanti operazioni illegali: era l'inizio degli anni Novanta, l'Italia era travolta da Tangentopoli mentre alla banca del papa troppe cose avvenivano all'insaputa del suo presidente.

Nei venti anni al vertice, l'autonomia di Caloia si era progressivamente indebolita,[4] mentre cresceva il peso del direttore generale dell'istituto, Paolo Cipriani. Già da tempo la figura del direttore generale aveva un peso importante nella geometria delle finanze vaticane. Il predecessore di Cipriani – commendator Lelio Scaletti – fu addirittura definito «una leggenda» dal settimanale cattolico «Famiglia Cristiana».[5] Un personaggio mitico, che tutti ancora oggi ricordano. Entrato all'istituto nel 1947 come semplice impiegato,[6] Scaletti ne ha rappresentato la memoria storica. Dalla mattina presto girava negli uffici, verificando operazioni e investimenti. In tasca teneva un prezioso taccuino con nomi, numeri e corrispondenza dei conti più riservati, che costituivano la spina dorsale della banca vaticana. «Se parlo io – ammoniva ogni tanto – crolla l'Italia.» Mantenne questa posizione apicale fino al primo ottobre 2007, quando andò in pensione, a ben ottant'anni compiuti, per non più celabili limiti di età.[7] «Con i segreti che conosceva – era la battuta che circolava tra i prelati – è già tanto che lo abbiano lasciato uscire dallo Ior ancora in vita e non con i piedi davanti.»

Da chi poteva essere sostituito? Chi poteva assicurare assoluto silenzio, discrezione e fiducia? «Non era facile raccogliere una simile eredità [di Scaletti, *nda*] – scrive "Famiglia Cristiana" – e sostituire una personalità del genere, che aveva conquistato nei decenni la fiducia non solo dei suoi superiori ma di cardinali come Tardini, Samorè, Casaroli, Sodano e Ratzinger.»[8] Cipriani diventa il candidato di riferimento: già allievo di Scaletti, sostenuto da Geronzi, manager competente e con ottime esperienze internazionali a New York, Londra e soprattutto in Lussemburgo, dove ha svolto la funzione di broker proprio per lo Ior, uomo molto devoto alla Chiesa, è lui la persona giusta per quell'incarico. Così, dal 2007, Cipriani è il dirigente di assoluta fiducia della segreteria di Stato, con una posizione strategica e una conoscenza capillare delle tante operazioni e soprattutto dei clienti che ogni giorno si affacciano agli sportelli dell'istituto.

Caloia, certo, ci ha provato. È dall'elezione di Benedetto XVI, nell'aprile del 2005, che il successore di Marcinkus tentava di compiere qualche passo verso la trasparenza, senza però ottenere risultati apprezzabili. Ogni pressione che arrivava da fuori le mura per introdurre norme antiriciclaggio era destinata inesorabilmente a cadere nel vuoto. Lo Ior doveva continuare a funzionare come una banca offshore. Per questo, quando, ad esempio, Caloia aveva cercato di ammodernare l'istituto, informatizzando gli uffici,[9] i risultati erano rimasti insoddisfacenti, senza rendere trasparenti i processi gestionali. Il paradosso è che sarà proprio questa assenza di trasparenza – protetta dalla stessa gerarchia vaticana, come visto nella denuncia di Von Freyberg a papa Francesco – il motivo ufficiale che accompagnerà l'allontanamento del presidente. Un siluramento che suona di certo beffardo.

Così, nel luglio del 2009, Bertone si muove con rapidità per individuare il giusto candidato alla successione. Raccoglie un certo consenso a favore di Ettore Gotti Tedeschi, banchiere vicino all'Opus Dei, figura che può ricevere apprezzamenti trasversali nei sacri palazzi. Molti in curia lo conoscono già. Sposato, cinque figli, cattolico conservatore, presidente in Italia della banca spagnola Santander, è legato a Benedetto XVI da un rapporto personale ed esprime il profilo adatto per realizzare una svolta etica nelle finanze vaticane. Il professore ha già varcato l'ingresso di porta Sant'Anna, conoscendo Ratzinger quando era ancora cardinale, prefetto della Congregazione per la dottrina della fede. Ha incontrato più volte il pontefice, esprimendo e condividendo con quest'ultimo la visione dell'economia, la critica alla globalizzazione, la necessità di maggior trasparenza nell'approccio con il denaro.

I colloqui tra i due spinsero Benedetto XVI, nel 2007, a cercare per la prima volta, da papa, il banchiere, chiedendogli di collaborare alla stesura dell'enciclica *Caritas in veritate*, nella quale il santo padre attacca il potere di quel mondo finanziario che pensa solo all'arricchimento, creando di conseguenza fortissime diseguaglianze, aggravate dalla crisi economica che ha colpito i mercati più ricchi.[10] Il testo sarà pubblicato nel giugno del 2009, proprio quando il progetto di un rapido repulisti allo Ior inizia a delinearsi, e comincia a trapelare il nome del collaboratore di Ratzinger, ritenuto l'uomo giusto per la presidenza dell'istituto.[11]

Per Benedetto XVI i soldi e la finanza sono strumento per evangelizzare il mondo, per aiutare la Chiesa ad assolvere il suo compito. Su queste posizioni il legame con il banchiere si rafforza. Gotti Tedeschi mette a disposizione della curia competenze finanziarie qualificate, indispensabili per affrontare concrete emergenze, come quelle che segnano in quel periodo i bilanci della Santa sede. Dall'attivo di 3,1 milioni nel 2006 si è passati, nel 2007, a un passivo da 13,5 milioni, arrivando ai 15 milioni di disavanzo del 2008.

Il legame tra Gotti Tedeschi e le finanze vaticane conta un precedente importante. Oltre a collaborare con Ratzinger alla stesura dell'enciclica, negli anni 2007-2008 il professore ha già fatto parte di un organo *ad hoc*[12] chiamato a rivedere i conti del Governatorato, a risanare deficit e razionalizzare altri aspetti di carattere finanziario. Il Governatorato della Città del Vaticano è, in pratica, il governo dello Stato, deve amministrare i fatti di ordinaria e straordinaria amministrazione, gestendo entrate e uscite. Fino a quel momento le entrate (Musei vaticani, numismatica e filatelia) avevano pareggiato le uscite (personale, manutenzioni e acquisti). Ma ora era comparsa qualche crepa. In particolare, Gotti Tedeschi si concentra sulla ristrutturazione di due fondi d'investimento che perdevano somme considerevoli: quello del Governatorato e il Fondo Paolo VI, che gestivano ciascuno portafogli da circa 200 milioni. I buchi erano emersi con la nuova presidenza, affidata al cardinale Giovanni Lajolo, che si era trovato di fronte a bilanci gravemente in perdita.[13]

Il passo successivo nella ristrutturazione dei bilanci del Governatorato è pionieristico rispetto al papato di Francesco. Per raggiungere l'obiettivo di una concreta riduzione dei costi, Benedetto XVI acconsente a che l'articolato processo di revisione della spesa dell'ente Vaticano venga affidato ai consulenti di McKinsey, come suggeriva proprio Gotti Tedeschi. Certo, collaboreranno *pro bono*, a titolo gratuito, ma l'ingresso degli esperti esterni, nell'autunno del 2008, può essere riletto come un fatto precursore della linea seguita dal successivo pontificato. Nel 2013 Bergoglio autorizzerà consulenze per milioni di euro per rimodernare la curia, affidandosi ai colossi internazionali del settore (da Kpmg a Ernst & Young e Deloitte), che manderanno decine di esperti dentro le mura. Un fatto impensabile sotto Paolo VI o Giovanni Paolo II.

Nello stesso periodo si pone anche il problema dei costi dei media della Santa sede. Televisioni, radio e giornali generavano significative perdite, tra i 20 e i 30 milioni all'anno, che gravavano sui conti del Governatorato. Lajolo aveva protestato con Bertone perché non poteva sostenere un'emorragia così consistente, che incideva tra il 10 e il 15 per cento sul bilancio del dicastero che amministrava.

Così parte l'iniziativa di risanare e migliorare il bilancio: riducendo i costi, aumentando le entrate, valorizzando la finanza con l'aiuto di un comitato composto da quattro banchieri, tra cui appunto Gotti Tedeschi. Riunioni, vertici, strategie per tagliare dove possibile e arginare le perdite. Ogni due settimane il comitato di questi consulenti laici del Governatorato si riunisce confrontandosi con Lajolo, con il fidato arcivescovo Renato

Boccardo, segretario del porporato, che sarà poi sostituito da monsignor Carlo Maria Viganò. La squadra di McKinsey, con a capo il milanese Vittorio Terzi, si concentra invece sugli affidamenti dei lavori, riscontrando anomalie sugli appalti e segnalando insoliti aumenti, anche fino al 300 per cento, dei prezzi di mercato dei capitolati.

Un pool per il cambiamento

A distanza di ben otto anni dall'attentato alle Torri gemelle e dall'inizio della guerra contro il terrorismo e i paradisi fiscali, lo Ior rimane l'unica banca offshore in Europa. In quel periodo, almeno formalmente, diversi paesi si erano adeguati alle nuove normative: dal Lussemburgo a San Marino, da Montecarlo al Liechtenstein. Anche la Svizzera stava concludendo l'adeguamento ai nuovi parametri di trasparenza. In Vaticano, negli enti che movimentano denaro, ovvero Amministrazione del patrimonio della sede apostolica (Apsa) e Ior *in primis*, tutto è rimasto fermo al 2001. Come se nulla fosse accaduto, come se l'11 settembre non avesse segnato una svolta. Lo Ior continua a sfruttare un meccanismo ormai ben consolidato: pur avendo un'unica sede, appunto quella in Vaticano, la banca del papa opera attraverso una fittissima ragnatela fatta di centinaia di conti correnti, di transito o deposito, sui quali ha piena titolarità. Sono conti aperti in banche svizzere, lussemburghesi, francesi, tedesche, almeno dai tempi di Marcinkus e Sindona. Da qui partono e arrivano bonifici dei quali s'ignora il reale beneficiario, perché risultano come movimentazioni tra conti della stessa banca: tutto, insomma, targato Ior. All'interno dell'istituto due sole persone conoscono le reali identità di chi opera dietro questi schermi: direttore e vicedirettore. Un sistema che, garantendo l'anonimato assoluto, richiama il peggior denaro in circolazione nel mondo e si presta alle più inquietanti operazioni di riciclaggio.

Per il circuito mondiale del credito la situazione è ormai inaccettabile. Bisogna cambiare, e farlo in fretta.[14] A settembre 2009, Gotti Tedeschi rompe gli indugi e accetta l'incarico. A fine ottobre prende possesso dell'ufficio.[15] Le stanze, tra presidenza, segreteria e sala d'attesa, hanno cambiato disposizione rispetto ai tempi di Marcinkus, ma l'inquietante alone di mistero perdura. Per questo, fin dalle prime mosse, il professore decide di seguire il consiglio ricevuto da quell'amico autorevole e bene informato: mai chiedere l'identità dei titolari dei conti. Deve essersi convinto che non è nemmeno indispensabile: Benedetto XVI in persona lo ha chiamato a chiudere con quell'epoca oscura. È lui l'uomo che dovrà costruire il futuro delle finanze vaticane. Si occuperà anzitutto dei principi, forte del sostegno di Ratzinger, che avrebbe dissolto le criticità, spianato ogni resistenza, accelerando la missione di portare la banca a essere esemplare, allineata con gli istituti di credito dei paesi occidentali. Questo avrà pensato Gotti Tedeschi. Ma la situazione è dannatamente più complicata. L'appoggio di Ratzinger, certamente indispensabile, non è sufficiente. Tutto è troppo compromesso. Il sistema è antico, ben radicato e difficile da estirpare.

All'inizio nulla fa presagire gli scontri che si scateneranno solo pochi mesi dopo. Le attività fuori controllo dello Ior proseguono per tutto il 2010. La *road map* per il cambiamento viene via via fissata, diventando sempre più precisa e incalzante. A seguirla personalmente è monsignor Gänswein, per conto di Benedetto XVI. Due sono le priorità: varare una legge che regolamenti i rischi sulla provenienza del denaro movimentato, con le relative procedure, e creare un organo che verifichi che questa legge sia applicata.

Sembra una scelta elementare, facile da attuare, ma la curia reagisce in modo scomposto. Per molti, privi di una cultura finanziaria al passo con i tempi, è una svolta incomprensibile e non urgente. Per altri, che invece vedono compromesso il proprio potere, è un'innovazione pericolosa, foriera di chissà quali cataclismi. Con il passare delle settimane la primavera finanziaria caldeggiata dal papa divide sempre più quel piccolo mondo. C'è chi la sostiene. Intorno a Benedetto XVI si coagula infatti un blocco di cardinali, vescovi e monsignori, uno schieramento di porporati tedeschi, austriaci e americani, che però, vivendo fuori le mura, non sono in grado di controllare quanto accade. In curia, invece, gli alleati che si schierano con la presidenza dello Ior sono pochi (Attilio Nicora, qualche diplomatico e pochi altri vescovi influenti, come monsignor Giorgio Corbellini e lo stesso Gänswein) e si devono confrontare con un asse potente: la segreteria di Stato, i bertoniani e gruppi di potere come i Cavalieri di Colombo, organizzazione *no profit* tra le più influenti al mondo.

Ogni passo di questa riforma sarà rallentato. Ogni cambiamento minato. Ogni uomo che aiuterà Ratzinger verrà isolato, escluso, e in qualche caso persino delegittimato. C'è una forza che agisce per impedire che lo Ior si adegui al resto del mondo occidentale, privandosi così del privilegio della segretezza, tanto amato da chi ha qualcosa da nascondere.

I malumori lievitano nel silenzio protetto dei sacri palazzi, quando si capisce che il papa fa sul serio e sta arruolando come consulenti tanti professionisti capaci e società di assoluto prestigio. Nell'estate del 2010 varca porta Sant'Anna il professor Marcello Condemi, uno dei massimi esperti di norme antiriciclaggio in Europa, tra l'altro ascoltato consigliere di

Banca d'Italia.[16] Il suo mandato è chiaro: redigere «l'impianto legislativo-regolamentare antiriciclaggio nell'ambito delle giurisdizioni vaticane, ai fini del loro allineamento ai principi e agli standard antiriciclaggio vigenti in ambito internazionale», come scriverà lui stesso nel suo curriculum. Con lui c'è l'avvocato Francesco De Pasquale, altro esperto riconosciuto e apprezzato nel campo degli illeciti finanziari.[17] Per scrivere le procedure di applicazione è invece ingaggiato il colosso Deloitte. Sembra finalmente vicina la svolta. Per mesi questo pool composito di professionisti lavora senza sosta. Deloitte presenta una relazione top secret, che evidenzia e classifica diverse tipologie di criticità delle norme ancora in vigore: è cronico il rischio di trasferimento illecito di denaro, è evidente la mancanza di trasparenza, è possibile il furto di somme da parte del personale, è generalizzata l'assenza d'identificazione delle parti nei trasferimenti. Insomma, un lungo elenco di pericoli sempre sottovalutato.

A settembre del 2010 arrivano due pessime notizie. La Banca d'Italia invia una circolare a tutti gli istituti di credito del paese, invitandoli a verificare con attenzione ogni operazione che vede lo Ior come controparte, e a segnalare quelle sospette. Proprio da una di queste segnalazioni, effettuata qualche mese prima, è partita un'indagine della procura di Roma per riciclaggio. Nel mirino degli inquirenti ci sono trasferimenti per 23 milioni di euro da un conto che la banca vaticana aveva acceso al Credito Artigiano verso depositi presso la banca J.P. Morgan a Francoforte.

È la classica operazione che segue lo schema prima descritto, tanto caro all'istituto vaticano. Ma stavolta qualcosa si è rotto. Per sempre. C'è un fatto nuovo: un istituto di credito che lavora con lo Ior (il Credito Artigiano, in questo caso) ha mandato una segnalazione a Banca d'Italia che ha girato il dossier ai magistrati. È stata avviata un'inchiesta. La procura ha rotto gli indugi, lanciando un segnale forte e inconsueto oltretevere. Sotto indagine finiscono Gotti Tedeschi, il direttore Cipriani e il suo vice, Massimo Tulli. Il presidente riesce a dimostrare che nulla sa di quell'operazione, tanto da essere prosciolto su richiesta dei pm: il consiglio di non interessarsi ai titolari dei conti e delle operazioni, ricevuto un anno prima, si rivela profetico e lo salva. Gli altri dirigenti a processo subiranno lievi condanne e usciranno di scena con l'elezione di Francesco. Sarà una delle prime mosse del nuovo pontefice, che toglierà visibilità e ruoli di comando a figure poco presentabili, e a chi, come Cipriani, è sotto inchiesta. La vecchia guardia arretra. Il primo luglio 2013 si dimetteranno sia Cipriani che Tulli, lasciando posto a Rolando Marranci che, nel novembre successivo, sarà nominato nuovo direttore. Ma la primavera finanziaria è tutt'altro che compiuta.

Ratzinger: «Nulla da nascondere e non nascondiamo nulla»

In quei giorni di fine 2010 Benedetto XVI è scuro in volto, turbato da queste notizie e dalla reazione dei media, che rischia di portare la Santa sede a rivivere i drammi del passato. Grazie alle testimonianze ora raccolte emerge anche un elemento che va evidenziato: Ratzinger indica ai suoi uomini di fiducia di reagire, collaborando ampiamente con la magistratura. In particolare, conversando con il suo assistente, Benedetto XVI più volte e con poche parole fa capire che bisogna chiudere l'epoca del muro contro muro. Una sua frase esce dall'appartamento pontificio e si diffonde in curia: «Noi non abbiamo nulla da nascondere, e non nascondiamo nulla».

Il 30 dicembre 2010 la determinazione del pontefice è evidente a tutti: Benedetto XVI, con una lettera apostolica in forma di *motu proprio*, istituisce l'Autorità d'informazione finanziaria (Aif), un organo di controllo su tutti i dicasteri e gli uffici della Santa sede e della curia romana. Al tempo stesso promulga quattro leggi antiriciclaggio per la Città del Vaticano, che entreranno in vigore dal successivo primo aprile 2011. La normativa introdotta è molto chiara: i conti correnti potranno essere intestati solo a sacerdoti o enti religiosi, su ogni deposito potrà esserci un'unica firma autorizzata, se arrivano domande da enti stranieri, magistratura o autorità fiscali, l'Aif disporrà le relative indagini. Negli uffici della Gendarmeria, la caserma della polizia vaticana, gli operai lavorano senza sosta. Alzano nuovi muri per realizzare una cella pronta a ogni esigenza. Processo penale e sanzioni, pene pecuniarie fino a 2 milioni di euro per chi sbaglia. «Dobbiamo smetterla di mettere segreti – osserva Benedetto XVI nell'appartamento pontificio, ricevendo alcuni docenti universitari –, perché i segreti accendono sospetti, la riservatezza è compresa e tutelata da tutti.» Il pontefice è chiaro: la riservatezza è giusta prerogativa dello Stato, invece i segreti sono inaccettabili.

Gli scontri però sono sempre in agguato. Uno, significativo e rimasto finora inedito, riguarda la nomina a presidente dell'Aif. Per averne pieno controllo, Bertone intende mettere a capo un laico di sua assoluta fiducia. Se passasse però questa linea, la curia riceverebbe un pessimo segnale. Sarebbe più credibile un cardinale d'esperienza, rispettato da tutti. Un laico si troverebbe presto in minoranza, schiacciato e sottoposto alle doglianze di qualche prelato. Tuttavia Bertone spinge in questa direzione, e incontra l'opposizione di Gänswein. Il segretario, sostenuto dal gruppo di Condemi, tiene sempre informato Benedetto XVI. Alla fine sarà lui a spuntarla. A fine gennaio del 2011 il cardinale Nicora è nominato presidente dell'Aif e Francesco De Pasquale direttore generale. Nicora ha una formazione economica, una conoscenza approfondita delle finanze vaticane, delle sue criticità, e ha ottime relazioni con la politica italiana.[18] Ma Bertone non si dà per vinto e cerca comunque di ostacolarlo. Per rallentare l'azione del cardinale neoeletto, si muove la macchina burocratica della Santa sede, cercando di ritardare la convocazione dell'organo che doveva sancire la nomina. Così si posticipa l'inizio delle attività.

Quanto alla legge sull'antiriciclaggio, si potrebbe pensare che una volta firmata basti solo applicarla e farla rispettare. Un compito apparentemente semplice, soprattutto in una teocrazia, dove il pontefice è la somma autorità, nello Stato più piccolo al mondo. Non è così. In questa monarchia assoluta tutto sembra funzionare al contrario. Certo, se il papa prende un foglio e lo firma, quello che ha scritto diventa subito legge, saltando come per incanto le mille lungaggini tipiche dei sistemi democratici. Poi però la legge non viene applicata. Mancano i regolamenti d'attuazione, magari un timbro è illeggibile, una firma non risulta vergata per esteso, s'inceppa una macchina fotocopiatrice, la corrispondenza ritarda, alcuni punti sono soggetti a pretestuose e differenti interpretazioni. Insomma, c'è la firma del papa, ma non cambia nulla. Tutto finisce sul binario morto dell'indifferenza, facendo deragliare la riforma. Che ci sia Benedetto XVI o Francesco al comando cambia poco.

Nel frattempo Condemi e il cardinale Nicora hanno tre mesi per strutturare l'Aif, l'organo di controllo che da aprile dovrà verificare l'applicazione delle nuove leggi. Si arredano gli uffici, partono le assunzioni, pochi dipendenti in tutto. Nicora, grazie ad anni di esperienza, ha maturato una conoscenza profonda dei risvolti bui delle finanze vaticane.

Sa dove andare a controllare e cosa chiedere. Appena inizia ad attuare le procedure, ecco che si ergono muri e si alzano scudi e steccati. Incominciano a emergere i primi conflitti con chi detiene i conti e agisce sui mercati finanziari. Uffici che non hanno nessuna intenzione di farsi monitorare da questo nuovo organismo, troppo abituati come sono a rispondere sostanzialmente solo al loro cardinale di riferimento o, al massimo, al segretario di Stato. Un'amministrazione che funziona a compartimenti stagni. Inevitabilmente s'incrociano le spade, tutto lontano dai riflettori dei media. Una guerra che solo oggi può essere raccontata nella sua interezza. Nicora cerca consensi. Si rafforza portando nel consiglio dell'Aif, oltre a Condemi come suo vice, anche personaggi di rilievo nella nomenclatura vaticana: tra questi, il giurista Giuseppe Dalla Torre del Tempio di Sanguinetto, presidente del Tribunale dello Stato della Città del Vaticano. Nel frattempo l'Aif bussa ai diversi dicasteri: Apsa, Propaganda Fide, fino a intercettare fondazioni semisconosciute. Parte un confronto serrato con vari soggetti che devono dimostrare di attuare le nuove procedure di trasparenza. Da quanto si riesce a ricostruire, i primi a mettersi di traverso sono l'Apsa, retta dal cardinale ligure Domenico Calcagno, e la direzione dello Ior, con Tulli e Cipriani, all'epoca sotto inchiesta, collegati direttamente a Bertone. Allo Ior – tra l'altro – i dirigenti si trovano davanti un lavoro immane. La legge indica che ogni titolare di conto va identificato. Ed è un'operazione dannatamente difficile, perché spuntano sigle, fondazioni, nomi di copertura, possibili prestanome. Proprio al segretario di Stato arrivano le lamentele quotidiane dagli esponenti di riferimento dei vari dicasteri economici. L'Aif continua la sua missione, chiede dati, informazioni delicate, approfondimenti su operazioni. Cresce la tensione.

Nel novembre del 2011 arrivano in Vaticano gli ispettori di Moneyval, l'organismo europeo delegato a controllare i passi fatti per essere ammessi nella *white list* della finanza internazionale. Gli esperti, in tutto una dozzina, che alloggiano in quei giorni presso la residenza di Santa Marta, intervistano decine di dirigenti dei vari dicasteri economici, analizzano la legge, esaminano tutte le procedure, i sistemi di controllo adottati. A fine novembre, terminati i lavori, Moneyval chiude l'ispezione con una riunione riservata all'Aif. Viene letto un report di un paio di pagine, nelle quali si sottolinea l'apprezzamento per il lavoro svolto in poco tempo, evidenziando ancora alcuni punti da perfezionare entro il novembre del 2012, quando gli ispettori torneranno in Vaticano. La volontà di cambiare dunque c'è ed è forte: «Se queste nostre osservazioni saranno accolte – è la posizione di Moneyval –, se questi punti saranno adeguatamente riformulati, porteremo avanti l'esame finale per l'accesso alla *white list*».

Si tratta purtroppo di un ottimismo mal riposto. Il Vaticano si muove in modo contraddittorio. Ricevuti i complimenti e il sostegno di Moneyval, i consigli non vengono seguiti. Da una parte Nicora e il suo staff si mettono al lavoro per recepire i moniti e stringere sui dettami di trasparenza; dall'altra, c'è chi scuce la tela: parte un'operazione riservata per arrivare all'esatto contrario, destrutturando il lavoro svolto e tornando all'opacità, all'assenza di regole, alla finanza offshore. Il mese decisivo per quello che potremmo indicare come un autentico colpo di mano nelle finanze della Santa sede è dicembre del 2011. Mentre Nicora, Condemi e De Pasquale limano le norme, un ristretto gruppo di lavoro in segreteria di Stato s'impegna per una missione indicibile: cambiare la legge antiriciclaggio, in modo esattamente opposto a quanto richiesto da Moneyval. Dovrà essere un intervento chirurgico, su pochi ma decisivi articoli, in particolare quelli che fissano i criteri di trasparenza e regolano lo scambio d'informazioni.

La notte dei lunghi coltelli

L'iniziativa sembra partire dallo stesso Bertone, che si affida a tre prelati, tra i quali monsignor Ettore Balestrero, genovese, sottosegretario per i Rapporti con gli Stati, molto legato al cardinale Mauro Piacenza, all'epoca prefetto della Congregazione per il clero e ritenuto il possibile successore del segretario di Stato. Dietro di loro, alcuni collaboratori laici.[19]

Stanno preparando un doppio colpo micidiale, capace di azzerare ogni passo finora compiuto. Presto il ruolo dell'Aif dipenderà dalla segreteria di Stato, l'organo dunque godrà di ben poca autonomia, riducendo inevitabilmente ogni ambizione di trasparenza.[20]

Il secondo colpo è altrettanto sottile. Se un'autorità estera chiederà informazioni, le procedure per ottenerle saranno più complicate, i tempi più lunghi, la gestione del «cosa dire, quando e a chi» sarà supervisionata da un ente diverso dall'Aif, a cui resterà un ruolo meramente operativo, privo di discrezionalità. Insomma, se Moneyval chiedeva un passo avanti, queste operazioni di sabotaggio ne fanno invece parecchi all'indietro.

In assoluta riservatezza queste modifiche vengono perfezionate e portate per la firma al governatore della Città del Vaticano, il cardinale Giuseppe Bertello. Nicora, Condemi, Gotti Tedeschi, tutto il gruppo dell'Aif vengono informati e rimangono come sotto choc. È una chiara messa in mora del loro lavoro. Quelle modifiche faranno ritornare indietro la Santa sede di un paio d'anni. Nicora si rivolge a Bertone, che però non risponde alla richiesta di appuntamento. Prende tempo, fa trascorrere giorni affinché la situazione si normalizzi. Bertello, di rientro dall'ospedale per un intervento di cataratta, firma le modifiche. Nicora è in difficoltà. Valuta la possibilità di chiedere un incontro con Benedetto XVI, per denunciare quanto sta succedendo direttamente al santo padre. Ma teme la dura reazione del segretario di Stato, è sicuro che il suo nome finirebbe sulla *black list* personale di Bertone. Dopo un paio di settimane, quest'ultimo fissa finalmente l'appuntamento con il numero uno dell'Aif. Un incontro rimasto inedito, che possiamo ricostruire oggi in presa diretta. Nicora porta a Bertone il documento della nuova normativa, denunciando la pericolosità di questa iniziativa. Ma trova davanti a sé un uomo gelido, indifferente. Nicora argomenta, cerca di convincerlo a far ritirare le proposte di modifica. È tutto inutile. Bertone sembra un muro di gomma. Anzi, il tentativo del presidente dell'Aif determina l'effetto contrario.

Il segretario di Stato, temendo che Nicora possa esercitare pressioni su Ratzinger, decide di far approvare subito le nuove norme, che diventano legge con largo anticipo rispetto alla consueta tabella di marcia. Il presidente dell'Aif è sconvolto. Da quel momento questo cardinale perbene va come in depressione, gli viene diagnosticata una malattia alle gambe che gli impone una modifica dei ritmi di vita. Deve farsi curare continuamente, con farmaci che lo indeboliscono. Ed è forse in questa fase che si manifesta il declino definitivo del pontificato di Benedetto XVI. Il cambiamento della legge dimostra che Ratzinger ormai è fuori gioco, non essendo intervenuto di fronte al colpo di mano che andava contro le sue stesse indicazioni. Moneyval viene a sapere di questi cambiamenti e, a marzo del 2012, ritorna in

Vaticano. Gli ispettori confrontano le due stesure della legge ed emettono un pre-report nel quale sei parole in inglese lasciano poco spazio alla fantasia: «*with this you did steps back*», con questo avete fatto passi indietro. La situazione si complica sempre di più: il presidente dello Ior minaccia le dimissioni se non si torna alla versione originale. L'8 marzo 2012 il dipartimento di Stato americano annuncia di aver inserito, per la prima volta, anche il Vaticano nella lista dei sessantotto paesi considerati «ad alto rischio di riciclaggio» nel mondo. È un'altra pessima figura. Ma non è finita. Anzi.

Passa qualche giorno e diverse banche decidono di chiudere i conti Ior aperti nei loro istituti.[21] Nicora non sa come muoversi. I suoi più stretti collaboratori gli chiedono con insistenza di informare Benedetto XVI, ma il cardinale non trova le forze. Gänswein sostiene Nicora, gli dice di resistere, di non piegarsi. In quei giorni prende posizione anche il vicepresidente dello Ior, Ronaldo Schmitz, banchiere e membro della Commissione Trilaterale.[22] Schmitz rivendica un'anacronistica autonomia della banca: lo Ior non deve arretrare se le banche straniere chiudono i conti. L'alto dirigente propone di trasferire i depositi in Germania, a Deutsche Bank. L'idea provoca una rottura con Gotti Tedeschi. Sono due posizioni inconciliabili. Schmitz chiede al consiglio d'amministrazione dell'istituto vaticano la linea dura con le banche centrali, ma il professore è contrario. In una riunione gli risponde che mai lui trasferirà i conti soltanto perché le banche centrali chiudono i depositi collegati all'Istituto per le opere di religione. Anzi, bisogna chiedersi perché le banche li rifiutino. Ma la risposta a questa domanda è scontata: perché allo Ior non si ottempera alle norme di trasparenza.

Bertone osserva e attende. Concede un appuntamento richiestogli con insistenza da Gotti Tedeschi. Il presidente dello Ior entra nell'ufficio del segretario di Stato concentrato e teso. Senza particolari preamboli indica le urgenze: bisogna migliorare la vecchia legge, allontanare l'avvocato italoamericano Jeffrey Lena, licenziare Cipriani, riformare le strutture economiche. «Certo, vedremo, vedremo» taglia corto Bertone. In segreteria di Stato arriva anche una memoria firmata dal presidente dello Ior, in cui si sottolinea ancora come questi aggiustamenti alla legge possano incrinare in maniera determinante la credibilità di Benedetto XVI e della Santa sede, anche a livello internazionale, per questo vanno immediatamente affrontati e risolti.

La soluzione presa è sì rapida, ma non tra quelle immaginate dal cardinale Nicora. Il 23 maggio l'avvocato Marco Briamonte dello studio Grande Stevens, consulente della segreteria di Stato, incontra il banchiere Alessandro Profumo, da marzo nuovo presidente del Monte dei Paschi di Siena. Conoscendo il suo rapporto d'amicizia con il presidente della banca vaticana, il legale vicino a Bertone non riesce a trattenere una battuta velenosa: «Domani vede Gotti Tedeschi? Pensi, sarà l'ultima volta che lo incontrerà da presidente dello Ior». Profumo ride nervosamente, il giovane legale invece rimane impassibile. In effetti è ben informato. Il consiglio d'amministrazione dello Ior sfiducerà Gotti Tedeschi. Lo farà in un modo, tra l'altro, talmente brusco e irrituale da sollevare altri inquietanti interrogativi.

---

[1] La telefonata è rimasta riservata fino a quando Gotti Tedeschi non ne fece cenno all'autorità giudiziaria che lo sentì nell'autunno del 2013 su alcune inchieste in corso. Il banchiere si confidò anche con alcuni professionisti milanesi, tra i quali le fonti qui contattate per ricostruire questo retroscena.

[2] Cesare Geronzi, nato a Marino, nell'area metropolitana di Roma, il 15 febbraio 1935, dopo un periodo in Banca d'Italia e al Banco di Napoli nel 1982 era diventato direttore generale della Cassa di Risparmio di Roma. La politica d'espansione impressa da Geronzi per tutti gli anni Ottanta portò la Cassa ad acquisire numerosi istituti di credito del centro Italia. In particolare, nel 1989, l'Iri cedette il Banco di Santo Spirito alla Cassa di Risparmio con cui assieme al Banco di Roma, nel 1992, si fonderà per dar vita a un «nuovo» istituto, che si chiamerà Banca di Roma. Nel 2002 si viene così a creare un unico polo bancario: Capitalia. Geronzi, alla guida di banche da sempre vicine al Vaticano, da Banca di Roma a Capitalia, rappresenta una sorta di camera di compensazione di quei mondi postandreottiani, nobili, lobbisti e della burocrazia dello Stato che costituiscono il cosiddetto «ventre molle» della capitale.

[3] Gerald Posner, *I banchieri di Dio*, Newton Compton Editori, Milano 2016.

[4] Ogni cinque anni, alla scadenza del mandato, Caloia finiva al centro di manovre volte a sostituirlo. La più clamorosa risale al 1999, quando nei sacri palazzi viene portata avanti la candidatura di Hans Tietmeyer, presidente uscente della Bundesbank, la banca federale di Germania. Grande sponsor del banchiere tedesco è il cardinale americano Edmund Casimir Szoka, al vertice della Prefettura degli affari economici della Santa sede. Sarà Caloia a spuntarla grazie al sostegno di Stanisław Dziwisz, segretario particolare di Wojtyła.

[5] Francesco Anfossi, *Cipriani, l'ultimo manager travolto dalle vicende Ior*, «Famiglia Cristiana», 2 luglio 2013.

[6] Scaletti era riuscito a superare incolume ogni burrasca, guadagnando promozione dopo promozione fino al gradino più ambito: venne nominato direttore generale nel maggio del 1995, quando il «ricambio» avviato da Caloia era nella fase conclusiva.

[7] Nell'occasione la Santa sede diffuse un insolito comunicato per elogiarlo e rendere ufficiale la totale stima nei suoi confronti. Scaletti, infatti, avrebbe «mantenuto il titolo di direttore generale emerito – si legge nel documento – e continuato a prestare i suoi preziosi servizi allo Ior».

[8] Francesco Anfossi, cit.

[9] La divisione informatica ha sempre costituito la divisione più delicata dello Ior. Era stato l'ex ingegnere Olivetti Paolo Scarabelli a creare la

banca dati dell'istituto, il cosiddetto Ced. Uomo di fiducia di Marcinkus e De Bonis, da loro nominato capo ufficio nel 1981, rimase in banca fino al 1996, quando si dimise dopo aver ricevuto dei formali richiami per scarsa solerzia nel lavoro.

10 Gotti Tedeschi collabora all'enciclica insieme ad altri laici scelti sempre da Ratzinger. Tra questi, il professor Stefano Zamagni.

11 Rileggendo oggi alcuni passi di quell'enciclica si capisce perché Benedetto XVI abbia scelto Gotti Tedeschi come consigliere e, soprattutto, quale radicale cambiamento abbia voluto imporre nel rapporto tra Chiesa, potere e denaro. Questo brano ben inquadra il pensiero di Ratzinger sul capitale:
«La corruzione e l'illegalità sono purtroppo presenti sia nel comportamento di soggetti economici e politici dei paesi ricchi, vecchi e nuovi, sia negli stessi paesi poveri. A non rispettare i diritti umani dei lavoratori sono a volte grandi imprese transnazionali e anche gruppi di produzione locale. Gli aiuti internazionali sono stati spesso distolti dalle loro finalità, per irresponsabilità che si annidano sia nella catena dei soggetti donatori sia in quella dei fruitori. Anche nell'ambito delle cause immateriali o culturali dello sviluppo e del sottosviluppo possiamo trovare la medesima articolazione di responsabilità. Ci sono forme eccessive di protezione della conoscenza da parte dei paesi ricchi, mediante un utilizzo troppo rigido del diritto di proprietà intellettuale, specialmente nel campo sanitario. Nello stesso tempo, in alcuni paesi poveri persistono modelli culturali e norme sociali di comportamento che rallentano il processo di sviluppo».

12 Il comitato era formato da altri tre banchieri: Massimo Ponzellini, Pellegrino Capaldo e Carlo Fratta Pasini.

13 Era stato il suo predecessore, il cardinale americano Edmund Casimir Szoka, ad affidarsi a questi broker che prima della crisi avevano spinto sugli investimenti negli Stati Uniti. Szoka credeva nel dollaro e negli investimenti azionari americani. I due fondi si trovarono così sovraesposti sui mercati americani e con il dollaro. Una situazione che precipitò quando nel 2007 i titoli finanziari collassarono sotto la gestione di Goldmans Sachs, BlackRock e Ubs.

14 Le basi del cambiamento erano già state poste il 29 dicembre 2000 con la firma della Convenzione monetaria tra lo Stato della Città del Vaticano e per esso la Santa sede e la Repubblica italiana, per conto della Comunità europea, il cui articolo 8 recita: «Lo Stato della Città

del Vaticano si impegna a adottare tutte le misure appropriate, mediante il recepimento diretto o azioni equivalenti, per attuare gli atti giuridici e le norme Ue elencati nell'allegato alla presente convenzione, in materia di [...] prevenzione del riciclaggio di denaro, della frode e della falsificazione di mezzi di pagamento».
Il 17 dicembre 2009 il piccolo Stato avrebbe poi firmato una nuova convenzione con l'Unione europea per assumere l'euro come propria moneta. Tale atto avrebbe inoltre formalmente impegnato il Vaticano a recepire le norme europee sugli strumenti finanziari e sulla circolazione del denaro. Questo però non avviene, e fa ulteriormente lievitare il malumore tra gli osservatori e i funzionari di Bruxelles.

15 Il ricambio fu esteso al collegio di Sovrintendenza dello Ior, in pratica il consiglio di amministrazione, che vide avvicendarsi quattro consiglieri. Entrarono Carl Anderson, responsabile dei Cavalieri di Colombo, un uomo impenetrabile, l'ex presidente della Deutsche Bank Ronaldo Hermann Schmitz, con influenti rapporti nel vecchio continente, il banchiere spagnolo Manuel Soto Serrano e l'italiano Giovanni De Censi, al vertice del Credito Valtellinese.

16 Professore di diritto bancario, avvocato cassazionista, consulente di Banca d'Italia, Condemi è stato componente della delegazione italiana presso il Gafi, il Gruppo d'azione finanziaria internazionale contro il riciclaggio di capitale, ovvero proprio quell'organismo che dovrà valutare la domanda di ingresso della Santa sede nella cosiddetta *white list*, la lista dei paesi che adottano la trasparenza finanziaria. Dal gennaio del 2011 al maggio del 2014, su indicazione di Benedetto XVI, è stato componente del consiglio direttivo dell'Aif, l'organo di controllo finanziario in Vaticano.

17 Condemi e De Pasquale sono gli autori della guida che nel 2008 proprio la Banca d'Italia aveva pubblicato su questa materia: *Lineamenti della disciplina internazionale di prevenzione e contrasto del riciclaggio e del finanziamento del terrorismo*. Un libro ritenuto dalla comunità finanziaria un punto di riferimento, tanto che due anni dopo, nel 2010, Manlio d'Agostino, all'epoca numero due dell'Unione cristiana imprenditori dirigenti, condensò l'opera in un manuale per chi lavora in banca, edito dall'Abi, l'Associazione bancaria italiana.

18 Nicora nasce a Varese nel 1937 e, dopo il liceo, nel 1959 consegue la laurea in legge all'Università Cattolica di Milano, per entrare nel

Seminario Maggiore dell'arcidiocesi ambrosiana. Ordinato presbitero il 27 giugno 1964, si laurea in teologia per poi essere eletto vescovo. Negli anni Ottanta, con il governo di Bettino Craxi, firma l'accordo di modifica del concordato tra Stato italiano e Chiesa cattolica. Viene nominato vescovo di Verona e, successivamente, presidente dell'Apsa, il dicastero che segue gli investimenti mobiliari e immobiliari dello Stato. Giovanni Paolo II lo eleva cardinale nel 2003. Partecipa ai conclavi che hanno portato nel 2005 all'elezione di Ratzinger e nel 2013 a quella di Francesco. Nicora aveva coltivato un ottimo rapporto con l'allora ministro dell'Economia Giulio Tremonti, al quale riservava sempre gesti d'affetto, atti inconsueti per un porporato come lui, schivo e di poche parole.

19 Tra questi, un avvocato italoamericano, Jeffrey Lena, che mostra di muoversi con sapienza tra le tonache.
Nicora rimane stupito della sicurezza di Lena. Chiede informazioni a qualche amico in segreteria di Stato per capire a che titolo questo legale chieda di incontrare tutti i personaggi di spicco in curia, e cerca di reperire notizie sull'Aif. Chi lo manda e, soprattutto, perché? Ufficialmente Lena proviene come il collega Marco Briamonte, difensore di Cipriani, dallo studio legale Grande Stevens, uno dei più importanti in Italia e in passato molto vicino alla Santa sede, che gli ha affidato vicende delicate. Lena riceve da Bertone il formale incarico di svolgere un'indagine per capire chi aveva partecipato al caso Vatileaks agli inizi del 2012 quando erano trapelati i primi documenti interni, pubblicati su «il Fatto Quotidiano». Lena conduce delle investigazioni autonome ma suscita diverse perplessità nella ristretta comunità vaticana, un po' per i modi goffi da cowboy, un po' per l'accento.

20 Un esempio aiuta forse a rendere ancor più chiara questa mossa. In Italia le attività delle banche, nella raccolta del credito, negli affidamenti e negli investimenti, sono monitorate da Banca d'Italia, che è un'istituzione indipendente dal potere politico, seppure recenti crac e scandali di istituti di credito italiani, da Montepaschi a Banca Etruria a Popolare di Vicenza, abbiano provocato dubbi sulla reale autonomia ispettiva dell'organo di vigilanza dall'autorità politica. Se in Vaticano si cercasse di anestetizzare le funzioni dell'Aif, puntando ad assoggettare questa nuova autorità direttamente alla segreteria di Stato, sarebbe come mettere la Banca d'Italia sotto il controllo del premier: la banca

centrale cesserebbe di svolgere la sua funzione in autonomia e indipendenza. E si tratta di un principio cardine, inderogabile: la banca centrale opera infatti per controllare che il ministero del Tesoro non crei una spesa pubblica tale da prevedere maggior disavanzo e la creazione di moneta. Se la segreteria di Stato – che è quella che determina la vita della Santa sede – controlla il controllore, si determina il classico cortocircuito: il controllato verifica l'agire dei controllori, arrivando magari a influenzarlo.

[21] Questi istituti di credito non hanno più l'autorizzazione della loro banca centrale di riferimento a continuare a collaborare con la banca vaticana. Da due anni, ad esempio, lo Ior non dà a J.P. Morgan risposte sul conto aperto presso un suo istituto.

[22] Ronaldo Hermann Schmitz, nato a Porto Alegre, in Brasile, il 30 ottobre 1938, è manager e banchiere in Germania. Dopo studi in economia politica all'Università di Colonia, un master in *business administration* all'Insead di Fontainebleau, ricopre incarichi di responsabilità in diversi consigli d'amministrazione di aziende come la chimica Basf, la Metallgesellschaft, mentre alla Deutsche Bank, dal 1991 al 2000, è stato amministratore delegato e vicepresidente. Fa parte di *think tanks* globali come l'Institute for Advanced Study e la Commissione Trilaterale.

Sconfitta e rivincita

Il giallo delle dimissioni

È il 24 maggio 2012. Benedetto XVI ha appena terminato la cena e siede sul divano della sala tv. Sta seguendo il telegiornale della sera, prima delle preghiere di rito e di coricarsi, quando è colpito da una notizia inaspettata: il professor Ettore Gotti Tedeschi è stato sfiduciato dalla presidenza dello Ior. Nell'appartamento pontificio cala un silenzio irreale. Ratzinger non sa niente di questa scelta, non è stato né coinvolto né avvisato. E non è certo la prima volta: «Noi che serviamo il papa – mi racconta proprio in quei mesi il suo maggiordomo, Paolo Gabriele, che lo assiste in ogni spostamento – abbiamo la comune e amara impressione che il santo padre non sia informato delle situazioni più delicate». Una decisione drammatica di questo tipo, dunque, vede il pontefice solo mero spettatore. Com'è possibile?

La conferma dell'isolamento di Ratzinger arriva da monsignor Gänswein che, in un'intervista a «Il Messaggero»,[1] racconta le reazioni di quella sera: «Benedetto XVI, che aveva chiamato Gotti allo Ior per portare avanti la politica della trasparenza, restò sorpreso, molto sorpreso per l'atto di sfiducia al professore. Il papa lo stimava e gli voleva bene, ma per il rispetto delle competenze di chi aveva responsabilità, scelse di non intervenire in quel momento». Perché il pontefice non fu consultato prima di procedere con la sfiducia di quel banchiere che lui stesso aveva voluto al vertice dell'istituto?

La dichiarazione dell'assistente personale del santo padre lascia senza parole. Benedetto XVI, dunque, era indebolito, se non addirittura esautorato di fatto dalle sue funzioni. Certo, non spettava a lui nominare o rimuovere il numero uno dello Ior, ma era evidente che una scelta così importante non poteva essere presa senza un suo coinvolgimento. Invece nessuno lo consulta. Nessuno lo informa.[2]

In quegli stessi giorni, un altro fatto suona come un segnale sinistro, anticipatore delle clamorose dimissioni dell'anno successivo. Alcuni interlocutori diretti di Benedetto XVI, con incarichi e ruoli diversi, percepiscono che Ratzinger sta progressivamente mostrando meno interesse per le vicende in agenda. È dalla fine dell'estate del 2011 che la sua partecipazione alla gestione delle problematiche del piccolo Stato decresce in intensità, riducendosi via via tra dicembre e gennaio del 2012. La sorprendente rappresentazione di un papa inconsapevole avanzata da Gänswein ben si concilia con queste ricostruzioni e rimane dominante per anni, fino a un apparente, clamoroso colpo di scena. È proprio Benedetto XVI a confutarla, almeno indirettamente, nel dialogo con il suo biografo Peter Seewald, pubblicato in un volume uscito nel settembre del 2016.[3] Ratzinger avverte la necessità di chiarire quei fatti, assumendosi la paternità della decisione:

> Per me lo Ior è stato fin dall'inizio un grosso punto di domanda e ho tentato di riformarlo. Non sono operazioni che si portano a termine rapidamente perché è necessario impratichirsi. È stato importante aver allontanato la precedente dirigenza. Bisognava rinnovare i vertici e mi è sembrato giusto, per molte ragioni, non

> mettere più un italiano alla guida della banca. Posso dire che la scelta del barone Freyberg si è rivelata un'ottima soluzione.

Si tratta indubbiamente di una smentita, seppur indiretta e tardiva, che tuttavia non chiarisce quanto avvenuto. La verità, con ogni probabilità, è che a Benedetto XVI erano arrivate informazioni negative sul presidente dello Ior, in una crescente e violenta campagna denigratoria contro di lui, per delegittimarlo sul piano intellettuale, morale e persino psicofisico. La gestione delle norme antiriciclaggio chiede garanzie che Gotti Tedeschi non può dare. Da qui la sfiducia. Con toni però d'inusuale durezza. In nove punti vengono infatti indicati i motivi che hanno formalmente portato il consiglio di sovrintendenza a defenestrare il presidente. Manca solo che lo si denunci per aver rubato dalla cassa. Gotti Tedeschi è accusato di ogni slealtà e scorrettezza. Perché? Che bisogno c'era di sfiduciare il professore con tanta violenza e pubblicità negativa? Di certo non possono dargli del ladro: è lì a titolo gratuito, si paga persino i viaggi e l'alloggio in albergo. Né possono dargli dell'incapace. Il curriculum non lo permette: il banchiere rappresenta il Santander in Italia, uno dei più grandi istituti al mondo, in passato ha anche fondato una banca, è consigliere economico del ministro del Tesoro, consigliere della Cassa depositi e prestiti. Come si può dire che sia inadeguato e incapace?

La sfiducia, appunto, è motivata da nove punti che rappresenterebbero altrettante criticità della presidenza. Peccato che questi punti siano stati via via smentiti dall'interessato, con un memoriale che smonta ogni accusa, preparato per un'audizione in Vaticano che in realtà mai si svolgerà. Uno per tutti: si rimprovera il presidente di non aver informato il consiglio d'amministrazione sulle attività svolte. Gotti

Tedeschi – sintetizza il documento, sequestrato dall'autorità giudiziaria di Napoli nel corso di un procedimento per altre vicende – indica con pedante pignoleria quante mail ha mandato a ognuno dei consiglieri negli ultimi dodici mesi, quante ne ha ricevute, quanti documenti ha fornito a ciascuno di loro. Ma al professore sfiduciato non viene concesso diritto di replica né di difesa, benché lo abbia chiesto infinite volte a voce e con istanze scritte.

Tante domande, dunque, restano ancora oggi senza risposta. Perché Gotti Tedeschi non è mai stato ascoltato? Perché non sono mai stati discussi i nove punti? Perché, da quel giorno, è stato escluso totalmente da ogni attività? Eppure sarebbe stato sufficiente che Benedetto XVI gli avesse chiesto di persona le dimissioni: un cattolico fedele e fervente, profondo papista, come Gotti Tedeschi, le avrebbe date immediatamente. L'obiettivo è un altro. Bisogna far perdere credibilità al presidente in uscita, è fondamentale evitare che diventi un punto di riferimento, fuori e dentro la curia.

Pochi mesi prima si registra uno degli avvenimenti che possono essere letti come annunciatori dell'imminente siluramento. Siamo nel torrione Niccolò V che ospita lo Ior, il salone centrale è allestito per una grande festa. È la cena di Natale del 2011, riservata ai dipendenti della banca. Dopo i tradizionali scambi di auguri, il presidente prende posto al grande tavolo imbandito con assoluta cura e trova alla propria destra un ospite, lo psicoterapeuta Pietro Lasalvia, conosciuto perché in passato era intervenuto in qualche contenzioso per mobbing intentato contro il Vaticano.[4] La sua partecipazione all'incontro conviviale è interpretata da taluni proprio come un gesto d'attenzione per rasserenare gli animi, dopo i contenziosi con alcuni dipendenti che si ritenevano male impiegati. Gotti Tedeschi e Lasalvia chiacchierano per qualche decina di minuti. Lasalvia si mostra così colpito dalla personalità del banchiere che, pochi mesi dopo, in una lettera del 18 marzo 2012 al direttore dello Ior Cipriani, ne tratteggia un profilo psicologico:

> In occasione di un convivio organizzato dalla direzione per salutare i dipendenti Ior prima delle sante festività natalizie, sono stato da Lei invitato e ho avuto l'occasione di sedere accanto al presidente Gotti Tedeschi fino a quel momento mai conosciuto. Mi ha sorpreso il distacco dall'oggetto di tale situazione, cioè il materiale umano che vivificava l'organico Ior, e lo scollamento con la direzione [cioè lo stesso Cipriani, *nda*] che invece partecipava come un buon padre di famiglia a un'occasione di unione tra la sacralità del contesto e la profanità del lavoro che si svolge quotidianamente. Inoltre, il presidente ha monopolizzato completamente la mia attenzione celebrando la sua persona con a mio avviso inopportune osservazioni sia sulla moralità dei dipendenti sia sulle capacità del clero. Devo dire che tutto ciò mi ha reso sbigottito, soprattutto in funzione delle mie aspettative, condizionate anche dalla bella presentazione che elegantemente lei, Direttore, anche indirettamente mi ha sempre fatto.
>
> Per la professione che svolgo e per l'incarico affidatomi non potevo esimermi a evidenziarle una certa incongruenza tra i tratti di personalità emersi, anche se in un colloquio occasionale e non strutturato, e il delicato ruolo di rappresentanza che il Dr. Gotti Tedeschi ricopre; nel merito si sono evidenziati tratti di egocentrismo, narcisismo e un parziale scollamento dal piano di realtà, assimilabile a una disfunzione psicopatologica nota come «accidia sociale», termine mutuato dalla letteratura cristiana ma che ben interpreta alcuni modelli comportamentali patologici secondo le attuali cognizioni del cervello sociale.
>
> La mia osservazione si è resa opportuna poiché come obiettivo professionale ho il compito di diagnosi, prevenzione e terapia dello stress lavoro correlato, e tale situazione rappresenta, sia per il soggetto, che tra l'altro non si è sottoposto al protocollo, sia per la

> comunità lavorativa, una fonte di stress; in aggiunta, in un'ottica di «unione» in cui il modello cristiano della famiglia ne è il principale volano, tale scollamento potrebbe ingenerare confusione e quindi malessere. In conclusione, tali osservazioni non vogliono rappresentare una diagnosi ma un punto di osservazione professionale di cui mi è sembrato corretto dare rilevanza in relazione all'incarico che sto svolgendo e in sintonia con la mia Fede Cristiana, sia per la salute dell'Istituto che per la salute di ogni singolo costituente, compreso il presidente.

In pratica, il medico osserva per caso l'allora presidente, prende carta e penna, tratteggia questa anamnesi negativa e la consegna al nemico giurato di Gotti Tedeschi, ovvero il direttore Cipriani. È davvero credibile che sia tutto frutto di una coincidenza? Difficile rispondere con certezza a questa domanda. Di certo in curia si diffonde subito la notizia che il professore non sarebbe più lucido. Chi vuole delegittimarlo può approfittare di quest'occasione irripetibile. Che poi Lasalvia sia «vicino di casa di Cipriani», come sottolinea «Famiglia Cristiana»,[5] e, soprattutto, aderente alla massoneria, non sembrano elementi determinanti per capire se è stato tutto orchestrato ad arte.[6]

In realtà contro Gotti Tedeschi si coagulano più interessi e pretesti. C'è chi è fortemente preoccupato per la sua decisione di andare in procura a chiarire i fatti, dopo che l'indagine sullo Ior aveva portato all'iscrizione sua, di Cipriani e Tulli nel registro degli indagati. In quell'occasione, in curia si alzano molte voci critiche. Collaborare con l'autorità giudiziaria italiana voleva dire creare uno scomodo precedente e di conseguenza ipotecare le scelte future della Santa sede. Per questo molti temono la decisione. Grazie ai Patti lateranensi, Gotti Tedeschi, da presidente dello Ior, come dipendente di un ente centrale del Vaticano, poteva abilmente sfruttare l'immunità.

La stessa cosa avevano fatto Marcinkus, De Strobel e Mennini un quarto di secolo prima, riparandosi sotto quello scudo protettivo. Rispondere alle domande dei magistrati è visto da molti in curia come la scelta di abdicare al potere di un altro Stato, una decisione ostile e foriera di scandali. È una visione di certo miope, e indifferente ai moniti di Benedetto XVI. Poco importa che sia stato proprio il papa a sollecitare trasparenza e rigore («nulla abbiamo da nascondere»), e che già il pontefice avesse riconosciuto l'autorità giudiziaria laica dai tempi dei rimborsi alle vittime della pedofilia, invitando alla più ampia collaborazione. Come aggravante è posta un'ulteriore prova, frutto di una visione protezionista dello Stato: Gotti Tedeschi è l'ispiratore della legge antiriciclaggio, scritta da uomini estranei alla curia, che porta le finanze vaticane sotto il faro dei controlli esterni. Molti ritengono che il banchiere sia espressione di Mario Draghi e di quel potere finanziario che vuole entrare nella Santa sede. Tutti validi motivi per defenestrarlo.

Quel processo informale in segreteria di Stato

La scelta del presidente dello Ior di presentarsi in procura fa precipitare la curia in un crescente psicodramma. Molti si scrutano con diffidenza. Cresce un clima di sospetti, accuse reciproche, veleni e ricatti. La degenerazione provoca anche situazioni che, raccontate oggi per la prima volta, possono apparire persino irreali. Come la creazione di una sorta di informale tribunale in Vaticano per giudicare chi – a detta di alcuni – macchinava contro la Santa sede. A denunciare questi fatti, in una lunga intervista esclusiva rilasciata a chi scrive,[7] interviene, con freddezza e senza sconti, un altro degli esperti scelti prima per fare pulizia e poi fatto accomodare all'uscita, senza tanti indugi. Si tratta di Francesco De Pasquale, figura di rilievo in quello scacchiere perché, ricordiamolo, è il primo direttore dell'organo di controllo delle finanze vaticane, l'Aif. De Pasquale è voluto dal cardinale Nicora e dal professor Condemi per attuare la svolta chiesta da Benedetto XVI.

Avvocato De Pasquale, lei venne chiamato in Vaticano per implementare le norme contro il denaro sporco. Per quanto tempo?

Tutto è cominciato nel 2010. Il professor Condemi mi chiese di collaborare alla stesura della legge iniziale, che sarà emanata da papa Ratzinger il 31 dicembre dello stesso anno. Con incarichi ufficiali sono rimasto dal 2011 al 2014. Per il primo anno e mezzo sono stato direttore dell'Aif, ruolo che ho lasciato poi a René Brülhart, per essere cooptato nel consiglio direttivo. All'epoca non c'era niente, giusto questa legge e il consiglio direttivo di quest'autorità. Bisognava costruire tutto. Non c'era alcun tipo di controllo, allo Ior facevano quello che volevano, [alcuni dirigenti, *nda*] agivano in nome dell'istituto gestendo tutta una marea di sottoconti. Insomma, si poteva fare qualsiasi cosa. [Questi dirigenti, *nda*] pretendevano che Banca d'Italia si accontentasse del fatto che loro facevano un trasferimento per conto semplicemente dello Ior, mentre dalla banca centrale chiedevano chi fossero i titolari e i beneficiari effettivi di quei fondi.

In quegli anni il Vaticano fu segnato da uno scontro importante...

Sì, abbiamo portato a termine una parte del lavoro, ma per la seconda parte non ci è stato consentito. Gli scontri sono avvenuti sulle norme da modificare e da applicare. Si doveva andare avanti su una certa strada e mi resi conto che non si era ancora pronti per affrontare questi cambiamenti.

Com'era il clima in quel periodo nei suoi confronti e in quelli del professor Condemi, del cardinale Nicora, insomma di chi cercava di implementare le norme antiriciclaggio?

Alcuni fatti possono essere assai esplicativi. Un giorno, a fine settembre del 2010, al telefono, monsignor Balestrero, sottosegretario per i Rapporti con gli Stati, mi chiese di raggiungerlo a una riunione del consiglio della segreteria di Stato in cui si doveva affrontare il problema dell'indagine avviata sullo Ior: Cipriani e Tulli erano indagati. Io pensavo che dovessimo dare una mano per fare chiarezza. Ero con il mio vice, Alfredo Pallini, c'era anche Nicora, entriamo e ci troviamo di fronte al gotha: oltre a Bertone, erano lì in fila Mamberti, Balestrero e Wells, praticamente una sorta di tribunale.[8]

Perché?

Cipriani e i dirigenti dello Ior accusavano me e Pallini di averli denunciati in procura e di coltivare rapporti segreti con la banca americana interessata. In particolare, a loro dire, avevamo anche partecipato a una cena con i dirigenti di J.P. Morgan a Milano.

Insomma, un complotto...

Peccato che non fossi mai stato a Milano in quel periodo. Si trattava di una cosa che si erano inventati. Noi rispondemmo abbastanza animatamente e s'instaurò una specie di contradditorio, piuttosto agitato.

È insolito in Vaticano?

Infatti... Intervennero tutti, a iniziare da Nicora, per rasserenare gli animi: «No, no, bisogna collaborare... tra di noi». Pallini era senza parole. Mi guardò in faccia e l'indomani si dimise.

Vi accusarono per approfittare di questa situazione e mettervi in difficoltà?

Penso di sì.

Queste accuse erano rivolte a lei e al suo collaboratore, o anche al cardinal Nicora?

Anche a Nicora, indirettamente. Penso che Nicora fosse accusato di farsi influenzare dai funzionari della Banca d'Italia.

Quindi anche Nicora era malvisto?

Nel tempo ho cercato di capire meglio questa spaccatura che si è accentuata negli anni successivi. Anche Nicora era un nemico agli occhi del nuovo direttore Brülhart, perché non era tanto favorevole ai traffici dello Ior.

Ma di che traffici stiamo parlando, secondo lei? Si è fatto un'idea?

Avrei potuto farmi un'idea se avessi avuto il tempo e i mezzi per conoscere quei segreti...

Come vi eravate mossi fino a quel momento?

Bisognava stabilire che cosa dovesse fare l'Autorità di controllo, verso quali istituzioni e autorità interne dovesse rivolgere la sua attività. Soprattutto bisognava sensibilizzare dall'interno i vari organismi e le varie istituzioni su questa materia. Erano imminenti i controlli internazionali, quindi era importante andare molto di corsa. Cominciammo a emanare tutta una serie di circolari che davano indicazioni agli organismi interni sull'applicazione delle misure antiriciclaggio. Si richiedeva l'identificazione della clientela, l'adeguata verifica e registrazione delle operazioni, la segnalazione di quelle sospette, la cooperazione con le autorità competenti degli altri paesi europei. Avemmo vari incontri con l'Apsa, lo Ior, e trovai una buona collaborazione col presidente, impegnato a portare il Vaticano sulla strada della *white list*: lui era dalla nostra parte. Invece registrai scarsa collaborazione, o quasi nulla, dalla dirigenza dello Ior. All'epoca c'erano Cipriani direttore e Tulli vicedirettore, gli stessi che sono stati recentemente condannati, anche se a una pena lieve, per violazione delle normative antiriciclaggio italiane.

Da chi era formato l'Aif e come erano i rapporti con loro?

C'era una buona collaborazione con il cardinale presidente Nicora, e con Condemi soprattutto. Anche con Cesare Testa, consigliere dell'Aif e già presidente dell'Istituto centrale per il sostentamento del clero. Con gli altri due componenti, i rapporti erano difficili. Uno era il giurista Dalla Torre, l'altro era un commercialista consulente dell'Apsa, Claudio Bianchi. Loro frenavano, erano stati messi dalla segreteria di Stato e frenavano su tutte le iniziative che andavamo ad assumere. Tra l'altro Dalla Torre espresse un parere *pro veritate*, su richiesta della segreteria di Stato, sulle funzioni dell'Aif, sostenendo che si poteva accedere agli atti e controllare solo le operazioni dello Ior compiute a partire dal primo aprile 2011, da quando cioè sarebbe entrata in vigore la legge. Ma tutti i rapporti pendenti riguardavano fatti precedenti. Da qui si determinò uno scontro con gli avvocati dell'istituto.

Chi erano gli avvocati dello Ior?

C'era Briamonte e poi c'era l'americano Jeffrey Lena, consulente della segreteria di Stato, chiamato per occuparsi di questa materia dal sottosegretario agli Esteri Balestrero. A seguire gli affari interni c'era invece Wells, con i sottosegretari Filoni e Mamberti. Entrambi si occupavano di questa materia. È stato Balestrero a chiamare Lena come consulente, lui non sapeva niente di antiriciclaggio, mentre Briamonte era un consulente dello Ior.

Ma non di Gotti Tedeschi.

Credo che il presidente fosse abbastanza emarginato: non gli facevano vedere niente.

L'Aif a chi rispondeva?

Era autonoma, è stata costituita come autorità autonoma. Necessariamente queste autorità antiriciclaggio, nei vari paesi, devono essere almeno formalmente autonome.

C'è stato un periodo in cui finì sotto il controllo della segreteria di Stato?

Lo scontro all'interno avvenne perché, quando dovevamo riformare la norma antiriciclaggio – la legge n. 127 del 30 dicembre 2010 – Briamonte sposò il parere di Dalla Torre secondo il quale noi non potevamo avere accesso ai dati dello Ior, se non a quelli successivi al primo aprile 2011. Era evidente che non collaboravano. A Cipriani, tra l'altro, io annunciai che di lì a poche settimane, nell'autunno del 2011, sarebbero arrivati gli ispettori di Moneyval e lui testuale mi rispose: «Ah, tanto io sarò in Australia».

Perché c'era questo ostracismo?

All'interno non sapevano niente di questa materia. Pensavano di non essere soggetti a queste misure, quindi non erano sensibilizzati. Nei parecchi incontri con il Governatorato, con la Gendarmeria, trovavamo che alcuni erano più sensibili, perché si rendevano conto dell'importanza, altri invece non capivano, altri ancora boicottavano, finché non si resero conto, al momento in cui arrivarono gli ispettori di Moneyval, dell'importanza della cosa. Fu allora che ritennero di dover fare un passo indietro. L'Aif aveva troppi poteri e troppa autonomia. La segreteria di Stato introdusse alcune modifiche che erano del tutto negative... Stabilì, ad esempio, la necessità di una specie di nulla osta della segreteria su qualsiasi accordo dell'Aif con autorità di altri paesi.

Beh, è l'autorità politica...

Questo era contrario agli standard internazionali, perché l'autorità antiriciclaggio doveva essere autonoma, non poteva dipendere da un nulla osta della segreteria di Stato. Gli ispettori di Moneyval si resero conto che era stato fatto un passo indietro, e ce lo dissero apertamente. Da qui lo scontro, perché loro volevano riportare la funzione dell'Aif sotto la tutela della segreteria di Stato.

Loro chi?

Balestrero, Wells, Lena, quindi anche Bertone.

Bertone aveva la competenza tecnica per capire queste cose?

No, assolutamente.

Quindi lui recepiva stimoli dall'esterno?

Li riceveva da Balestrero e da Wells. Balestrero una volta mi disse: «Insomma, ma a questi di Moneyval bisogna dire la verità?».

Da non crederci. È sicuro?

Sì, risposi: «Ma guardi, il problema è che non sono stupidi. Se tu gli racconti delle fesserie magari se ne accorgono».

Che competenze finanziarie avevano questi monsignori?

Non le avevano inizialmente, poi però, poco a poco, cominciarono a capire di cosa si trattava. C'erano riunioni in continuazione, anche per discutere le modifiche da apportare alla legge. Piano piano lo stesso Lena cominciò a capire meglio. Quando ci fu il passo indietro, lo Ior smise di collaborare con noi. Inizialmente aveva risposto alle nostre richieste d'informazioni, ma dal gennaio-febbraio 2012 smise di collaborare, o diede una collaborazione di sola facciata. La legge antiriciclaggio inizialmente ci dava ampi poteri ispettivi, e loro erano molto preoccupati. Quindi, nei mesi successivi, soprattutto su quel punto, dissero che le ispezioni potevano essere fatte solamente se veniva stabilito un regolamento che doveva essere emanato dopo aver sentito la segreteria di Stato. Questo rallentava molto i lavori. Dall'altra parte Moneyval non capiva perché non partissero le nostre ispezioni. C'era una lacuna obiettiva: [gli ispettori dell'Aif, *nda*] potevano agire, ma mancando i regolamenti eravamo bloccati. Per sbloccare la situazione dovetti insistere molto, preparai anche una bozza di regolamento molto semplice, inviandola alla segreteria di Stato. Loro, dopo un po', mi mandarono come risposta una cosa illeggibile, lunga dieci pagine. Volevano prendere tempo? Era un regolamento caotico, confuso, non so da dove lo avessero ricopiato. Il contenuto comunque era inaccettabile, perché stabiliva che noi potevamo andare a vedere le carte solo dopo che avevamo avvertito, con un preavviso ampio di trenta giorni, l'ente sottoposto a controllo. Insomma, una cosa per me, per noi, per gli standard internazionali, inaccettabile.

Poi cosa accadde?

Arrivammo a luglio 2012 senza un regolamento ispettivo, quindi senza la possibilità di fare le verifiche. Andiamo però per gradi. Quelli di Moneyval si accorsero che avevamo fatto un passo indietro così si cercò di rimediare in sede di assemblea plenaria. Il rapporto di Moneyval del 4 luglio 2012 non diede una valutazione negativa, si erano resi conto che avevamo avuto poco tempo a disposizione, credo anche che intervenne in qualche modo la segreteria di Stato facendo pressioni [a livello europeo, *nda*]. L'Italia non premette: durante l'assemblea plenaria è previsto che chiunque possa intervenire, fare domande, chiedere informazioni, chiarimenti eccetera. L'Italia all'ultimo momento ritirò il suo delegato perché evidentemente Vittorio Grilli, che allora era direttore generale del Tesoro, fu interessato dal Vaticano a non fare pressione su questa cosa. Quindi complessivamente la valutazione non fu negativa e noi ci impegnammo... La mia posizione non era facile, infatti dovevo essere molto critico all'interno, però all'esterno dovevo difendere il lavoro svolto. Questo lavoro in futuro li costrinse a continuare ad avere rapporti con me. Siccome, per la mia passata esperienza in Banca d'Italia nell'antiriciclaggio, ero conosciuto anche da Moneyval e dagli ispettori mandati in Vaticano, loro sapevano chi ero e si fidavano. Quindi, se fossi stato fatto fuori prima della valutazione di luglio, forse qualche problema si sarebbe posto, perché già avevano fatto fuori il presidente dello Ior. Poi, forse, si pentirono, visto il grande risalto che ebbe questa defenestrazione su tutti i giornali. Il giorno dopo venne fuori la storia di Vatileaks e del maggiordomo. Io penso che venne fuori per distrarre l'attenzione.

Come fu vissuto, all'interno dell'Aif, il caso del maggiordomo Paolo Gabriele?

Negativamente, perché era uno che collaborava con noi, mentre gli altri non lo facevano quasi per niente. Il professor Gotti era criticato all'interno perché aveva dato alla procura di Roma la sua disponibilità a collaborare. Quando ciò si seppe, pensai: «Vabbè, adesso abbiamo chiuso». Dopo che a luglio uscì il rapporto cercai di prendere contatti con la segreteria di Stato e ci fu una chiusura totale. Balestrero non si fece trovare. Dovevo portare avanti la firma del protocollo d'intesa con la Uif italiana [Unità di informazione finanziaria, *nda*]. Mi rispose soltanto quando stavo già andando avanti e gli avevo trasmesso le informazioni necessarie: «Ah, molto interessante la collaborazione con la Uif italiana, ne dobbiamo parlare». Capii che era solo per prendere tempo, non dovevo essere io a occuparmi di questa cosa. A ottobre Nicora mi chiamò e disse che la segreteria di Stato aveva deciso di nominare direttore Brülhart. E a me di cooptarmi nel consiglio direttivo, come poi avvenne, nel novembre del 2012.

Ma cosa rappresentava Brülhart all'epoca: veniva da fuori o aveva già qualche incarico all'interno?

Era stato direttore della Fiu [Final Intelligence Unit, *nda*] del Liechtenstein e credo fosse consulente della segreteria di Stato. Ritengo abbia messo lui le mani alla revisione della legge, al cosiddetto «passo indietro».

E perché lei dice che Brülhart aveva la loro fiducia?

Perché era un consulente della segreteria di Stato. La segreteria di Stato, per qualsiasi attività all'interno del Vaticano, anche di competenza di altri enti o organismi, creava una specie di unità che faceva le stesse cose, un po' come un governo ombra. Ciò avveniva anche per l'Aif: tra i miei impiegati c'era il genero dell'ex governatore della Banca d'Italia Antonio Fazio, Tommaso Di Ruzza, che era in contatto con la segreteria di Stato e che quindi boicottava il nostro lavoro, consigliato da Dalla Torre. Così, alla fine, fummo costretti ad assumere un paio di persone per evitare di avere sempre un blocco da parte dei due esponenti del consiglio direttivo, questo prima dell'arrivo di Brülhart. In seguito, dal novembre del 2012, il consiglio direttivo fu a poco a poco esautorato e si riunì molto raramente, mentre con me si riuniva in continuazione e veniva messo al corrente di tutto quello che veniva fatto. Brülhart lavorava in accordo ovviamente con la segreteria di Stato, quindi non aveva interesse a [riunire spesso il consiglio, *nda*]... Poi Nicora era un nemico per loro.

Brülhart prese il comando totale dell'Aif?

Certo. Nicora era sempre convinto che nel contrasto fra lui e Brülhart, alla fine, sarebbe stato fatto fuori Brülhart. Invece fecero fuori lui, infatti fu costretto a dimettersi agli inizi del 2013.

E tutte quelle norme che facevano entrare l'Aif sotto il controllo della segreteria di Stato?

Poco a poco furono aggiustate. Nel 2013 tolsero il famoso nulla osta perché adesso erano loro che controllavano tutto. Non avevano più bisogno di mettere il nulla osta. Insomma, tutte le cose che avevano introdotto le tolsero a poco a poco, e ci fu un'ulteriore riforma della legge, mi pare nell'agosto del 2013, che mise in regola lo Ior con gli standard internazionali da un punto di vista solo formale. Far applicare la legge, farla funzionare è un'altra cosa.

L'attività ispettiva era l'effetto di un qualcosa che dovevate ancora costruire, era il tetto di una casa.

Certo, però dopo il rapporto di Moneyval, siccome fu rilevata la mancanza di poteri dell'autorità di vigilanza, la segreteria di Stato sapeva benissimo che era necessario un intervento e penso che fosse preoccupata per questo, anche perché i conti dovevano essere messi a posto prima.

Che conti dovevano essere messi a posto?

Credo ci abbia lavorato la società di consulenza Promontory, anche se un po' di pulizia era stata fatta l'anno precedente. Quando, dopo la visita di novembre di Moneyval, la segreteria di Stato si era resa conto dei pericoli, dei rischi che si correvano, lo Ior chiuse quasi i contatti con noi e penso che in un anno circa le cose più problematiche siano state eliminate. Poi arrivò Promontory e fece ulteriore pulizia, però bisogna vedere che tipo di pulizia.

In tutta questa storia i Cavalieri di Colombo hanno avuto qualche ruolo?

Avevano un rappresentante nel Consiglio di sovrintendenza dello Ior, che era Carl Anderson. L'iniziativa di far fuori Gotti Tedeschi fu di Anderson, aiutato da Jeffrey Lena. Una volta con quest'ultimo mi lamentai del fatto che Cipriani e Tulli non collaboravano. Mi rispose che per loro il problema non erano Cipriani e Tulli, il problema era il professore. Infatti, dopo un po', l'hanno fatto fuori.

Ma tutti questi timori da cosa nascevano?

Il direttore dello Ior Cipriani era molto preoccupato che andassimo a vedere le pratiche vecchie, non so quanto a ragione, nel senso che forse le cose vecchie... Diceva: «Non vorrete mica andare a ricostruire le vicende del Banco Ambrosiano?».

Quando lei entrò nel consiglio direttivo, il suo ruolo venne assai ridimensionato...

Nel consiglio direttivo, a poco a poco, si prese atto di questa mancanza di trasparenza da parte di Brülhart. Il 16 gennaio 2014, come consiglio direttivo, scrivemmo al nuovo segretario di Stato Parolin, denunciando l'opacità con una lettera firmata da tutti i componenti. Difendevamo l'operato di Nicora, prendevamo posizione insomma. Riuscii perfino a far firmare Dalla Torre, cosa di cui penso si sia pentito.

La reazione?

La lettera fece slittare il rinnovo del consiglio direttivo: volevano fare fuori tutti gli italiani. Di lì a poco Nicora fu costretto a dimettersi perché, non avendo ottenuto le dimissioni di Brülhart, diede lui le sue. Ebbe un colloquio con Parolin e disse: «Va bene, allora mi devo dimettere io». Quindi si dimise, e il 30 gennaio 2014 Giorgio Corbellini venne nominato presidente ad interim dell'Aif. Per un certo periodo anche lui si lamentò... La strada per Brülhart era ormai spianata: diventerà presidente il novembre successivo.

Oggi com'è secondo lei la situazione all'interno?

Credo che le procedure siano in piedi, però... Con tutte queste società di consulenza che sono intervenute – non credo manchi nessuna, Pricewaterhouse Coopers, McKinsey, Deloitte, Promontory, Ernst & Young – le procedure saranno senz'altro in ordine. Diciamo che c'è stato un adeguamento di facciata.

Tutto bene quindi?

Non bastano le procedure. Bisogna che qualcuno vada a mettere il naso nei conti. Invece, l'unico rapporto di valutazione rimane quello del luglio 2012, dopo ci sono due *progress reports* (2013 e 2015) che però non sono valutazioni, non hanno rilievo dal punto di vista valutativo. Essendo arrivato per ultimo, il Vaticano deve ancora ricevere una seconda valutazione, quando gli altri paesi ne hanno già avute tre o quattro. Questa dovrà verificare non solo la compatibilità normativa con gli standard internazionali ma l'effettività, cioè l'adeguamento, la messa in pratica. Allora vedremo... Credo che però passerà molto tempo.

Perché?

Perché adesso hanno in mano le leve per procrastinare il più a lungo possibile questa valutazione, tanto è vero che, nel calendario degli organi di controllo (Moneyval e Gafi, il Gruppo d'azione finanziaria internazionale), il Vaticano ancora non c'è. Ci sono due elenchi: sul primo appaiono i paesi che saranno sottoposti alla visita addirittura fino al 2022, nel secondo ci sono i paesi per cui non è stata ancora fissata una data di valutazione e tra questi, presumibilmente, c'è anche il Vaticano. Forse hanno paura che da un punto di vista dell'effettività [dell'applicazione della legge, *nda*] qualcosa sfugga. Nel giugno del 2014 ho avuto un colloquio con Parolin, che mi chiese cosa c'era da fare...

Cosa rispose a Parolin?

Gli dissi di rafforzare l'Aif, gli suggerii di non utilizzare *expertise* americane, ma piuttosto europee, e poi gli suggerii di fare in modo che l'adeguamento non fosse di pura facciata.

Cosa rispose?

Niente. Rimase in silenzio da buon diplomatico. È uno che cerca di sapere le cose piuttosto che esprimersi, scuola diplomatica di Sodano, suppongo. Penso faccia bene il suo mestiere. Certo è un gran passo in avanti rispetto a Bertone.

La fine del pontificato

La trattativa sul caso Emanuela Orlandi, la cacciata di Gotti Tedeschi e le finanze vaticane in fibrillazione, tra sussulti di trasparenza e feroci scontri interni, lo scandalo dei documenti più riservati del papa usciti dall'appartamento pontificio: queste tre storie, incredibilmente, si sviluppano nello stesso periodo. Siamo tra l'autunno del 2011 e la primavera del 2012. Una serie di eventi sempre più incalzanti. Vanno letti insieme, per capire l'epilogo del pontificato, i giochi di potere di chi voleva approfittarne, la reazione di Ratzinger che già preparava la Chiesa alle sue dimissioni. La trattativa sulla scomparsa di Emanuela Orlandi, ad esempio, imbastita dopo anni di silenzio, salta all'improvviso nel marzo del 2012, alla vigilia della sfiducia al presidente dello Ior.

Sempre a partire dall'autunno del 2011, il maggiordomo di Benedetto XVI, Paolo Gabriele, cerca un contatto con me. Desidera passarmi fotocopie di documenti su vicende di corruzione, privilegi e soprusi. Gabriele gode della totale fiducia di Ratzinger e del suo assistente Gänswein. È addirittura dal 2006 che il maggiordomo raccoglie e fotocopia documenti riservati, senza che nessuno se ne accorga. Almeno apparentemente. Negli incontri che ho avuto, mi racconta diverse storie inedite di scandali taciuti. Tutte vicende sostenute da un'ampia documentazione, che rappresenterà poi la base del mio saggio *Sua Santità*, uscito nel maggio del 2012.

La prima storia di cui vengo a conoscenza vede protagonista monsignor Carlo Maria Viganò, chiamato dal papa a fare ordine nelle spese e negli appalti. È lui, infatti, dal 16 luglio 2009, il segretario del Governatorato. Viganò incarna un profilo raro nel mondo della Chiesa, che merita un approfondimento. È persona d'intelligenza vivissima, si muove come fosse un manager o un imprenditore. Non lascia nulla all'improvvisazione. È un uomo di fede profonda, dotato di un carattere deciso, che lo porta ad assumere anche posizioni scomode e rischiose. È intransigente, ha coraggio, ottime capacità e forza di volontà. Così rompe presto gli indugi e denuncia al pontefice, nero su bianco, ammanchi, casi di corruzione, appalti gonfiati, fino al mezzo milione di euro speso ogni anno per l'albero di Natale in piazza San Pietro. Crede di fare la cosa giusta. Entra in contrasto con Bertone e con quella che lui stesso indica come una potente lobby gay, presente dentro le mura. Il monsignore non sa a cosa va incontro rompendo in profondità gli equilibri di potere in curia.

Nell'estate del 2011 la reazione della segreteria di Stato è durissima. A settembre Viganò viene rimosso dalla carica al Governatorato e sostituito con il vescovo siciliano Giuseppe Sciacca, bertoniano di ferro. Non basta. Va cacciato dalla Città del Vaticano. Bisogna mandarlo «il più lontano possibile», come chiedono diversi prelati a Bertone. Magari in Africa. A luglio muore, a Baltimora, per complicazioni postoperatorie, il cardinale Pietro Sambi, nunzio apostolico a Washington. Benedetto XVI coglie subito l'occasione e fa trasferire Viganò. Dal 19 ottobre 2011 il monsignore va negli Usa. Un incarico prestigioso, che manterrà fino al 2016. Negli Stati Uniti Viganò non cade certo nella rassegnazione. Racconta all'influente comunità di vescovi e cardinali americani quanto ha scoperto in curia, in particolare il potere incontrastato di cui godono Bertone e alcuni altri porporati italiani.[9] Il monsignore mette a conoscenza di dettagli e segreti quegli stessi cardinali che, al successivo conclave, voteranno con forza per il cambiamento, scegliendo Bergoglio come successore di Ratzinger.

Nei mesi in cui incontro Gabriele ricevendo copie di documenti, avviene un fatto allarmante, che tinge di giallo tutta la vicenda. Alcune delle carte che il maggiordomo mi aveva consegnato finiscono pubblicate sul «Fatto Quotidiano» tra marzo e aprile del 2012. Gli scoop da prima pagina, firmati da Marco Lillo, fanno clamore e anticipano di fatto alcuni degli argomenti di *Sua Santità*. Cosa stava accadendo? Come era possibile che Gabriele avesse passato gli stessi documenti anche a un altro giornalista? Per quale motivo? Sembrava un comportamento privo di logica. Così chiedo lumi allo stesso maggiordomo, che mi assicura di avere rapporti solo con me. O era un grandissimo attore mancato o diceva semplicemente la verità. Io gli credo. Gabriele è profondamente rattristato dalla circostanza. Cerca, per quanto possibile, di aiutarmi. Di certo non mente. È probabile che qualcuno, in Vaticano, abbia deciso di diffondere alcuni dei documenti che saranno pubblicati nel mio libro ormai prossimo all'uscita come per svuotarlo, anticipando alcuni temi, offrendo spiegazioni. Ma come fanno a sapere quali documenti possiedo? Non sono certo incline ai complotti o alla dietrologia, ma è netta la sensazione che qualcosa non torni.

Poi accade un altro fatto imprevisto: Gotti Tedeschi viene sfiduciato, come detto, dalla presidenza dello Ior, con un comunicato che la sala stampa diffonde il 24 maggio. La notizia fa il giro del mondo. Se emergessero i dettagli dello scontro in atto tra chi gestisce le finanze vaticane, si aprirebbe un caso che terrebbe i media del mondo intero inchiodati alla vicenda. Tutti farebbero domande. La verità sulle trame dello Ior rischierebbe di venir fuori. Perché è stato cacciato Gotti Tedeschi?

Appena ventiquattro ore dopo è il cosiddetto scandalo Vatileaks a conquistare le prime pagine: il maggiordomo del papa, Paolo Gabriele, viene arrestato per aver passato documenti al sottoscritto. A distanza di anni, riflettendo su quanto accaduto, si può serenamente affermare che la concomitanza tra la storia di Gotti Tedeschi e quella di Gabriele non può considerarsi casuale. L'arresto – inutile, eccessivo e abnorme per una persona incensurata – ha di certo determinato significativi vantaggi a chi voleva allontanare dall'attenzione pubblica l'esplosiva questione della trasparenza dello Ior. Non solo. La storia di Vatileaks ha permesso di introdurre in Vaticano un clima da «stato di polizia», alimentato da sapienti veline che indicavano l'esistenza di un'improbabile Spectre che avrebbe costruito l'operazione del maggiordomo, un'ipotesi rivelatasi poi ovviamente infondata. Tutto ciò non era forse propedeutico ad alimentare la paura, consentendo magari di aumentare i poteri ispettivi di chi era chiamato a mantenere la sicurezza del piccolo Stato? Non è un caso che Gotti Tedeschi abbia trovato microspie nei luoghi di lavoro, come poi ha segnalato ai suoi avvocati e all'autorità giudiziaria. I registi di Vatileaks prima hanno cercato di anticipare qualche documento del libro sui quotidiani, poi hanno cavalcato l'onda emotiva dello scandalo per tenere lontana l'attenzione mediatica dallo Ior, criminalizzando Gabriele e introducendo un clima di terrore nella Santa sede.

Torniamo a quei giorni, alle ore drammatiche in cui si cerca di individuare chi passa i documenti ai giornalisti. Nel pomeriggio del 24 maggio, Gänswein incontra Paolo Gabriele, lo guarda negli occhi e gli sussurra: «Guardi, sospetto fortemente che sia lei, non ho le prove, ma solo lei può sapere cosa è successo». È la fine. Quando Gabriele finisce arrestato, quella notte del 24 maggio 2012, non pensa ai figli, alla moglie, al pontefice, allo scandalo. No, il primo pensiero, secondo quanto confiderà agli amici, è rivolto alla mamma che ha perso, coincidenza vuole, proprio in quella notte, tanti anni prima, quando aveva solo tre anni e mezzo.

Il fatto che la Gendarmeria lo arresti proprio lo stesso giorno, mettendolo in una cella «dove nemmeno potevo aprire le braccia», come ripeterà spesso ad alcuni amici, lo fa sentire in qualche modo protetto. L'ispettore Domenico Giani lo interroga, alza la voce, Gabriele pensa ai figli, alla fragilità di quel pontificato. Giani chiede se ha fotocopiato anche il dossier su Emanuela Orlandi. Il capo della Gendarmeria è preoccupato, ma il maggiordomo nega. Poi racconta questo dettaglio a Pietro Orlandi, il fratello di Emanuela, e anche a Giancarlo Capaldo, titolare dell'inchiesta sulla scomparsa della ragazza. Gabriele affronta con determinazione il carcere, il processo, le accuse che via via evaporano.

Sono in molti a cercare di screditarlo, come hanno fatto con Gotti Tedeschi, come faranno qualche anno dopo con monsignor Lucio Ángel Vallejo Balda, il coordinatore di Cosea, la commissione d'inchiesta sulle finanze vaticane voluta da Francesco nell'estate del 2013. E come, nell'estate del 2017, faranno con il revisore dei conti Libero Milone, per spiegare la sua estromissione. Sono tutte persone psicologicamente labili: così vengono liquidati in curia.

Gabriele perde il lavoro, la casa e la reputazione pur di far conoscere alcuni degli scandali che segnano la vita dei sacri palazzi. Le sue denunce però non cadono nel vuoto. In parallelo, Ratzinger affida al cardinale Julián Herranz e ad altri due porporati un lavoro di approfondimento sui mali oscuri della curia. Un approfondimento certosino, portato avanti nell'estate e nell'autunno del 2012 e culminato in una voluminosa relazione finale che viene consegnata a Ratzinger nel dicembre del 2012. Saranno le carte che Benedetto XVI consegnerà al nuovo pontefice, papa Francesco, durante il loro primo incontro nella biblioteca di Castel Gandolfo, il 23 marzo 2013. Senza Paolo Gabriele, la commissione Herranz non sarebbe stata costituita,

Benedetto XVI non avrebbe fatto scandagliare in profondità i misteri del piccolo Stato. Forse nemmeno si sarebbe dimesso, ultima disperata mossa per recuperare quella credibilità che i mercanti del tempio stavano progressivamente dilaniando. Finito il processo, Gabriele subisce una pena blanda: la corte concede significative attenuanti, partendo dal convincimento oggettivo che l'ex maggiordomo, per più ragioni, avrebbe agito per il bene della Chiesa. Una pena mite, dunque, niente in confronto a quanto le veline che uscivano dalla segreteria di Stato facevano ventilare subito dopo l'arresto, pur di seppellire nel fango quest'uomo di fede, incensurato, servitore di Ratzinger, esasperato dai soprusi a cui da anni assisteva. Gabriele scrive due lettere a Benedetto XVI. Chiede e ottiene perdono. Il pontefice gli concede la grazia, soprattutto per ridare alla famiglia del suo ex assistente quella serenità e quella sicurezza che ha perduto. Il rapporto con Benedetto XVI resta saldo e profondo. Oggi Gabriele vive fuori le mura vaticane. È vicino di casa di Ingrid Stampa, una delle persone più prossime a Ratzinger. A Natale riceve dei pensieri dal papa emerito. Su di lui, però, pende sempre una spada di Damocle: è ancora aperto un procedimento contro ignoti per calunnia e diffamazione nei confronti di Giani, vilipendio alle istituzioni, attacco alla sicurezza dello Stato.

Così, se Gabriele sbaglia anche una sola mossa, c'è un fascicolo già pronto per l'uso. Forse per questo lui ha preferito scegliere un profilo basso. Si muove defilato. Mai un'intervista, una dichiarazione, e respinge al mittente le numerose proposte di raccontare in un film o in un libro la vita di papa Benedetto. Cerca solo di essere dimenticato e ricostruirsi un'esistenza normale. Subito dopo lo scandalo, il processo e il perdono del papa, era filtrata la notizia che il Vaticano avesse concesso magnanimamente un lavoro all'ex maggiordomo, questa volta fuori le mura. In realtà Gabriele non era dipendente della Santa sede: risultava assunto con uno stipendio base di mille euro in una cooperativa che svolgeva servizi per l'ospedale Bambino Gesù. Fino a un epilogo non proprio felice: prima la tristezza per il fatto che praticamente non lo facevano lavorare, poi la decisione di licenziarsi. Evidentemente Gabriele, da quanto raccontano alcuni colleghi, non accettava l'idea di ricevere uno stipendio senza far nulla, di dover ancora pagare chissà cosa dopo aver saldato i conti con la giustizia vaticana e aver ricevuto affetto e perdono dal papa emerito. Con questi pensieri, scrive una lunga missiva al cardinale Parolin, chiedendogli un incontro e confidando nella rettitudine del nuovo segretario di Stato. Quando filtra a palazzo apostolico l'indiscrezione dell'esistenza di questa missiva, in molti dubitano che il cardinale risponda. Gabriele teme che l'uomo sia poco o per nulla informato della vicenda, dato che Parolin in quel periodo è lontano, nunzio apostolico in Venezuela. Dopo mesi di silenzio, dalla segreteria di Stato parte una telefonata per fissare un incontro tra i due.

Da anni non ho più modo di parlare con l'ex maggiordomo di Benedetto XVI, ma immagino la sua gioia di fronte alla possibilità di incontrare il segretario di Stato e riconciliarsi definitivamente con un mondo, quello curiale, che nel frattempo, grazie a papa Francesco, stava sensibilmente cambiando. Gabriele in Vaticano ci ha vissuto, ha visto la moglie partorire i suoi figli, si è sentito un vero «servitore della Chiesa», come soleva ripetermi. Pochi gli amici rimasti. Alcuni porporati, certo, come il cardinale Paolo Sardi, che l'ha sempre difeso, ben conoscendo la sua trasparenza.

L'incontro con Parolin è proficuo. In segreteria di Stato non passa inosservato il modo in cui il cardinale veneto ha esercitato la sua sapiente arte diplomatica, cercando di conoscere nel profondo Gabriele, per capire quanto accadde negli ultimi anni del pontificato di Ratzinger. Poche, mirate domande. Facile ipotizzare che il colloquio si sia concluso con l'auspicio che l'ex maggiordomo potesse tornare in Vaticano. Parolin sonda, si muove nei sacri palazzi. Con Benedetto XVI intercede Ingrid Stampa, amica e fidata collaboratrice del papa emerito. Anche il sostituto presso la segreteria di Stato, cardinale Wells, cerca di aiutare Gabriele, ma le resistenze non mancano, a iniziare da quelle di Becciu e Giani. C'è chi teme che una sua riammissione suoni come uno sgarbo nei confronti di Ratzinger. Ancora una volta, sarà proprio quest'ultimo a stupire tutti, affermando in segreteria di Stato che ogni uomo ha diritto a una seconda possibilità. Poche parole, chiare e illuminanti.

La situazione così si sblocca. Parolin ne parla con papa Francesco. Si trova un nuovo incarico, ma solo nel luglio del 2015, dopo mesi e mesi di melina, lungaggini burocratiche, e mettendo in minoranza chi, indifferente all'insegnamento del perdono, cercava di far saltare il reinserimento di Gabriele. «Senza questi scandali – commenta un anziano cardinale in curia – non ci sarebbe stata in conclave quella spinta a fare un passo così forte, come è stato quello che ha portato all'elezione di Francesco.» Resta da capire se Gabriele abbia agito, come lui sostiene, in autonomia, o se sia stato sostenuto all'interno del Vaticano da chi voleva aiutare il pontefice, come ritiene invece chi scrive.

Alla fine l'ex maggiordomo è stato posto alle dipendenze del cardinale americano James Michael Harvey, classe 1949, arciprete della basilica di San Paolo fuori le mura: un incarico che di solito viene affidato a porporati in età avanzata (tra gli ultimi cardinali predecessori, Andrea Cordero Lanza di Montezemolo, ottant'anni, e Francesco Monterisi, settantacinque), per gratificarli al termine del loro servizio alla Chiesa. Harvey di anni ne ha «solo» sessantatré quando è nominato. In curia le malelingue attribuiscono al porporato il ruolo di artefice della carriera compiuta da Gabriele nella casa pontificia, dove svolgeva la funzione di prefetto, prima di passare il testimone, nel novembre del 2012, a Gänswein: pagherebbe dunque la colpa di aver proposto Gabriele prima come domestico poi come aiutante nell'appartamento pontificio. La curia non dimentica, e soprattutto non perdona.

Il periodo tra la fine del 2011 e la prima metà del 2012 è dunque decisivo per capire la lotta in corso ancora oggi, con Francesco. Un susseguirsi di reazioni a catena. Il papa che cerca di cambiare le cose in Vaticano, dal contrasto alla pedofilia all'impegno per la trasparenza finanziaria, e i blocchi di potere presenti nei sacri palazzi che reagiscono, cercando di intralciare l'opera di cambiamento. È proprio nei momenti più aspri dello scontro che Benedetto XVI deve aver iniziato a meditare su una mossa inattesa e dirompente come quella della rinuncia al pontificato, così da mettere in mora gli schieramenti di potere dominanti. Con le sue dimissioni, infatti, tutti i capi dei dicasteri della curia romana avrebbero fatto un passo indietro. A uno studioso pragmatico come Ratzinger, uno degli intellettuali viventi di maggior spessore, non potevano certo sfuggire gli effetti sul mondo cattolico di quella clamorosa scelta. La decisione, quindi, doveva essere preceduta da un'attenta operazione, da condurre su due fronti: bisognava preparare la Chiesa, alleggerirla di criticità e fardelli; ed era necessario mettere il successivo conclave nelle condizioni di scegliere un pontefice che da un lato incontrasse il sostegno popolare e dall'altro avesse la forza per proseguire nelle riforme. Quella forza che Ratzinger sapeva di non avere.

---

[1] Franca Giansoldati, *Vaticano, Padre Georg: «La mia vita divisa tra due papi»*, 22 ottobre 2013, disponibile al link: www.ilmessaggero.it/primopiano/vaticano/padre_georg_papi_francesco_208512.html.

[2] L'intervista prosegue e Gänswein ricorda come dopo la sfiducia, Ratzinger, «per motivi di opportunità anche se non ha mai ricevuto Gotti, ha mantenuto i contatti con lui in modo adatto e discreto». In effetti, l'indomani il santo padre fece partire dalla propria segreteria un messaggio rassicurante al presidente sfiduciato, con il quale gli assicurava che si sarebbe interessato alla vicenda. Nei mesi successivi Benedetto XVI, coinvolgendo Bertone, cercò di «riabilitare» in qualche modo Gotti Tedeschi con il progetto di affidargli un altro incarico, ma l'idea naufragò definitivamente per le troppe resistenze.
Gänswein dice la verità? La sua affermazione è altamente credibile, proprio per il ruolo che allora ricopriva e per l'abnegazione con la quale proteggeva Benedetto XVI da possibili trappole e cattive interpretazioni al fine di evitare che diventasse strumento inconsapevole di giochi di potere. Era dunque un suo fedele alleato.

[3] Benedetto XVI (a cura di Peter Seewald), *Ultime conversazioni*, Garzanti, Milano 2016.

[4] Sulla carta intestata Lasalvia, nato a Taranto nel 1966, laureato con lode alla Sapienza, elenca tutte le sue ulteriori qualifiche: «psicoterapia occupazionale; perfezionato in psichiatria di consultazione e clinica psicosomatica; specializzazione in psicoterapia; iscritto nell'elenco degli psicoterapeuti presso l'Ordine dei medici; professore a contratto presso il corso di laurea nella professione sanitaria, seconda facoltà di Medicina e chirurgia La Sapienza». Senza dimenticare che è responsabile del servizio di prevenzione e protezione patrocinato dall'Ispesl (Istituto superiore per la prevenzione e la sicurezza del lavoro) e capo équipe Medica della Scuola del mare, con compiti di ricerca «psicosomatica» alle regate su pattugliatori della guardia di finanza di Gaeta.

[5] Francesco Anfossi, *Cipriani, l'ultimo manager travolto dalle vicende Ior*, «Famiglia Cristiana», 2 luglio 2013.

[6] A ricordare i passati muratori di Lasalvia e a censurare il suo agire interviene un massone non allineato come Gioele Magaldi, fondatore del Grande Oriente democratico. Magaldi è stato iniziato libero muratore nel 1998, nella loggia Har Tzion Monte Sion 705 all'Oriente di Roma,

all'obbedienza del Grande Oriente d'Italia di palazzo Giustiniani, sino a diventare maestro venerabile nel 2005. È un elemento significativo perché è proprio in questa loggia che ha conosciuto e visto formarsi Lasalvia. Il sito del Grande Oriente democratico verga un intervento molto duro contro il fratello massone:
«Costui lo conosciamo bene. Il fratello Magaldi ebbe modo di curarne l'istruzione come apprendista libero muratore in quanto all'epoca secondo sorvegliante della loggia e poi, come maestro venerabile, di seguirne l'ulteriore maturazione in seno a tale famosa e prestigiosa officina. Attualmente, se non ricordiamo male, il fratello Pietro Lasalvia ricopre entro la loggia Monte Sion il ruolo di primo sorvegliante, di fatto, il vicario del maestro venerabile, e si atteggia a seguace/discepolo speciale dell'ex gran segretario del Goi, Giuseppe Abramo. Noi parliamo di fratelli massoni al fine di svelarne l'identità libero-muratoria solo nei casi in cui costoro ci sembrino macchiarsi di doppiezza, ipocrisia, comportamenti poco commendevoli. Ecco, questo ruolo di perito psichiatrico non-richiesto e a tradimento della persona interessata svolto ai danni di Gotti Tedeschi (non senza ombre e sospetti evidentissimi in ordine a mandanti terzi, nemici dell'ex presidente Ior) dal fratello Lasalvia proprio non ci è parso né virtuoso né apprezzabile. Parimenti, ci piacerebbe sapere se il massone Lasalvia, affiliato da anni a una loggia di ispirazione sionista, abbia reso edotti con lealtà e sincerità i suoi referenti vaticani della propria passione per squadra, compasso e grembiulino».
Accuse che potrebbero essere lette solo come figlie della dietrologia se non venissero contestualizzate in quel periodo particolarmente drammatico per il Vaticano.

7 Intervista dell'autore a Francesco De Pasquale, hotel Marcella Royal, via Flavia, Roma, 14 giugno 2016.

8 Era presente l'intera pattuglia dei collaboratori più vicini a Bertone: il cardinale Dominique Mamberti, all'epoca ancora monsignore nel ruolo di segretario per i Rapporti con gli Stati; monsignor Peter Wells, assessore per gli Affari generali; il già citato Balestrero e, con ogni probabilità seppur non citato nell'intervista, monsignor Fernando Filoni, sostituto per gli Affari generali.

9 Il carattere brusco lo porterà poi in rotta di collisione con Francesco sia per alcune incomprensioni durante il viaggio dell'attuale pontefice

negli Usa, sia per la richiesta di una casa nella dimora che il cardinale Sodano aveva fatto destinare ai nunzi in pensione. La domanda è però respinta, Viganò chiede un appartamento a Calcagno, numero uno dell'Apsa che gestisce il patrimonio immobiliare, ma non riceve risposta. Allora prova e ottiene un appuntamento con Francesco dal quale però esce scuro in volto. I motivi non sono noti ma sembra che al centro del colloquio ci sia un imbarazzante documento la cui scomparsa ancora non si sa a chi attribuire.

I nemici di papa Francesco

Il tesoro nascosto del San Raffaele

Il banchiere Ettore Gotti Tedeschi è dunque una delle vittime dell'attacco a papa Benedetto, cominciato, come abbiamo documentato in questo libro, a partire dalla seconda metà del 2011. Un'azione che provoca non pochi effetti collaterali. Anzitutto lo Ior rimane per mesi senza presidente effettivo: una situazione mai verificatasi in precedenza. Il consiglio d'amministrazione dell'istituto, infatti, avanza la proposta di sfiducia alla commissione cardinalizia di controllo, la quale a sua volta deve formalizzare la fuoriuscita del professore.[1] Ma questo non avviene. La commissione si spacca. Per tre volte Bertone convoca i cardinali, che però non sono allineati. La sfiducia non viene ratificata. Bertone è in difficoltà, sollecita Gotti Tedeschi a dimettersi ma riceve un secco rifiuto. Il banchiere non ci pensa nemmeno. Certo, è stressato e alle corde. Teme addirittura per la sua incolumità. È proprio per questa ragione che prepara un memoriale, da divulgare in caso di sua morte violenta.

Si determina così un periodo di transizione, che durerà quasi nove mesi, fino al 15 febbraio 2013. Dopo la rinuncia di Benedetto XVI, nei giorni d'attesa del nuovo conclave, Bertone riesce a influenzare il ricambio dei membri della commissione cardinalizia di vigilanza dello Ior. In particolare, esce il cardinale Attilio Nicora, sostituito da un porporato di fiducia: Domenico Calcagno, al vertice dell'Apsa e considerato molto vicino al segretario di Stato. La situazione si sblocca, ora ci sono i voti per mandare Gotti Tedeschi formalmente a casa ed eleggere il nuovo presidente: il barone Ernst von Freyberg subentrerà a Ronaldo Hermann Schmitz, vicepresidente, che aveva assunto la carica della presidenza ad interim nella fase di interregno.

Sempre a partire dalla seconda metà del 2011, altre vicende si sviluppano sotterranee e alimentano la tensione. Mentre in Vaticano s'incrociano le spade sull'antiriciclaggio, a Milano si gioca una partita molto complicata. C'è in ballo il futuro dell'ospedale San Raffaele, con i bilanci fortemente compromessi dai debiti. Si parla di quasi un miliardo e mezzo di euro, con un patrimonio netto – cioè l'effettiva disponibilità di capitale dell'azienda – negativo per 210 milioni di euro e, come se non bastasse, diverse inchieste giudiziarie in corso. La speranza dei cinquemila dipendenti è riposta nell'arrivo di un cavaliere bianco dopo l'epoca di don Luigi Verzé, padre-padrone del nosocomio. Don Verzé è stato sicuramente uno straordinario visionario, ma non ha mai tenuto conto delle conseguenze economiche e delle ricadute giudiziarie delle sue scelte. L'ospedale, fiore all'occhiello della sanità lombarda e italiana, è ormai a un passo dal *default*. La Santa sede è chiamata a intervenire da una pattuglia formata da nomi altisonanti: c'è l'ex presidente di Unicredit, Carlo Salvatori, il presidente della fondazione Cariplo, Giuseppe Guzzetti, l'allora amministratore delegato di Banca Intesa, Corrado Passera, seguiti a ruota da Gianni Letta e Roberto Formigoni. Unicredit e Intesa vantano significativi crediti nei confronti dell'ospedale e vorrebbero alleggerire l'esposizione. Letta tratteggia una soluzione politica che garantisca una continuità a questo importante polo ospedaliero. In Vaticano, Bertone decide di affidare a Gotti Tedeschi e agli esperti della società Deloitte un approfondimento. Il segretario di Stato vuole conoscere la salute finanziaria dell'ospedale. Ha un sogno, Bertone: «colonizzare» un'importante realtà economica nella diocesi di Milano che, dai tempi del cardinale Carlo Maria Martini, si è sempre mostrata tiepida e distante rispetto alla curia romana. Non solo. L'operazione San Raffaele può rappresentare un'opportunità per ingrandire il polo della sanità vaticana, in affanno per i conti in rosso e per gli scandali, come quello dell'Idi di Roma.[2] Anzitutto bisogna verificare la concreta possibilità di disegnare un piano di risanamento È una scommessa ambiziosa, la sua. Nel piano che ha predisposto, Bertone desidera coinvolgere e valorizzare due figure: l'imprenditore Vittorio Malacalza e il manager Giuseppe Profiti. Quest'ultimo, in particolare, da quando il segretario di Stato era vescovo a Genova, ha sempre manifestato un ossequioso rispetto e un'amicizia nei suoi confronti.[3]

Dal 7 luglio 2011, su iniziativa del segretario di Stato, Gotti Tedeschi e Profiti entrano nel cda dell'ospedale. Con loro ci sono il giurista Giovanni Maria Flick, voluto espressamente dal presidente dello Ior per dialogare con il tribunale di Milano; Maurizio Pini, professore di accounting (contabilità) all'Università Bocconi, e Massimo Clementi, preside della facoltà di Medicina dell'Università Vita-Salute San Raffaele. Confrontandosi con il tribunale di Milano, Gotti Tedeschi forma un consiglio di amministrazione per il salvataggio dell'azienda. Inizia ad analizzare i conti, per decidere se mettere all'asta l'ospedale e cederlo così al gruppo privato più idoneo o, in alternativa, farlo comprare allo Ior.

Un lavoro che inizia nel peggiore dei modi. Il 18 luglio il vicepresidente Mario Cal, braccio destro di don Verzé, si suicida. Una morte sempre attribuita alle numerose inchieste penali che lambivano l'ospedale, ma che forse trova altre spiegazioni. Stefania Galli, segretaria storica di don Verzé, nella sua deposizione in tribunale ricorda come Cal stesse cercando proprio in quel periodo nuovi soci per sanare in extremis le casse esangui dell'istituto:

> Ha incontri riservati per cercare nuovi soci. L'unico che mette per iscritto una proposta è Giuseppe Rotelli, dell'ospedale San Donato. Durante il consiglio d'amministrazione del 30 giugno, il dottor Cal presenta la proposta ma don Verzé la respinge, dice di aver avuto rassicurazioni verbali dal Vaticano [per il salvataggio dell'ospedale, *nda*]. Alla fine di quel cda [di fine giugno del 2011, *nda*] don Verzé chiede le dimissioni di tutti i consiglieri, compreso il dottor Cal, per far entrare quelli del Vaticano. Al dottor Cal viene detto di svuotare e lasciare il suo ufficio.

Il 15 luglio Cal diserta il nuovo cda. Si uccide tre giorni dopo nella sala riunioni dell'ospedale. Dallo studio contabile però emergono buchi inimmaginabili. Ogni mese la società Deloitte nei suoi report riservati aggiorna e cambia il bilancio: aumenta i debiti e diminuisce il valore degli asset. Bertone si fida totalmente di Profiti e insiste perché il San Raffaele finisca nella galassia Ior. Del resto, il cardinale, per usare un eufemismo, non ha alcuna particolare competenza finanziaria. Anzi, affronta i problemi in modo superficiale, almeno stando a chi, a più riprese, ne chiede le dimissioni direttamente a Ratzinger. Per risolvere le situazioni complicate, Bertone si affida sempre a persone più capaci di lui, alle quali delega il compito di trovare la soluzione più strategica, conservando il pugno di ferro nell'amministrazione.[4]

Le scintille non tardano ad arrivare. Più volte, tra ottobre e novembre, Bertone si lamenta in segreteria di Stato del comportamento che Gotti Tedeschi sta tenendo nei suoi confronti, giudicandolo addirittura sleale. Siamo a dicembre del 2011, mancano solo cinque mesi alla sfiducia del presidente Ior, e ciò che accade accelera le pratiche del suo allontanamento, accentuando l'isolamento di Benedetto XVI. La linea di prudenza che segue Gotti Tedeschi crea parecchi malumori: Bertone e Profiti spingono perché lo Ior compri. Gotti Tedeschi si oppone: l'ospedale San Raffaele è un nosocomio che ha bisogno della guida di un privato, una figura che sia capace di dialogare con tutti, classe politica e sindacati. Uno scenario differente sarebbe troppo rischioso, da tanti punti di vista. Le tensioni che rischiano di crearsi tra la Santa sede e le tante sigle sindacali che animano l'istituto potrebbero generare manifestazioni e cortei di protesta che andrebbero a sfilare davanti a porta Sant'Anna, all'ingresso del Vaticano, a due passi dai fedeli in preghiera. Inoltre, un profilo laico della nuova proprietà supererebbe i naturali limiti delle posizioni religiose sulle ultime frontiere della ricerca e della sperimentazione. Al San Raffaele operano infatti diverse unità scientifiche di ricerca su staminali e fecondazione in vitro, che compiono attività antitetiche rispetto ai principi della religione cattolica. Se la Santa sede subentrasse nella proprietà, difficilmente il San Raffaele potrebbe mantenere aperti questi dipartimenti. La chiusura di quelle unità di ricerca provocherebbe le imprevedibili reazioni della comunità scientifica e dell'opinione pubblica. Con strumentalizzazioni facili da immaginare: «La Chiesa perseguita la scienza... Ecco che torniamo ai tempi di Giordano Bruno o di Galileo Galilei».

Di fronte a questa situazione, Gotti Tedeschi respinge ogni valutazione d'acquisto. Manda una memoria scritta nella quale precisa la sua posizione, rompendo con Profiti.

Tra lui e Bertone cala il gelo. Il cardinale non replica. Non chiede approfondimenti. Non parla al presidente dello Ior, creando stupore persino tra i dipendenti della segreteria di Stato. Sono proprio le settimane delle modifiche alla norma antiriciclaggio, il famoso «passo indietro» tanto criticato dagli organismi internazionali. Sono mesi complicati, che determinano quanto verrà poi clamorosamente reso pubblico pochi anni dopo. Come la gestione «facile» del denaro all'ospedale Bambino Gesù di Roma, che finirà sotto la lente d'ingrandimento di Mariella Enoc, nominata nel 2015 presidente della fondazione che controlla il nosocomio della capitale. Profiti e Massimo Spina, tesoriere della fondazione Bambino Gesù, nel luglio del 2017 saranno rinviati a giudizio per rispondere di distrazione di fondi, secondo l'accusa utilizzati per i lavori di ristrutturazione dell'appartamento di proprietà del Governatorato, all'ultimo piano di palazzo San Carlo, dove vive Bertone dopo aver lasciato la carica di segretario di Stato. Il processo è ancora in corso. La fondazione Bambino Gesù, guidata dallo stesso Profiti, aveva destinato 422.000 euro per la ristrutturazione dei locali, a partire dal novembre del 2013.

I buchi scoperti da Deloitte si sovrappongono a quelli individuati dalla guardia di finanza e dalla procura di Milano, e porteranno a una condanna definitiva a nove anni di carcere del faccendiere Pierangelo Daccò, una sorta di uomo ponte tra la parte finanziaria dell'ospedale e la Regione Lombardia. Si parla di 47 milioni di euro di ammanco. Ma anche qui emerge una novità clamorosa che finalmente possiamo raccontare.

L'azione della magistratura è riuscita a illuminare solo una parte della predazione, come risulta chiaramente da questo inedito e inquietante documento interno (vedi tabella) che oggi obbliga a rifare i conti. L'ospedale è stato oggetto di un

Il tesoro nascosto del San Raffaele

€/000 Dati desumibili dai documenti relativi al concordato preventivo e al conferimento				
Pagatore	**Destinatario**	**Esborso sostenuto**	**Presunzione esborso**	**Delta**
BEM	NOY AMBIENTE	105.921	70.000	35.321
FMT (per utenze e altre spese)	BEM	60.000	25.000	35.000
Olbia	DIODORO / METODO – (Fam. Zammarchi)*	121.058	100.000	21.058
Edilraf – Cologno Monzese	DIODORO / METODO – (Fam. Zammarchi)**	70.459	60.000	10.459
Airviaggi – Aereo	N.D. / Società neozelandese	13.100	7000	6100
Dibit 2***	DEC	59.000	40.000	19.000
Corpo di Collegamento	DIODORO / METODO – (Fam. Zammarchi)	31.638	28.000	3638
Totale		461.176	330.000	130.576

* Costruzione ospedale
** Residenze
*** Importo relativo esclusivamente a migliorie su beni di terzi

vero e proprio saccheggio, in un periodo buio nel quale i lavori edili più rilevanti e gli acquisti più significativi venivano gonfiati per creare provviste in nero. I contabili interni hanno rivisto tutte le spese per scoprire che la somma scomparsa è ben superiore a quanto rilevato dalla procura: ammonterebbe a 130 milioni e 576.000 euro, molto diversa dai 47 milioni evidenziati dalle carte processuali. Dalle voci indicate nella tabella si evince come lavori, prestazioni e persino l'acquisto di un aeroplano utilizzato da don Verzé venissero pagati fino al 1000 per cento in più rispetto al prezzo reale. A chi sono andati questi soldi? Chi ne ha tratto profitto? Chi conosce la vera storia dell'assalto alle casse del San Raffaele? Queste domande, ancora oggi, attendono una risposta definitiva.

Piazza pulita all'Aif

La fuoriuscita di Gotti Tedeschi, accelerata dalla torbida vicenda del San Raffaele, rappresenta solo il primo passo verso il completo azzeramento del gruppo di lavoro chiamato a portare le finanze vaticane sulla strada della trasparenza. Subito dopo, infatti, sarà il turno del cambiamento all'Aif, l'autorità di controllo, con il cardinale Nicora presidente. Il primo che salta, nel novembre del 2012, è il direttore De Pasquale: come abbiamo già visto, lascia il posto a René Brülhart, assumendo un più modesto ruolo nel consiglio direttivo. L'avvicendamento non passa certo inosservato. L'ascesa di Brülhart, esperto di finanze formatosi tra la Svizzera e il Lussemburgo, con un passato da consulente della segreteria di Stato, delude l'Aif a ogni livello: dai dipendenti ai membri del consiglio direttivo. Perché? In pochi mesi Brülhart agisce con l'intenzione, secondo i suoi detrattori, di ridurre l'azione incisiva dell'ente. Il successore di De Pasquale si trova tutti contro: dal presidente Nicora ai consiglieri. Il 16 gennaio 2014 il cardinale Parolin, che dall'ottobre dell'anno prima ha preso il posto di Bertone alla segreteria di Stato, riceve una lettera di sole undici righe firmata dall'intero consiglio direttivo, che qui viene resa pubblica per la prima volta:

> Eccellenza reverendissima,
> i sottoscritti membri del consiglio direttivo dell'Aif:
> visto il perdurare della situazione di opacità informativa venutasi a

creare dal momento della nomina dell'attuale direttore, considerato che le iniziative e le proposte ritenute necessarie, tra l'altro, per superare le predette situazioni di difficoltà, suggerite alle Autorità Superiori dal cardinale presidente, non hanno avuto riscontro positivo, informato il cardinale presidente sua eminenza Attilio Nicora; ritengono che non sussistano allo Stato le condizioni per poter svolgere efficacemente le funzioni e i compiti assegnati al consiglio direttivo dalla legge e dallo statuto.
Firmato: prof. Claudio Bianchi, prof. Marcello Condemi, prof. Giuseppe Dalla Torre, avv. Francesco De Pasquale e dott. Cesare Testa

Passa nemmeno una settimana e, il 22 gennaio 2014, i cinque consiglieri tornano all'attacco, rivolgendosi ancora a Parolin. Questa volta i toni contro Brülhart sono durissimi:

Eccellenza reverendissima,
come già rilevato nella breve nota del 16 gennaio u.s. indirizzata a codesta segreteria di Stato, il consiglio direttivo dell'Aif esprime le proprie preoccupazioni circa l'insostenibilità della situazione venutasi a creare a partire dalla nomina e in seguito all'operato del direttore. Dalla data della sua istituzione, [...] il consiglio direttivo si è riunito inizialmente con frequenza settimanale, e successivamente con alternanza quindicinale o mensile, per affrontare tutti i temi nascenti dall'applicazione della disciplina antiriciclaggio appena introdotta nello Stato della Città del Vaticano. [...]
A seguito della nomina del nuovo direttore dell'Aif in persona, dott. René Brülhart, già consulente della segreteria di Stato, il consiglio è stato progressivamente posto in condizioni di non svolgere il proprio ruolo, quale delineato dalla legge e dallo statuto. In primo luogo il consiglio lamenta la scarsa capacità del direttore nel gestire il personale dell'Aif, alimentando favoritismi e malcontento da parte dei dipendenti, e nel far fronte alle necessità dell'organico. Ciò è evidente se si considera la scarsa coesione all'interno dell'Aif tra il direttore e il personale (denunciata con la lettera riservata del personale già tra-

smessa al segretario di Stato) e la limitatissima presenza del direttore presso l'Autorità. Un atteggiamento di ostracismo è stato manifestato a fronte dell'esigenza di nomina del vicedirettore, nonostante fosse stata individuata una figura altamente qualificata per tale incarico. Fallito ogni tentativo di riconduzione a sé dell'attività delle strutture a esso subordinate, il consiglio ha proposto direttamente agli organi superiori la nomina del vicedirettore: com'è noto la proposta non è stata accolta dalle Superiori Autorità, cosicché perdura la conflittuale situazione organizzativa interna.

In secondo luogo il consiglio direttivo lamenta di essere stato tenuto all'oscuro circa l'attività svolta nell'ambito della gestione dell'Autorità: ricezione e analisi di segnalazioni sospette e dichiarazioni transfrontaliere, rapporti con le autorità interne e di altri paesi, collaborazione internazionale, formazione a favore dei dipendenti, accertamenti di vigilanza, stipula di protocolli d'intesa, predisposizione di archivi informatici, e così via. Né il consiglio direttivo è a conoscenza, se non da notizie stampa, del lavoro di screening sui conti e clienti dello Ior, che verrebbe condotto avvalendosi di una società di consulenza estera, in stretta cooperazione con il direttore dell'Aif. Su conforme avviso dei consiglieri, il presidente dell'Aif ha chiesto formalmente in data 26 novembre 2013 al direttore una approfondita relazione sull'attività svolta, ricevendo il 19 dicembre successivo in risposta poche righe in lingua inglese del tutto insoddisfacenti.

In questo quadro di forte opacità informativa, alimentato dal direttore nei confronti del consiglio direttivo, quest'ultimo non è stato posto nelle condizioni di poter valutare se la gestione delle segnalazioni sospette, concernente l'utilizzo d'informazioni delicate, sia stata condotta nel rispetto delle leggi e dei principi in materia. Spiace inoltre rilevare che, a quanto consta, il direttore non solo non ha utilizzato i programmi informatici già acquisiti in precedenza, ma non ha a tutt'oggi predisposto alcun supporto informatico sostitutivo in grado di fornire un'efficace organizzazione dei dati e delle informazioni disponibili, oltre a un'idonea e necessaria tracciabilità delle pratiche trattate. La stampa ha dato altresì risalto alla posizione di conflitto d'interessi in cui si trova il direttore, *managing partner* di due società private di consulenza finanziaria a Zurigo, che lo costringe, tra l'altro, a limitare il tempo di permanenza in vaticano a 2/3 giorni a settimana.

Infine, in assenza di informazioni, non ha permesso all'Autorità di vigilare sulla gestione delle spese dell'Aif e sull'uso di carte di credito assegnate per finalità istituzionali, nonché sull'attribuzione di compensi per il lavoro straordinario. Per ciò stante il consiglio direttivo reitera il proprio disagio e tutta la sua preoccupazione istituzionale per la deteriorata situazione che si è venuta a creare, esprimendo solidarietà nei confronti del presidente dell'Aif, tenuto sistematicamente all'oscuro dell'attività condotta dal direttore; manifesta inoltre la preoccupazione che l'attuale organico non sia oggettivamente in grado di adempiere alle nuove rilevanti funzioni assegnate dalla legge, sia per il numero esiguo di dipendenti sia per la mancanza di adeguati profili professionali, considerata anche la cessazione dal lavoro dell'unico soggetto in grado di effettuare l'analisi tecnica delle segnalazioni sospette, a cui va aggiunta la carenza di programmi di formazione del personale. Più in generale il consiglio mette in guardia dal rischio, soprattutto reputazionale, che, una volta rafforzato il quadro normativo di riferimento e individuata nell'Aif l'autorità centrale in materia di contrasto al riciclaggio e al finanziamento del terrorismo, non venga data pratica agli standard internazionali normativamente recepiti, con l'ulteriore conseguenza che la Santa sede possa presentarsi inadempiente allorquando nel prossimo futuro i sistemi valutativi internazionali, superato il primo approccio basato sugli assetti normativi, incentreranno le loro verifiche sul principio di effettività della disciplina antiriciclaggio e antiterrorismo.

Nel presentare le soprascritte osservazioni, questo consiglio direttivo considera la situazione creatasi ormai insostenibile e rimette alla segreteria di Stato ogni considerazione e decisione in merito.

Di fronte a questa denuncia, le decisioni della segreteria di Stato non tardano ad arrivare. Ma vanno clamorosamente in direzione opposta. Sempre a gennaio, il cardinale Nicora si ritira dalla presidenza dopo che sui giornali filtra la notizia del doppio ruolo che riveste, all'Aif e alla commissione cardinalizia di vigilanza allo Ior, trovandosi così in formale conflitto d'interessi. Dopo nemmeno cinque mesi, il 5 giugno 2014, tocca al consiglio direttivo, che viene azzerato. I cinque autori delle due missive vengono mandati a casa. Ancora pochi mesi e, a novembre, il quadro è ormai ultimato: proprio Brülhart conquista l'ultimo gradino, promosso a presidente dell'Aif. Al vertice sale anche un giovane ambizioso e determinato. Dopo un periodo come vicedirettore ad interim, diventa direttore Tommaso Di Ruzza, genero dell'ex potente numero uno di Banca d'Italia Antonio Fazio, l'uomo del bacio in fronte a Gianpiero Fiorani nella scalata ad Antonveneta, nel 2005, che in passato, durante Mani pulite, riceveva le confidenze di alcuni dipendenti dello Ior, facendo arrabbiare l'allora presidente Caloia.

Oggi sia Brülhart sia Di Ruzza sono ancora ai loro posti di comando. Nessuna traccia, invece, della vecchia guardia: Nicora è nel frattempo deceduto, Condemi fa il consulente e libero professionista, Dalla Torre ricopre sempre l'incarico di presidente del Tribunale vaticano, De Pasquale è tornato a fare l'avvocato. A cambiare, invece, allo Ior, è il presidente: il barone Von Freyberg, infatti, dopo aver seguito i lavori della commissione d'inchiesta sulla banca voluta da Francesco, a luglio del 2014 è sostituito dall'economista francese Jean-Baptiste de Franssu.

La sua presidenza è segnata subito da parecchie tensioni, un momento che merita di essere raccontato. A ottobre del 2014 un'inchiesta per peculato colpisce uno dei suoi predecessori, ovvero Caloia, insieme al potente ex direttore dello Ior Scaletti. Sono entrambi accusati di aver svenduto, tra il

2001 e il 2008, l'80 per cento del cespite della banca vaticana, tramite professionisti e società compiacenti. Nel mirino finiscono ventinove transazioni immobiliari. Allo Ior vengono sequestrati alcuni conti degli indagati, per complessivi 16 milioni di euro.

Sono passati ormai ben tre anni da quando sono emerse queste notizie e da allora non se n'è saputo più nulla. Nel frattempo, il coimputato Scaletti è deceduto, Caloia protesta la sua innocenza e, a chi gli chiede di rispondere pubblicamente sulla vicenda, replica con un *no comment.* Si confida però con alcuni amici. Si lamenta per l'assenza di processo e di giudizio. Manifesta il suo forte disagio per l'impossibilità di conoscere con precisione le accuse nei suoi confronti.

Non so se Caloia sia colpevole o innocente, mi chiedo solo se, durante questo pontificato della povertà, del perdono e soprattutto della misericordia avviato da papa Francesco, abbia senso lasciare un anziano signore, incensurato, in un purgatorio infinito, senza ascoltare le sue ragioni in seno a un regolare processo. L'assenza di giustizia e verità, con questa accusa che resta come sospesa, oltre a relegare Caloia nel girone deprimente dell'incertezza e dei sospetti, delegittima la stessa giustizia vaticana e provoca una serie di domande. C'è qualcuno che in curia teme questo processo? Si è preoccupati dalla consistenza delle accuse rivolte a Caloia? O, peggio ancora, si considera inopportuno portare l'anziano banchiere alla sbarra perché sarebbe un'azione foriera di contraccolpi proprio da parte dell'uomo che, per ben vent'anni, è stato presidente della banca dei segreti, l'erede diretto di Marcinkus? Questa vicenda non rischia di diventare quella che meglio rappresenta la situazione del Vaticano al tempo di papa Francesco? Davvero questo pontificato può realizzare le riforme mostrandosi al tempo stesso timoroso rispetto a un passato ancora irrisolto?

La vecchia guardia resiste

C'è una risposta a queste domande, ed è scritta nel cuore pulsante di questo papato. Indipendentemente dall'indirizzo pastorale impresso da Francesco – che non è il tema di questo libro – bisogna capire quanto questi cambiamenti siano realmente portati avanti e quanto invece siano solo annunciati. Scegliere nuovi vescovi e cardinali ai posti di comando nei sacri palazzi non è infatti sufficiente per far decollare le riforme. D'altra parte, modificare e introdurre nuove leggi senza cambiare gli uomini chiamati ad applicarle vuol dire lasciare l'opera a metà. Uomini e leggi, dunque, rappresentano lo snodo fondamentale. Poi c'è ancora un altro aspetto, altrettanto importante: la mentalità. Puoi cambiare le leggi, puoi piazzare nuovi uomini nei posti che contano ma, se non agisci sulla mentalità, ogni riforma sarà destinata a rimanere comunque incompiuta. Lo stesso papa Francesco, portando i poveri senza dimora sotto la cappella Sistina,[5] vuole proprio modificare il modo di pensare, fuori e dentro la curia. Ma gli uomini e le leggi sono davvero cambiati? E hanno accelerato i progetti di Bergoglio?

Da quattro anni Francesco ha avviato una riforma strutturale della curia che avrebbe dovuto portare a una nuova Costituzione apostolica. Un documento a cui sta lavorando il C9 – il consiglio dei nove cardinali, provenienti da ogni angolo del mondo, chiamati ad aiutare il papa – ma di cui non c'è ancora traccia. Gli accorpamenti nei dicasteri sono stati portati avanti, diversi regolamenti sono cambiati, ma la mentalità, le eminenze grigie, gli uomini nei posti chiave della curia sono rimasti quelli della vecchia guardia. Molti già si muovevano nei palazzi apostolici occupando ottime posizioni di potere, altri sono rientrati, dopo anni di lontananza, col nuovo vento francescano.

Il primo di questi è il decano del Collegio cardinalizio, il potentissimo Angelo Sodano, ormai quasi novantenne, segretario di Stato ai tempi di Giovanni Paolo II. Questo porporato sembra ricevere grande considerazione da Bergoglio. Come se Francesco lo «temesse». Nei suoi confronti il papa esprime un forte rispetto. Sa che, per mettere in minoranza la dorsale italiana che da anni fa riferimento a Bertone, al cardinale Mauro Piacenza e ad altri, deve coinvolgere la cosiddetta ala diplomatica e un «nemico» storico di Bertone, cioè Sodano. Poco dopo l'elezione di Bergoglio sono arrivate tre nomine fondamentali, dietro espressa indicazione del vecchio porporato astigiano. Sodano è riuscito così ad assicurarsi il posizionamento di alcuni fedelissimi nei gangli chiave dei sacri palazzi. Di chi si tratta? Il primo è di certo Parolin, il nuovo segretario di Stato, successore di Bertone. All'epoca di Sodano, Parolin era già il «viceministro» degli Esteri della Santa sede. Bertone lo spedirà in Venezuela come nunzio apostolico, due anni dopo esser diventato segretario di Stato.

Con Parolin sono stati promossi altri due nunzi apostolici che all'epoca di Wojtyła erano nella «squadra» di Sodano: Beniamino Stella, scelto dal papa come nuovo prefetto della Congregazione per il clero, fine e riservato diplomatico che ha avuto un ruolo fondamentale nella mediazione del pontefice tra Stati Uniti e Cuba, dove è stato nunzio apostolico dal 1992 al 1999; e Lorenzo Baldisseri, segretario del Collegio cardinalizio, voluto da Francesco (e forse anche un po' da Sodano) alla guida della segreteria generale del Sinodo dei vescovi.[6]

All'interno della segreteria di Stato, poco è cambiato: a parte Parolin e il segretario per i rapporti con gli Stati, monsignor Paul Richard Gallagher – una sorta di ministro degli Esteri della Santa sede – molte caselle sono rimaste occupate da uomini della vecchia guardia. È il caso di monsignor Antoine Camilleri, maltese, sottosegretario per i Rapporti con gli Stati, una delle ultimissime nomine di Benedetto XVI prima di lasciare il pontificato, e di Giovanni Angelo Becciu, sostituto per gli Affari generali, focolarino, già uomo di fiducia di Bertone e oggi in attesa di una porpora cardinalizia, che però non arriva: secondo testimonianze autorevoli e interne alla curia, sembrerebbe che, fino a quando ci sarà Francesco, non arriverà. Il papa, infatti, sulla questione, già nel 2015 avrebbe chiesto consiglio a un cardinale, che lo avrebbe convinto a desistere dall'idea di promuovere l'arcivescovo sardo. Certo, come già detto, Becciu è un monsignore di assoluto potere: il solo fatto che ad agosto del 2017 l'incontro riservato tra Francesco e il premier italiano Gentiloni sia avvenuto a casa sua e non in una pertinenza del segretario di Stato Parolin dà la misura di quanto la segreteria sia sbilanciata sulla vecchia guardia, che in pratica continua a guidare la curia romana.

Andando a guardare al vertice di ogni singola congregazione o ufficio, dicastero o istituto, troviamo la mappatura di un tempo, in diversi casi foriera anche di cattiva gestione, scandali e affari opachi. Vale la pena di stilare un elenco – sicuramente incompleto – per averne un'idea più precisa. Ci sono intere congregazioni ancora in mano agli uomini del passato pontificato: è il caso della Congregazione per la dottrina della fede (prefetto, segretario e segretario aggiunto), la Congregazione per le Chiese orientali (prefetto e segretario), la Congregazione delle cause dei santi (prefetto, segretario e sottosegretario) e la Congregazione per i vescovi, dove l'unica nomina di Francesco riguarda il segretario, monsignor Ilson de Jesus Montanari, brasiliano, arrivato a Roma alcuni mesi dopo l'inizio del pontificato. L'arcivescovo pare sia un buon amico del segretario del papa, don Fabián Pedacchio Leániz, officiale della stessa congregazione, che avrebbe fatto pressioni per far arrivare in curia il futuro cardinale (il segretario della Congregazione per i vescovi, storicamente, è destinato a diventare cardinale).

Proseguendo, prima di toccare il fronte economico, c'è da segnalare un'altra figura, assai legata all'ex segretario di Stato Bertone: il fedelissimo cardinale Giuseppe Versaldi. A metà anni Novanta, Versaldi era vicario generale dell'arcidiocesi di Vercelli, quando l'arcivescovo in carica era proprio Bertone. Dopo un periodo come vescovo di Alessandria, nel 2011 Bertone lo chiama a Roma per metterlo, come cardinale, alla guida della Prefettura degli affari economici, la Corte dei conti della Santa sede. Bergoglio ha soppresso quella struttura dopo la nascita della nuova segreteria dell'Economia. Versaldi, anziché esser riassegnato a una diocesi, è stato messo a capo della potentissima Congregazione per l'educazione cattolica, retta per sedici anni dal fedelissimo di Wojtyła, Zenon Grocholewski, e dalla quale dipendono le università cattoliche del mondo. Non è finita: sempre Versaldi, dal 2013 al 2016, è stato delegato pontificio dell'Idi, l'Istituto dermopatico dell'Immacolata di Roma, commissariato insieme alla congregazione religiosa dei Figli dell'Immacolata dopo lo scandalo sugli ammanchi emerso nel 2011.

Altri uomini di Bertone rimasti saldamente al loro posto sono il presidente del Governatorato, cardinale Giuseppe Bertello, diplomatico di razza che fu chiamato dal porporato salesiano a occupare la casella rimasta vuota dopo il pensionamento del cardinale Giovanni Lajolo e lo scandalo innescato dalle lettere di monsignor Viganò. Nel 2013 Bertello sembrava essere sulla rampa di lancio per sostituire Bertone in segreteria di Stato; alla fine l'unica conquista per lui è stata quella di ottenere un seggio all'interno del C9. Il porporato è critico verso alcune scelte di Francesco, in particolare pare che non abbia gradito la nomina di monsignor Dario Edoardo Viganò alla segreteria per la Comunicazione, per precedenti dissapori.

C'è a seguire il vescovo Giuseppe Sciacca. L'alto prelato siciliano fu sponsorizzato dal cardinale Bertone, che gli consegnò le chiavi della cassaforte del Governatorato dopo la cacciata di Viganò, nominandolo segretario generale. Poco prima delle dimissioni di Benedetto XVI, Bertone è riuscito a far nominare Sciacca uditore generale della Camera apostolica, l'organismo, formato dal camerlengo e dal vicecamerlengo, che si riunisce per amministrare la Chiesa dopo la morte del papa o nel caso di dimissioni. Soltanto cinque mesi dopo l'arrivo di Francesco, Sciacca viene spostato e per lui viene creato un nuovo incarico: quello di segretario aggiunto del Supremo tribunale della Segnatura apostolica. Ottiene inoltre l'incarico di consultore della Congregazione per la dottrina della fede. Un ruolo insomma «innocuo», se non fosse che, il primo settembre 2016, Francesco lo promuove segretario del Supremo tribunale, riconsegnandogli in mano un pezzo di potere della curia romana.

C'è poi il cardinale milanese Francesco Coccopalmerio, ancora alla guida del Pontificio consiglio per i testi legislativi: il suo fedelissimo monsignor Luigi Mistò (uomo vicino al cardinale Carlo Maria Martini), dopo esser stato per anni all'Apsa, è stato piazzato alla segreteria dell'Economia, nominato nel 2015 segretario della sezione amministrativa. Oltre a questo incarico, Mistò ha ottenuto la presidenza del Fondo di assistenza sanitaria e la guida della Commissione, voluta da papa Francesco, che sovrintende le strutture sanitarie della Chiesa cattolica. Una piccola nota: sempre all'interno di tale commissione c'è un fedelissimo del cardinale Coccopalmerio. Si tratta di Vladi Lumina, braccio destro del porporato milanese e consulente definito dal Vaticano «esperto nel settore patrimoniale».

Anche il potere che si annida nei gangli economici della Santa sede è in buona parte ancora in mano alla vecchia guardia: a parte Brülhart e Mistò, a capo dell'Apsa – il dicastero delegato all'amministrazione del patrimonio, in pratica la banca centrale del Vaticano, che gestisce tutti i beni mobili e immobili della Santa sede e che batte moneta – Francesco ha confermato il cardinale Domenico Calcagno, bertoniano di ferro, arrivato nel 2007 in curia per volere di Bertone, prima come segretario e poi, dal 2011, come presidente del dicastero. Calcagno, amante delle armi,[7] nonostante sia un uomo di punta di Bertone, nonostante dal 2016 sia indagato per concorso in malversazione, nonostante qualche ombra legata ai casi di pedofilia nella diocesi di Savona che lui avrebbe coperto quando era vescovo della città, è entrato comunque nel cuore di Francesco, che si dice lo incontri a cena una volta a settimana.

Il ranger e le nomine sbagliate

La segreteria per l'Economia ha patito per gli scandali che hanno chiamato in causa il suo prefetto fin dagli esordi della sua breve esistenza: il cardinale George Pell, colpito prima dalle spese pazze che effettuava[8] e poi dalle accuse di aver coperto pedofili in Australia. Una situazione divenuta sempre meno gestibile, fino a quando, nel giugno del 2017, è arrivata l'incriminazione di Pell per gravi reati sessuali, che ha spinto il vescovo arrivato da Sydney per moralizzare la curia corrotta a compiere un passo indietro.[9] La sua posizione è come «congelata», in attesa degli esiti giudiziari. Dietro la foglia di fico di un pruriginoso garantismo, la scelta dovrebbe nascondere una motivazione più complessa. Non gli sono state chieste le dimissioni perché ciò avrebbe in qualche modo avallato le accuse e, soprattutto, ipotecato la quantomeno azzardata decisione di Francesco di averlo come braccio destro agli inizi del suo pontificato. Tantomeno lui si è dimesso.[10]

Il Vaticano ignora le accuse, papa Francesco difende Pell, che però, anziché esser grato a Bergoglio, critica durante il Sinodo la posizione del pontefice e successivamente in più occasioni private l'esortazione apostolica *Amoris laetitia* (è nota l'appartenenza di Pell alle frange più tradizionaliste della Chiesa cattolica). Addirittura quando Pell compie settantacinque anni (l'8 giugno 2016) e presenta al papa le dimissioni dall'incarico per raggiunti limiti di età, Francesco non le accoglie, le tiene ferme sulla scrivania. Un cardinale amico di Francesco commenta: «Il papa non vuole accogliere adesso le dimissioni di Pell, altrimenti dovrebbe rimandarlo subito in Australia e lì finirebbe di certo male. Francesco vuole prima capire come si concludono le indagini per le accuse di pedofilia».

C'è però da chiedersi come mai nessuno abbia segnalato in tempo a Bergoglio la reale gravità della situazione di Pell, perché sono rimaste inascoltate sia le inchieste giudiziarie condotte in Australia, sia quelle giornalistiche pubblicate anche in Italia dal giornalista Emiliano Fittipaldi su «l'Espresso», che avrebbero reso inopportuna la sua nomina alla guida del dicastero che doveva accorpare tutte le attività economiche della Santa sede.[11] Come sempre, la risposta più semplice, in linea con il machiavellico stile curiale, è forse quella che più si avvicina al vero: facendo nominare al vertice della segreteria per l'Economia un cardinale oggetto d'indagini giudiziarie, di mano larga nelle spese, quindi indubbiamente debole, si uccideva in culla il progetto di Bergoglio di unificare tutti i dicasteri economici facendoli gravitare sotto la segreteria per l'Economia. Un progetto fortemente osteggiato dal gruppo di potere bertoniano che – come abbiamo visto – ancora oggi controlla ampi settori economici della curia, e che di certo non intendeva e non intende arretrare.

Da sei anni Calcagno è in sella, avendo resistito per mesi ai tentativi di Pell di prendere in mano la gestione degli immobili del Vaticano. Il porporato piemontese è riuscito a ottenere dal papa un *rescriptum* per riavere in mano la gestione totale del patrimonio, ancor prima che il «ranger australiano» cadesse in disgrazia.[12] Così la riforma di Francesco – l'istituzione di un'unica entità economica, separata dalla segreteria di Stato – si è via via ridotta nelle ambizioni, visto il fronte di fuoco non solo di Calcagno ma anche degli altri bertoniani che hanno mosso ogni leva contro l'idea che la segreteria per l'Economia accentrasse i poteri economici nelle sue mani.[13] Di conseguenza, anche le riforme finanziarie ed economiche studiate e avviate all'inizio del papato hanno determinato risultati a dir poco controversi.

Né si può trascurare un altro aspetto: quando Francesco sbaglia nelle sue nomine, magari perché precedentemente mal consigliato, si espone, e il suo pontificato s'indebolisce, dando ossigeno ai vecchi poteri. È possibile ritenere che qualche volta chi lo deve informare non gli offra tutti i dati indispensabili per una scelta in coscienza, ben consapevole di indurre all'errore il pontefice, per approfittarne in futuro.

Una delle accuse più frequenti rivolte a Francesco è proprio quella di non saper scegliere i propri collaboratori. Molte delle nomine fatte da Bergoglio sono criticate per vari motivi. In alcuni casi il papa le difende, in altri casi ammette di aver commesso un errore. Ma la maggior parte delle volte non vuol sentire ragioni.

La prima critica gli venne mossa nel 2013, quando Francesco decise di nominare come prelato dello Ior monsignor Battista Ricca, sacerdote che il papa conosce bene in quanto direttore delle case di ospitalità del Vaticano.[14] L'accusa nei confronti di Ricca è partita dalle colonne de «l'Espresso»: «Ricca ha trascorsi omosessuali». Il papa viene bersagliato di critiche. Quando, sul volo di ritorno da Rio de Janeiro, gli chiedono chiaramente cosa intenda fare, lui chiude la questione: «Ho fatto quello che il diritto canonico manda a fare, che è la *investigatio previa.* E da quella *investigatio* non c'è niente di quello di cui lo accusano, non abbiamo trovato niente di quello. Questa è la risposta».

Altra nomina sbagliata fatta dal papa è quella di Francesca Immacolata Chaouqui, membro di Cosea, la Commissione referente di studio e di indirizzo sull'organizzazione della struttura economico-amministrativa della Santa sede, condannata a dieci mesi di reclusione nel processo per la diffusione di documenti riservati. Sul caso Chaouqui il papa, interpellato più volte alcuni giorni dopo la nomina, persino da alti prelati della segreteria di Stato, ha rispedito al mittente ogni critica.

Dopo il cosiddetto scandalo Vatileaks 2, al contrario di quanto successo con Ricca, Francesco ha ammesso lo sbaglio: «È stato fatto un errore! [...] Vallejo Balda [presidente di Cosea, *nda*] è entrato per la carica che aveva e che ha avuto fino adesso, era segretario della Prefettura degli affari economici. E poi... come è entrata lei? Non sono sicuro ma credo di non sbagliare se dico, ma non sono sicuro, che è stato lui a presentarla come una che conosceva il mondo dei rapporti commerciali... E hanno lavorato, quando è finito il lavoro, i membri di quella commissione che si chiamava Cosea sono rimasti in alcuni posti in Vaticano... Vallejo Balda... e la signora Chaouqui non è rimasta in Vaticano perché è entrata per la commissione e poi non è rimasta. E poi mi dicono che si è arrabbiata per questo...». Oltre a queste nomine finite al centro delle cronache, ce ne sono altre che vengono criticate dall'interno e dall'esterno, e di cui non si parla molto.

Una è quella del cardinale Parolin. Già nel 2013, subito dopo l'annuncio della nomina, c'erano stati mugugni, soprattutto da parte dei cardinali più progressisti, che vedevano in Parolin una diretta emanazione di Sodano, vecchio e potentissimo signore della curia. L'accusa principale mossa al nuovo segretario di Stato è che sia troppo timido e poco deciso, stile non proprio consono al suo ruolo. Per molti la sua strategia consiste principalmente nel defilarsi quando si presentano situazioni imbarazzanti o complicate. Seppur sia riconosciuto essere un fine diplomatico, è considerato un soggetto troppo fragile. Forse proprio per questo motivo Francesco l'ha scelto, per poter gestire in prima persona tutte le questioni di politica internazionale, lasciando d'altro lato spazio in segreteria di Stato a figure come quella di Becciu.[15]

Mentre Bertone, pur non essendo affatto un diplomatico, riusciva a mantenere il controllo della curia e delle relazioni internazionali, avendo carta bianca da Benedetto XVI, oggi la situazione si è ribaltata, con un pontefice decisionista e forte, e un segretario debole, che si limita a eseguire le richieste del papa. Tra l'altro Parolin patisce la frequenza dei viaggi papali, che non gli permettono di poter svolgere il lavoro d'ufficio come vorrebbe. Da buon burocrate qual è, infatti, critica spesso i metodi poco ortodossi dei cardinali che, scavalcando la segreteria di Stato, accedono direttamente alla stanza del papa, stringendo accordi diretti con lui e lasciando «i burocrati di curia» spesso all'oscuro di tutto.

Accettando l'incarico di primo collaboratore del papa, Parolin ha avanzato la richiesta di poter formare una sua squadra. Ma questo, nei fatti, non si è mai realizzato in pieno. Ha avuto la possibilità di scegliere il segretario per i Rapporti con gli Stati, monsignor Paul Richard Gallagher, che ha sostituito il neocardinale Dominique Mamberti, spedito come prefetto alla Segnatura apostolica, il Supremo tribunale della Santa sede, al posto dell'americano Raymond Leo Burke. Ma non ha scelto il sottosegretario per i Rapporti con gli Stati, in carica dai tempi di Benedetto XVI, monsignor Antoine Camilleri. Non ha scelto nemmeno il sostituto, che dovrebbe essere il suo primo collaboratore. Nel giugno del 2016, alla scadenza del mandato di Becciu, Parolin sperava di poter finalmente designare un suo uomo di fiducia (si faceva il nome di monsignor Giambattista Diquattro, attuale nunzio apostolico in India e Nepal), ma il papa, il primo giugno 2016, aveva già inviato una lettera all'arcivescovo sardo, scritta di proprio pugno, nella quale lo ringraziava per il lavoro svolto, prorogandogli di altri cinque anni l'incarico. Una tegola sulla testa di Parolin, e anche su quella di Becciu, che sperava di spiccare il volo con un nuovo incarico all'interno del Collegio cardinalizio. Quella tra Becciu e Parolin è insomma una convivenza forzata, con punzecchiature e frecciate a distanza. In mezzo, il papa a fare da paciere. Parolin e Becciu non si amano. All'interno della segreteria di Stato i loro ruoli si sono pian piano separati. Con Bertone tutto passava attraverso il segretario di Stato, anche i rapporti con la politica, scatenando le ire di Angelo Bagnasco, all'epoca presidente della Conferenza episcopale italiana (Cei). Oggi Parolin si occupa principalmente delle questioni che riguardano l'Asia (è specializzato sull'argomento), per possibili passi in avanti nel miglioramento delle relazioni con Vietnam, Cina e Russia; a lui spettano anche i dossier sul Sudamerica.

Becciu invece segue principalmente le questioni interne del Vaticano e dei rapporti con lo Stato italiano.

In questa complicata geometria del potere, ogni tanto cade qualche testa senza che ne siano ufficializzate le ragioni, il che rende ancora più evidenti i due limiti di questo pontificato: l'assenza di un significativo ricambio in curia e nomine o rimozioni poco chiare e che si rivelano poi azzardate o sbagliate. È il caso recente di Libero Milone, italiano dal prestigioso profilo internazionale, scelto nell'autunno del 2015 come revisore generale dei conti dello Stato. Si tratta indubbiamente di una figura di alto profilo, proveniente dal colosso Deloitte, ancora oggi apprezzato dagli ex colleghi. Ben considerato da tutti i nove cardinali del C9, a fine giugno del 2017 è stato licenziato con tre anni di anticipo e senza che il Vaticano ne spiegasse le ragioni. È stata la Gendarmeria a chiedergli di fare un passo indietro, secondo quanto denunciato dallo stesso Milone in alcune interviste rese nel settembre del 2017.[16] In queste, Milone accusa il Vaticano di non averlo fatto lavorare e di aver cercato di delegittimarlo. Parole che hanno suscitato la reazione della Santa sede, che ha motivato il licenziamento imputando a Milone attività di dossieraggio su esponenti della curia, a iniziare da monsignor Becciu. Un'ipotesi inverosimile, vista l'alta reputazione di cui gode Milone nel mondo finanziario. «È uno psicodramma che si ripete» commentano alcuni in Vaticano. Questa vicenda, mentre il libro va in stampa, sembra solo agli inizi, foriera di ulteriori sviluppi.

Un altro caso analogo ha riguardato il custode dell'ortodossia, Gerhard Ludwig Müller, conservatore critico di Bergoglio. Non gli è stato rinnovato l'incarico dopo i tradizionali cinque anni, ed è stato sostituito dal gesuita spagnolo Luis Francisco Ladaria Ferrer, lambito appena qualche mese prima dall'ombra di non avere denunciato in passato un sacerdote pedofilo.

Tutte vicende, queste, che denunciano un unico fatto: la spinta riformista di questo pontificato ha avuto poche risorse, scarso ossigeno per crescere, formarsi e portare a termine i tanti progetti che erano stati messi in cantiere, almeno sulla carta, nei primi sei mesi. All'epoca sembrava di vivere la «primavera» della curia, con tanti progetti per un nuovo modello di governo dello Stato, figlio di una spinta riformista. Questo non è avvenuto. La vecchia guardia è arretrata, ha compiuto qualche passo indietro, ma solo in apparenza, per ricompattarsi rapidamente, forte del fatto che certe leve del potere sono rimaste in salde mani amiche. Francesco, imbattibile sia nella capacità di attrarre consenso, sia nelle mosse essenziali per ridare centralità alle scelte geopolitiche, in curia perde caratura e forza.

Due fili rossi, quello del sangue e quello dei soldi, si intrecciano, rallentando o addirittura soffocando le riforme, annodando misteri e scandali mai svelati in una trama che tormenta ogni pontificato. A questi due fili bisogna però aggiungerne un terzo, quello del sesso, delle umane debolezze e dei desideri più ignobili che non solo condizionano la vita di alcuni pastori, ma arrivano a pilotarne le scelte.

---

1 La commissione era formata da cinque porporati e aveva l'incarico di nominare il presidente dello Ior su indicazione del pontefice. Oltre a Bertone, la componevano i cardinali Telesphore Placidus Toppo, Odilo Pedro Scherer, Jean-Louis Tauran e Attilio Nicora. Soprattutto quest'ultimo era contrario alla sfiducia nei confronti di Gotti Tedeschi.

2 Lo scandalo dell'Idi, l'ospedale dermatologico di Roma, fiore all'occhiello della sanità cattolica e gestito dalla potente congregazione dei Figli dell'Immacolata, scoppiò nel 2011, quando emerse un buco di quasi un miliardo di euro nei bilanci: la procura della capitale accertò

che un manipolo di manager aveva fatto sparire consistenti contributi ricevuti dalla Regione Lazio. Il processo è ancora in corso.

3 Non bisogna dimenticare che proprio Profiti nel maggio del 2008 finì sette giorni agli arresti domiciliari per turbativa d'asta in relazione alle gare d'appalto per le forniture alle mense della Asl 2 di Savona, nel cosiddetto scandalo di Mensopoli, reato che, secondo la procura, avrebbe consumato da direttore generale delle risorse umane e finanziarie della Regione Liguria. Profiti venne condannato per turbativa d'asta a sei mesi di reclusione in primo grado e in appello, ma nell'aprile del 2013 la Cassazione assolse definitivamente il manager.

4 È proprio questa, tra l'altro, la gestione strategica che caratterizza la segreteria di Stato dell'epoca, con personaggi come Wells, Balestrero o Becciu, che crescono grazie agli incarichi di grande responsabilità che ricevono da Bertone. Becciu, in particolare, dotato di particolare intelligenza, seppur sbrigativo e rozzo nei modi, ha una visione d'insieme, studia a fondo i problemi, crescendo di potere in curia. C'è addirittura chi ritiene che non fosse tanto Bertone il *decision maker* quanto proprio Becciu, che vantava una spiccata capacità relazionale, come provavano i buoni rapporti costruiti prima con monsignor Gianfranco Piovano e poi con monsignor Alberto Perlasca, alla guida della sezione amministrativa della segreteria di Stato.

5 Il 26 marzo 2015 l'Elemosineria apostolica, guidata dall'arcivescovo Konrad Krajewski, organizzò una visita alla cappella Sistina e ai Musei vaticani per centocinquanta senzatetto.

6 A tal proposito il papa, nella sua prima intervista, rilasciata ad Antonio Spadaro de «La Civiltà Cattolica» il 19 agosto 2013, parlando del sinodo aveva lamentato una staticità di impegno e di prospettive. Si veda il link: http://w2.vatican.va/content/francesco/it/speeches/2013/september/documents/papa-francesco_20130921_intervista-spadaro.html.

7 Calcagno custodiva in casa una vera e propria armeria tra carabine di precisione, fucili a pompa e d'assalto, tanto da meritare il nomignolo di «monsignor Rambo».

8 Nel libro *Avarizia* (Feltrinelli 2015) di Emiliano Fittipaldi si trovano le note spese del cardinale. In pochi mesi, dal luglio del 2014 all'inizio del 2015, i rimborsi avevano raggiunto oltre mezzo milione di euro. In particolare nell'elenco si evidenziano diversi acquisti quantomeno singolari: un sottolavello da 4600 euro, 7292 euro di tappezzeria,

47.000 euro per mobili e armadi, lavoretti vari da 33.000 euro. Non mancano gli acquisti effettuati alla sartoria Gammarelli, che veste la curia, per abiti da 2508 euro.

9 Fino a poco tempo prima, Pell aveva lasciato carta bianca al suo braccio destro australiano Danny Casey, *business manager* dell'arcidiocesi di Sydney, oggi rientrato in Australia.

10 Pell, già sotto il pontificato di Benedetto XVI, spingeva per avere un posto in curia: nel 2010 aveva chiesto apertamente a Bertone di poter essere nominato prefetto della Congregazione per i vescovi. Nomina sfumata all'ultimo minuto per lasciare posto al canadese Marc Ouellet. Pare che già allora il piano di Pell fosse di allontanarsi il più possibile dall'Australia, dove i problemi legati ai casi di pedofilia lo stavano per travolgere. Con Francesco riesce nell'impresa e finalmente ottiene un posto in curia, ignaro però del fatto che tra il 2015 e il 2016 si sarebbe scatenato un uragano sulla sua figura. La guerra interna esplode già nel giugno del 2015, quando un membro della Commissione per la protezione dei minori del Vaticano, Peter Saunders, oggi sospeso dall'incarico, in un'intervista tv all'emittente australiana Channel Nine dichiara: «Pell si sta prendendo gioco della commissione papale, del papa, ma soprattutto di tutte le vittime e per questo dovrebbe essere messo da parte e fatto tornare in Australia».

11 Già nel marzo del 2016 Pell aveva testimoniato in videocollegamento da Roma davanti alla Commissione reale sulle risposte istituzionali agli abusi sessuali sui minori e aveva ammesso che «avrebbe dovuto fare di più» nei confronti di Edward Dolan, dopo che nel 1974 uno studente del St. Patrick's College lo aveva avvertito che il sacerdote si comportava male con i ragazzi. Ma «lo disse in una conversazione, casualmente, non mi chiese di fare qualcosa... Supposi che fosse tecnicamente una lamentela» si difese Pell. In base alle indagini almeno cinque preti pedofili erano a Ballarat, città nativa di Pell, negli anni Settanta, al tempo in cui lui era viceparroco e tra i consulenti del vescovo. Pell in passato ha parlato anche di Gerald Ridsdale, arrestato nel 1993 dopo decenni di crimini, spretato e in galera per aver abusato di cinquantaquattro bambini mentre veniva spostato da una parrocchia all'altra. «Ricordo di aver sbagliato completamente, mi pento delle parole scelte. Ero molto turbato, ho risposto male» disse Pell quando alla domanda sul perché avesse accompagnato

Ridsdale alla prima udienza del processo rispose che era suo «dovere di cristiano».

12 Negli annali vaticani è entrata l'indiscrezione su una riunione tra i vertici dell'Apsa e della segreteria per l'Economia, avvenuta nei primi mesi del 2016, in cui Calcagno è stato praticamente aggredito da Pell che, urlando e battendo i pugni sul tavolo, ha detto: «Voi dovete fare quello che dico io, dovete passare da me». Da parte sua, Calcagno è rimasto in silenzio e non ha replicato.

13 Prelato segretario generale, ovvero assistente del prefetto, alla segreteria per l'Economia è un altro pezzo da novanta che arriva direttamente dall'era ratzingeriana: l'ex secondo segretario di Benedetto XVI, monsignor Alfred Xuereb. Il monsignore maltese per un certo periodo era stato anche primo segretario di Francesco ma, subito dopo l'arrivo di don Fabián Pedacchio, anziché essere nominato vescovo e rimandato a Malta (come succedeva in genere in questi casi fino a poco tempo fa), è stato spostato ai vertici dell'ente economico. Xuereb è un uomo discreto che però non si è mai occupato di temi economici: teologo ed esperto di liturgia, ha sempre svolto ruoli di segreteria o quasi.

14 A Ricca è affidata la gestione di diverse dimore: dalla Domus Romana Sacerdotalis alla Domus Paulus VI, fino alla Domus Sanctae Marthae, dove alloggia il papa.

15 Altra nomina che suscita critiche nei sacri palazzi è certamente quella del segretario generale del Governatorato, monsignor Fernando Vérgez Alzaga, uomo dei Legionari di Cristo ed ex segretario del potente cardinale argentino Eduardo Francisco Pironio, buon amico di Bergoglio. Vérgez era anche un buon amico del cardinale Antonio Quarracino, l'arcivescovo di Buenos Aires che chiamò il giovane gesuita Bergoglio come suo vescovo ausiliare. Insomma una nomina personalissima del papa. Peccato che Vérgez sia accusato oggi di essere un abile «temporeggiatore»: tutti coloro che vanno da lui, ottenendo udienza, per lamentare qualche malfunzionamento all'interno della Città del Vaticano, non ottengono mai alcuna risposta. «È come stare di fronte a un muro» dicono. «Esponi il problema, lui ti guarda e non dice nulla, annuisce con la testa, non prende alcuna decisione e poi ti congeda.»

16 Si veda anche Massimo Franco, *Libero Milone: «Volevano arrestarmi. La mia verità sull'addio al Vaticano»*, «Corriere della Sera», 24 settembre 2017.

Terza parte
Sesso

I chierichetti del papa

Una lettera segreta in mano a Francesco

Mercoledì 24 maggio 2017, di prima mattina, subito dopo le preghiere nella suite 201 della Residenza di Santa Marta dove vive dal giorno della sua elezione, papa Francesco guarda un'ultima volta l'orologio prima di raggiungere il palazzo apostolico. Alle 8.30, nella sala della Biblioteca dell'appartamento pontificio, incontrerà il presidente degli Stati Uniti Donald Trump. È in discreto anticipo e può approfittarne per riflettere ancora su come affrontare le spinose questioni in agenda: armi, clima e flussi migratori sono le più probabili. Tra i suoi stretti collaboratori, sacerdoti e monsignori, c'è invece chi riflette ancora sull'omelia che Francesco ha pronunciato il giorno prima, durante la consueta messa nella cappella della residenza: «Il cattivo spirito – ha sottolineato – preferisce una Chiesa tranquilla, senza rischi, una Chiesa degli affari, una Chiesa comoda, nella comodità del tepore, tiepida. [...] Quando la Chiesa è tiepida, tranquilla, tutta organizzata, non ci sono problemi. Guardate dove ci sono gli affari».

L'incontro con il presidente Usa durerà dalle 8.32 alle 9.01, in tutto ventinove minuti. Quasi la metà rispetto ai cinquantadue che nel 2014 il pontefice accordò a Barack Obama. Ma

Trump e Bergoglio sono troppo diversi per derogare al protocollo che fissa tra i venti e i trenta minuti il tempo che il papa dedica a un capo di Stato in visita ufficiale. Senza dimenticare che alle 9.30 Francesco dovrà raggiungere piazza San Pietro, che già si è riempita di fedeli per l'udienza generale.

Ad alcuni sacerdoti del suo seguito torna in mente anche un altro passaggio dell'omelia del giorno prima. Un punto delicato in cui Francesco ha criticato la Chiesa quando allontana chi svela ciò che in essa non funziona: «Quando qualcuno denuncia tanti modi di mondanità è guardato con occhi storti, questo non va. [...] Una Chiesa senza martiri dà sfiducia; una Chiesa che non rischia dà sfiducia; una Chiesa che ha paura di cacciare via i demoni, gli idoli, l'altro signore, che è il denaro, non è la Chiesa di Gesù».

A solo un giorno da quell'omelia, di lì a qualche minuto, le sue parole si concretizzeranno in un episodio inatteso.

Sia i capi di Stato che vogliono incontrare il papa sia i pellegrini che desiderano partecipare all'udienza generale devono inoltrare richiesta alla Prefettura della casa pontificia retta dall'arcivescovo Georg Gänswein, storico segretario personale di Benedetto XVI. Così aveva fatto lo staff di Trump per l'appuntamento di quella mattina nella sala della Biblioteca; la stessa procedura aveva seguito un giovane romano per partecipare all'udienza generale. Chiameremo quest'ultimo con il nome di fantasia di Marco, una scelta a sua tutela, perché eviti pressioni, essendo lui testimone di fatti che potrebbero rivestire rilevanza penale.

Il giovane, che dopo aver studiato in seminario aveva preferito dedicarsi da laico all'insegnamento della religione cattolica, in realtà aveva un piano più ambizioso. Per attuarlo si era mosso con scrupolo e attenzione. Innanzitutto aveva chiesto due biglietti d'accesso all'udienza generale del mercoledì, in modo da poter avvicinare il papa: è previsto infatti che i fedeli ammessi all'udienza possano rivolgere un breve saluto al pontefice, baciargli la mano e porgergli un dono che il papa accetta e affida ai suoi assistenti.

Ottenuti i due biglietti per accedere al sagrato destro, uno per sé e uno per la donna che lo accompagnava, il giovane insegnante di religione aveva quindi trascritto in bella copia una lunga e dettagliata lettera di denuncia indirizzata al santo padre sull'incredibile storia che scopriremo tra poco, indicando i propri recapiti e firmandola. Rimaneva da superare lo scoglio più impervio: riuscire ad attirare l'attenzione di Bergoglio, ottenere la sua fiducia in modo che, al momento del saluto, non consegnasse la lettera agli assistenti ma la custodisse per leggerla poi in privato. In caso contrario sarebbe finita nell'ordinaria corrispondenza e non sarebbe stata letta dal pontefice bensì da qualcun altro, con il rischio concreto che il papa non ne avrebbe mai conosciuto il contenuto.

Per questo quella mattina Marco era stato tra i primi ad accedere al sagrato destro di piazza San Pietro, conquistando un posto in prima fila, a ridosso della transenna bianca che conteneva il pubblico. Quando il papa sarebbe passato da lì, Marco avrebbe avuto pochi secondi per attirare la sua attenzione, distinguendosi dalla pletora di pellegrini che accanto a lui lo avrebbero sommerso di doni, complimenti e invocazioni.

Quando il papa fu abbastanza vicino alla transenna, il maestro si sporse fino ad avvicinarsi all'orecchio del santo padre e parlò scandendo bene le parole, in modo che al papa argentino non sfuggisse nulla. Non sappiamo cosa i due si siano detti ma spulciando tra le migliaia di scatti che i fotografi dell'«Osservatore Romano» hanno realizzato in quell'occasione troviamo oltre cento foto che ritraggono i pochi minuti di quell'incontro.[1] Da quegli scatti emergono due particolari importanti: lo sguardo cupo e severo del papa quando ascolta il giovane insegnante di religione e il passaggio della lettera dalle mani di quest'ultimo a quelle di Bergoglio. Dalle immagini successive non sembra che la missiva sia stata poi consegnata agli assistenti. È quindi probabile che Bergoglio abbia riposto quel documento nella cinta della talare. La missione di Marco poteva dirsi, almeno per il momento, conclusa.

Con quella lettera aveva voluto far conoscere a papa Francesco, e solo a lui direttamente, una vicenda di abusi sessuali, violenze e atti di intimidazione che si sarebbe consumata nell'unica comunità di bambini e adolescenti presente all'interno delle mura leonine.

Si tratta del preseminario San Pio X, che ha sede a palazzo San Carlo, lo stesso in cui vivono diversi importanti cardinali e, all'ultimo piano, l'ex segretario di Stato Bertone. Qui le diocesi indirizzano i bambini della scuola media che manifestano una predisposizione per il sacerdozio. Una volta ammessi, gli allievi frequentano una scuola privata parificata nel cuore di Roma, vivono nel collegio vaticano e partecipano come chierichetti alle funzioni religiose nella basilica di San Pietro. In estate vengono affiancati durante le funzioni da altri bambini di quinta elementare e prima media che in autunno, se avranno superato il periodo di prova, potranno accedere a loro volta al preseminario. A frequentarlo sono dunque i chierichetti del papa, quelli che si vedono nelle più importanti funzioni religiose. Si può solo provare a immaginare quanto la sensibilità e l'immaginazione di un bambino o di un adolescente possano rimanere colpite dalla bellezza di San Pietro, dalla piazza gremita di pellegrini, dallo stare a pochi passi dal pontefice.

Purtroppo proprio in quell'istituto sarebbero accaduti i fatti poco chiari che Marco aveva cercato di riferire al papa, nel tentativo di portare alla luce una storia drammatica, ancora tutta da scrivere.

A raccontarla per primo era stato un ex studente del preseminario, il polacco Kamil Tadeusz Jarzembowski, che subito dopo esser stato testimone di fatti inquietanti e sorprendenti, già nel giugno del 2014 aveva inoltrato vari esposti a diverse autorità ecclesiali, di cui riportiamo di seguito alcuni stralci. I fatti narrati nelle prossime pagine sono stati oggetto di plurimi esposti anche da parte di altri soggetti informati, a riprova della loro veridicità. Spetterà poi agli organi competenti valutare le eventuali responsabilità delle persone chiamate in causa, e chiarire se si tratta di una pessima pagina nella storia della curia o di atti privi di rilevanza penale. I nomi della vittima e del carnefice, pur comparendo per esteso nelle denunce, sono qui sostituiti da altri di fantasia, a tutela di entrambi, finché i fatti non saranno chiariti.

Kamil era entrato al San Pio X a tredici anni, e vi è rimasto fino a pochissimi anni fa. Denuncia in uno degli esposti:

> A settembre del primo anno di frequenza, cioè al mio rientro in Vaticano dopo le vacanze estive, il rettore mi assegnò una stanza dormitorio da dividere con Paolo, anch'egli alunno del preseminario. Nel corso dell'anno scolastico, e più precisamente dalla fine del mese di settembre fino all'inizio del mese di giugno, sono stato testimone di atti sessuali che Antonio esigeva da Paolo, atti sessuali che si compivano nonostante la mia presenza. Gli atti venivano svolti sempre di sera, intorno alle ventitré. Dopo che tutti gli altri alunni si erano coricati, Antonio accedeva nella stanza dormitorio condivisa da me e Paolo. Qui avvenivano rapporti di sesso orale, mentre alcune volte i due si recavano insieme in un'altra stanza per proseguire il rapporto. Antonio aveva libero accesso al presemina-

rio, era particolarmente benvoluto da diversi monsignori, esercitando una certa influenza su noi allievi. Antonio poteva godere di forti e particolari rapporti di fiducia che gli consentivano, pur non avendo incarichi ufficiali nell'istituzione, di muoversi con potere nel preseminario. Questo garantiva la possibilità di esercitare una forma di potere e di intimidazione nei più giovani seminaristi (che si sentivano di fatto a lui subalterni). È questa la ragione per cui Paolo si sentiva obbligato a cedere alle sue richieste, le quali infatti sottendevano un sottile e inespresso ricatto: in caso di resistenza alle richieste, il mio amico studente avrebbe potuto avere dei problemi con i superiori o sarebbe stato «punito» con l'assegnazione di un ruolo più marginale nello svolgimento del servizio liturgico, soprattutto in occasione delle celebrazioni pontificie.
Le stesse preoccupazioni erano alla base del mio imbarazzo e della mia paura a denunciare apertamente i fatti dei quali ero testimone. Una mia presa di posizione diretta ed esplicita avrebbe infatti determinato il mio allontanamento dal seminario, essendo io consapevole del fatto che Antonio godeva di una speciale protezione da parte della gerarchia. La crescente angoscia di fronte al ripetersi degli avvenimenti sopra ricordati, unita alla paura di essere allontanato, mi indussero comunque a confidare le mie preoccupazioni e il mio sconcerto al mio direttore spirituale (e direttore spirituale dell'intero seminario), don Marco.

Di fronte a questa situazione di vessazioni e abusi, Kamil Jarzembowski aveva cercato una strada perché le autorità superiori potessero prendere provvedimenti e sanare il preseminario da una situazione ormai divenuta intollerabile. La reazione fu però sorprendente: nessuno sembrava prendere a cuore la vicenda. Ma il seminarista non si perse d'animo:

Questi [il direttore spirituale don Marco, *nda*], senza indicare il mio nome, su mia esplicita richiesta riferì gli avvenimenti in questione al vescovo responsabile e ai superiori gerarchici. Questa comunicazione non sortì nessun effetto e cadde nel vuoto. Afflitto da una preoccupazione ancora maggiore e da un profondo senso di solitudine, denunciai questi fatti al vicario di Sua santità per il Vaticano, cardinale Angelo Comastri, il quale, dopo avermi ricevuto presso il suo ufficio, mi disse che avrebbe informato dei fatti il vescovo, che egli riteneva competente rispetto ai fatti medesimi. Di fronte a questa scelta io rimasi perplesso, dal momento che mi aspettavo un suo intervento diretto, esercitando il cardinale Comastri il ruolo di ordinario della diocesi nella quale si stavano svolgendo i fatti denunciati. Comastri non prese nessun'altra iniziativa dopo la sua decisione di rimettere ad altra autorità il caso in questione. Del resto nessuno prese iniziative. Di fronte al silenzio perdurante e all'indifferenza delle persone che ritenevo doveroso interpellare secondo una procedura legittima e naturale, decisi di rivolgermi direttamente alla Santa sede, in particolare alla segreteria di Stato e alla Congregazione per la dottrina della fede. Ho ricevuto una missiva di quest'ultima del settembre del 2014 in cui venivo informato che il caso sarebbe passato per competenza alla Congregazione per il clero. Fino a oggi non ho ricevuto una smentita dei fatti da me denunciati da parte degli organi della Santa sede.

Kamil era venuto dalla Polonia con la vocazione di diventare sacerdote. Era entrato nel preseminario pieno di gioia. Frequentare quel mondo lo affascinava e lo faceva sentire speciale. Poi emerge un'altra verità, inconciliabile con i suoi valori. E la denuncia cade nel vuoto:

Mi preme precisare che nel corso dei miei colloqui diretti o tramite missiva con le suddette autorità, nessuna di queste ha mostrato di occuparsi del caso denunciato facendo una qualche indagine. Nessuno si è preoccupato di accertare o valutare i fatti, mostrando piuttosto la volontà di ignorarli o, peggio ancora, di occultarli. Che dei fatti da me denunciati molte persone fossero a conoscenza lo dimostra una presunta lettera anonima inviata, tra gli altri, alla segreteria di Stato, al cardinal Comastri, nella quale erano esposti i fatti concernenti Antonio, per quanto io sappia. Di questa lettera, che io non ho mai visto, me ne ha parlato esplicitamente lo stesso Comastri, che mi ha detto di non potermela mostrare, avendola distrutta. Durante lo stesso colloquio con il porporato, egli mi mise al corrente del fatto che la segreteria di Stato aveva espresso un divieto di accesso alla basilica di San Pietro e allo Stato Città del Vaticano in generale nei confronti di Antonio. Il cardinale pronunciò la seguente frase: «Io qui non voglio avere problemi», riferendosi allo scandalo di Antonio. Tutta questa vicenda mi ha procurato un evidente danno psicologico determinando una reazione depressiva profonda e continuativa, anche se, per difendermi e far emergere la verità, non ho mai usato la maldicenza, la mormorazione, la calunnia eccetera. Ho avuto fiducia nelle procedure interne all'istituzione di cui facevo parte, interpellando le autorità competenti da cui mi aspettavo un intervento risolutivo. Queste vicende causarono in me uno stato di profonda prostrazione. Soltanto dopo aver conseguito il diploma liceale ho recuperato una condizione psicologica più serena.[2]

Quelle notti di paura nel palazzo di Bertone

Decido di parlare con Kamil per capire se queste denunce sono attendibili. Il primo incontro è in un bar nel quartiere romano di Prati, a due passi dal Vaticano. Il giovane Kamil, nato a Dzierzgoń, un paesino vicino a Danzica, è uno studente minuto, esile, gli occhi si muovono veloci, la battuta si spegne in un sorriso malinconico. Sta sostenendo alcuni esami di storia dell'arte all'Università La Sapienza che frequenta grazie alle borse di studio e ai soldi che i genitori gli mandano dalla Polonia. Rimango impressionato dalla sicurezza, dalla voglia di giustizia e dal desiderio di verità che animano questo giovane polacco.

Posso registrare questa conversazione?
Sì, certo, non ho niente da nascondere.

Per quanto tempo ha vissuto in Vaticano?
Cinque anni, sono uscito pochissimi anni fa.

Quanti anni aveva quando è entrato nel preseminario?
A dodici anni in Polonia ero molto religioso, vedevo nella Chiesa un ambiente protettivo, già servivo messa nel mio quartiere e mi capitò di seguire in tv un programma sul preseminario. Ne rimasi affascinato: diventare uno dei chierichetti del santo padre! Così ho iniziato a studiare italiano in maniera autonoma, poi, tramite un ex alunno polacco, Rafał Fleszar, ho fatto domanda d'ammissione. Sono stato chiamato per una prova e a settembre ho iniziato l'anno scolastico. Avevo tredici anni.

Dove alloggiava?
A palazzo San Carlo.

Uno dei più importanti palazzi della Città del Vaticano. Dove precisamente?
Il palazzo è diviso in due corpi. Il primo dà verso la basilica, piazza Santa Marta e il distributore di benzina, poi c'è un cortile e quindi il secondo corpo, che dà verso il confine con l'Italia. All'ultimo piano del primo corpo c'è l'appartamento di Bertone, nel secondo le camerate del preseminario con i bambini. La mia finestra dava sul cortile e quindi vedevo

l'appartamento di Bertone, la cupola, la casa del cardinale Paolo Sardi, poi c'era monsignor Giuseppe Sciacca.

Lei voleva diventare sacerdote?

Faccio una premessa: sono omosessuale e da ragazzino cercavo di capire se la mia era una vocazione o altro. Poi ho capito che dentro di me c'era lo stesso meccanismo presente in molti altri omosessuali: cercano di nascondere una parte di sé, quella gay, diventando preti, questo è il motivo per cui ci sono tanti preti gay. È un meccanismo che si ripete.

Essendo l'omosessualità ancora oggi non accettata da tutti, non le verrebbe da essere più indulgente nei loro confronti?

Insomma, mica tanto. Io non ce l'ho con questi preti perché sono gay, il problema è un altro, ovvero che è tutta una bugia: queste persone di giorno sono omofobe e di notte te le ritrovi scatenate nelle discoteche gay.

Ancora oggi?

Come no? C'è un'enorme parte sommersa che è quella della sessualità quotidiana e taciuta dei sacerdoti nella loro vita normale. La dottrina della Chiesa impone il voto di castità, mentre sull'omosessualità sostiene che si tratta di un «atteggiamento», come se fosse una scelta. Invece non è così, la situazione è talmente anacronistica che ricorda quando c'era chi si ostinava a sostenere che la Terra era al centro dell'universo.

E poi accadono vicende, come quella che racconta nelle sue denunce, di atti sessuali su minorenni in preseminario?

Sì, credo che sia stata la vicenda più sconcertante che abbia vissuto, durata un intero, interminabile anno scolastico. C'era

Antonio, protetto dalla gerarchia, che si approfittava di noi con soprusi, imposizioni psicologiche o atti sessuali.

Ma quante volte lei ha visto Antonio entrare di notte nella sua camera?

Facendo una media, da ottobre a maggio sono otto mesi, facciamo che in un mese sia venuto dalle quindici alle venti volte, faccia il calcolo... almeno 140 volte mi pare.

Che cosa accadeva?

Eravamo all'ultimo piano, lui aspettava che i ragazzi si addormentassero, percorreva tutto il corridoio ed entrava da noi, e senza dire niente accedeva al letto di Paolo, con il quale aveva rapporti sessuali. Questo accadeva sempre dopo le ventitré, quando nessuno sorvegliava la camerata. La prima volta che entrò in stanza da noi, io mi stavo per addormentare e quasi mi spaventai: «Cosa fai qui?» gli chiesi, ma lui non rispose, richiuse la porta e se ne andò. Stessa scena la seconda volta. La terza rimasi zitto e lui si infilò nel letto di Paolo. Gli scriveva spesso degli sms, che poi commentavamo insieme a Paolo.

Lo sentivate arrivare?

Sì, certo, palazzo San Carlo prima era un ospedale, quindi al centro degli appartamenti è rimasto un corridoio lunghissimo con le stanze a destra e a sinistra.

Quanti anni aveva?

Io avevo sedici anni, ero ancora minorenne, mentre la vittima ne aveva diciassette-diciotto. Tra l'altro il clima non era proprio di studio e preghiera: i corteggiamenti omosessuali erano frequenti.

Nei suoi esposti lei scrive che non si trattava di libere effusioni ma di una sorta di costrizione da parte di questo pupillo dei monsignori, che grazie alla posizione ricoperta poteva «esercitare una forma di potere e di intimidazione nei più giovani seminaristi (che si sentivano di fatto a lui subalterni). È questa la ragione per cui Paolo si sentiva obbligato a cedere alle sue richieste, le quali infatti sottendevano un sottile e inespresso ricatto: in caso di resistenza alle richieste il mio amico studente avrebbe potuto avere dei problemi con i superiori o sarebbe stato "punito" con l'assegnazione di un ruolo più marginale nello svolgimento del servizio liturgico, soprattutto in occasione delle celebrazioni pontificie»...

Confermo parola per parola.

Quanto s'intratteneva nella vostra stanza?

Una ventina di minuti, il tempo di un rapporto orale. Alcune volte Paolo lo cacciava, non voleva. Rimanevo colpito dall'assenza di dialogo, parole, emozioni. Sembrava un'autentica sottomissione.

Magari, scusi, erano semplicemente amanti?

Fosse così sarebbe stato Paolo ad andare da Antonio, in un'altra camera, anche perché lì io non ci sarei stato e avrebbero avuto più intimità. Tra l'altro, a differenza della nostra porta, la stanza prediletta da Antonio aveva anche la chiave. Bastava chiudersi dentro per avere un po' di privacy. E poi solo io ricordo il dolore e il disagio che Paolo esprimeva in quel periodo.

E nessuno controllava di notte?

No, a un certo punto il monsignore andava a dormire e non lo vedevi più.

Il giorno dopo cosa accadeva?

Niente, sveglia alle 6.20, preghiera alle 6.40 e tutti facevano finta di nulla, a iniziare dalla vittima, dal carnefice, da me che mi chiudevo in me stesso. Non c'era mai tempo. Alle sette apriva la basilica di San Pietro, dovevamo preparare la sagrestia e alcuni servivano messa. Avevo paura.

La vittima aveva dei benefici per il fatto di sottostare a queste vessazioni sessuali?

No, Paolo durante il giorno era come odiato da Antonio, e anche da un monsignore che se la prendeva spesso con lui, umiliandolo.

Antonio l'ha mai minacciata? Le diceva: «Tu non devi dir niente, fatti i fatti tuoi!»?

No, non me l'ha detto, però era una cosa scontata, implicita.

Ci sono altre persone come lei testimoni?

Nella stanza eravamo noi tre ma Paolo si era confidato con due sacerdoti, loro stessi me l'hanno detto, si tratta di don X e don Y.[3] Quest'ultimo tra l'altro ha provato a denunciare questi fatti ai superiori ma è stato trasferito.

Quando lei entrò in preseminario aveva tredici anni. C'era già una sessualità tra i chierichetti, si parlava magari di ragazze o di ragazzi in confidenza?

Sì, ma era una cosa che non si poteva dire in giro... È successo che magari qualcuno avesse stretto una relazione a scuola, magari aveva la ragazza – anche se era difficile perché noi non potevamo nemmeno uscire da quel seminario –, ma non si poteva dire, era vista come una cosa sbagliata.

Quante erano le stanze per i chierichetti?

C'erano più stanze, a tre letti come la nostra, o a quattro, ma non tutte erano occupate. Le stanze occupate durante l'anno erano quattro o cinque.

Quindi una ventina di allievi o meno?

All'inizio erano quindici, poi sono andati sempre diminuendo... Quest'anno sono solo nove.

Lei notò qualcosa di strano nei primi anni di seminario?

C'erano diverse cose poco chiare. All'inizio non sapevo neanche bene l'italiano, però capivo benissimo che qualcosa non andava. C'era un rapporto singolare tra gli alunni e i superiori, soprattutto con un monsignore. I chierichetti erano divisi in due gruppi. Il primo sosteneva Antonio, forse perché aveva un rapporto molto solido con i monsignori. I suoi fedelissimi erano come degli eletti, dei privilegiati. C'era poi un altro gruppo contro di lui, e io non capivo bene per quale motivo ci fosse questo contenzioso.

Com'era il rapporto tra Antonio e questo monsignore?

Antonio decideva in pratica su tutto e il monsignore diceva sempre di sì, specie per quanto riguarda la basilica. Tra l'altro questo potere è progressivamente cresciuto negli anni.

Cioè, Antonio raccomandava i chierichetti che dovevano andare a servire la messa al papa?

Sì, indicava chi dovesse andare a servire le messe del santo padre, e chi era chiamato a decidere acconsentiva immancabilmente, pur essendo un superiore. In preseminario non si sapeva questo, non si capiva. Il monsignore, da parte sua, aveva un atteggiamento incomprensibile, anche con noi.

Cambiava spesso idea sulle decisioni che ci riguardavano, senza motivo, apparendo così profondamente ingiusto. E tutti si arrabbiavano.

Può fare un esempio?

In preseminario dovevi obbedire e subire anche inutili umiliazioni. Magari d'estate ci diceva di prepararci per andare in piscina dopo pranzo, noi eravamo tutti pronti, entusiasti, ma ecco che lui cambiava idea, senza nessun motivo, mortificandoci. Piccolezze, per carità, ma accadevano tutti i giorni. Ritengo che il preseminario dovrebbe essere chiuso, perché queste persone non hanno una competenza pedagogica per stare con dei bambini.

Era ambito servire il papa?

Sì, sia Ratzinger sia Francesco, una grandissima emozione. Del resto noi che eravamo lì dentro sapevamo che quel collegio non dava molte opportunità se non quella di servire la messa con il papa.

Com'era la vita quotidiana dentro il collegio?

Non si viveva in tranquillità, accadevano sempre delle ingiustizie. Ad esempio, veniva sottratta la corrispondenza...

In che senso?

Il seminario aveva una casella dove arrivavano puntualmente le lettere, però poi qualcuno della direzione decideva chi poteva ricevere le missive e chi no. Ne tratteneva alcune e non le consegnava ai destinatari. Una volta il mio amico Paolo stava aspettando una lettera che non arrivava mai. Sapeva con certezza che era stata inviata ma non gli veniva mai consegnata. E questo capitò anche per altre due, tre, quattro missive successive. Così andammo a sbirciare nei cassetti della direzione e scoprimmo che ce n'erano nascoste tantissime. Chi era stato? I sospetti caddero su un sacerdote che aveva un carattere particolare. Proprio come i criceti che raccolgono tutto, lui non buttava mai via niente. Nel suo ufficio erano disposte pile infinite di copie dell'«Osservatore Romano». E poi, in fondo ai cassetti, trovammo quelle lettere di Paolo. Anche gli armadi venivano controllati quotidianamente.

Da chi?

Quando noi andavamo a scuola, un monsignore andava a guardare negli armadi. Io l'ho anche visto con i miei occhi una volta che ero rimasto a palazzo San Carlo perché ero influenzato. Rientrando in camera vidi che il monsignore aveva aperto il mio armadio e stava rovistando. Di fronte al mio stupore cercò di minimizzare spiegandomi che controllava per vedere se i vestiti fossero in ordine. Peccato che a volte mi siano sparite delle cose che poi ho rivisto nel suo studio.

Torniamo agli incontri notturni. Quando sono iniziati, la vittima che studi faceva?

Paolo era in quinta liceo e dopo la maturità ha lasciato il preseminario.

E prima?

Prima succedevano altre cose strane. C'era, ad esempio, un ragazzo che si chiamava Alessandro [nome di fantasia, *nda*], uno di quegli omosessuali che dimostrano moltissimo di essere tali. Alle spalle aveva una storia particolare. Essendo stato cacciato da diversi seminari, cercava di diventare prete in ogni modo. Così era arrivato in preseminario e faceva l'assistente, anche se non era un incarico ufficiale. Ogni tanto con Paolo si chiudeva in stanza...

E cosa accadeva?

Si facevano dei massaggi... Quello che succedeva dopo però non lo so, fatto sta che io li ho anche sentiti con le mie orecchie perché stavano lì, ridevano, dicevano cose, erano chiusi in quella stanza...

Quindi c'era una vita sessuale e omosessuale all'interno del preseminario...

Che ci sia stato qualcosa tra i due ne sono certo. Insomma, la sessualità all'interno del preseminario c'era.

Coinvolgeva anche minorenni?

Sì, certo, quando ad esempio Giuseppe [nome di fantasia, *nda*] era conteso tra Antonio e Paolo, erano tutti quanti minorenni, poi quando Paolo e Alessandro si facevano i massaggi quest'ultimo era sì maggiorenne ma Paolo era minorenne. Antonio a un altro studente minorenne diceva sempre: «Vorrei che tu diventassi come Giuseppe che era il mio bambino».

Ma se dovessi scrivere di questa cosa posso indicare il suo nome e cognome?

Sì, quello sì, io sosterrò la verità fino alla morte.

Perché è così determinato?

Perché mi hanno rovinato la vita.

Perché?

Perché io prima avevo degli ideali, ero credente, molto credente.

Lo dice sorridendo...

Sì, ero molto credente... Sono venuto qua perché sapevo che nel mio paesino di cinquemila abitanti nel Nord della Polonia non c'era futuro per me. Aspiravo a cose molto alte e così sono venuto qua, ho imparato l'italiano da solo, senza l'aiuto di nessuno. Credevo nella Chiesa perché credevo in Dio, e la Chiesa, se uno ci crede, è corpo mistico di Cristo. Invece non mi aspettavo di trovare questa faccia molto umana, troppo umana. Addirittura me lo ha detto una mia insegnante di italiano con la quale mi sono confidato negli anni. Lei ha riassunto tutta questa storia in una frase: «Tu hai visto l'uomo», cioè ho potuto vedere come funziona veramente. Quando ero lì ho capito in fretta come funzionava. Già da piccolo mi chiedevo: ma per lavorare in segreteria di Stato non serve credere in Dio? No, non c'entra nulla, ma proprio niente, c'è solo politica, potere, con queste persone che vanno a dire messa alla mattina e la sera vanno alla Mucca Assassina [discoteca gay di Roma, *nda*].

Perché le hanno rovinato la vita?

Dopo che ho denunciato questi fatti, mi hanno mandato via. Lo ricorderò per tutta la vita: ero al quarto anno di liceo – ultimo giorno di scuola –, contento per i voti, tutti otto, nove e dieci. Li avevo ricevuti con impegno e dedizione all'istituto pontificio Sant'Apollinare, che frequentavo ogni giorno dopo aver preparato le vesti in sagrestia e fatto colazione. Quel giorno avevo ultimato le valigie per andare in vacanza e riabbracciare finalmente i miei genitori in Polonia, quando è arrivato il monsignore e sulla porta della camera mi ha squadrato e detto: «Tu non devi più tornare». Per me è stato un grande choc, dove dovevo andare? Io volevo studiare e finire la scuola. Tornare per sempre in Polonia sarebbe stato come buttare via tutti gli anni di liceo, cosa che non volevo fare. Anche perché sapevo benissimo – e mi è stato pure confermato – che ero stato mandato via perché avevo aperto bocca.

Lei non l'aveva ancora detto a nessuno...

L'avevo detto sì, eccome, tre giorni prima al cardinale Angelo Comastri, che era la persona giusta dal punto di vista istituzionale, essendo il vescovo di quel luogo. Quando Comastri veniva da noi a cena lo accoglievamo con festa, come fosse il nostro vescovo, cosa che era realmente. Infatti il papa, a parte essere il vescovo di Roma, è anche pastore universale di tutta la Chiesa, ma ovviamente non si può occupare delle cose di una diocesi, e così ha due vicari, uno in Laterano e uno in Vaticano. Comastri era il nostro vescovo, da chi dovevo andare se non da lui?

Così incontrò il cardinale?

Era venerdì 6 giugno 2014 quando gli svelai tutto. Rimase in silenzio, scioccato. Gli raccontai quello che succedeva quando Antonio veniva in camera incurante della mia presenza, nonostante fossi minorenne. Lui sapeva benissimo che poteva consumare atti sessuali con quel povero alunno senza rischi, mentre io nascondevo il volto sotto il lenzuolo. Sapeva che se avessi parlato sarebbe successo quello che poi puntualmente si è verificato: mi avrebbero buttato fuori.

Dove incontrò il cardinale?

Nel suo ufficio in canonica, nell'edificio accanto alla basilica. Mi chiese di tornare il lunedì dopo, perché voleva che gli ripetessi tutto quanto di nuovo, per essere più precisi. Così tornai di nuovo da Comastri il 9 giugno, era tardo pomeriggio, quasi sera. Mi disse solo che lo avrebbe riferito al vescovo e mi congedò. Capii che era finita, che era stato tutto inutile.

Fosse stato maggiorenne cosa sarebbe cambiato?

Il fatto che fossi minorenne aggrava la posizione di Antonio, ma il punto importante è un altro: lui poteva fare quello che ha fatto in mia presenza proprio per il potere che esercitava all'interno del preseminario. Poteva aggirare tutto, aveva influenze, agganci e conoscenze.

È un uomo aggressivo, arrogante?

Sì, è molto arrogante, io lo reputo proprio pericoloso. A Comastri chiesi perché non gli avevano fatto degli esami psicologici prima di farlo entrare, come si fa in tante altre strutture, e Comastri mi diede completamente ragione.

Come la congedò quel venerdì?

Comastri era sempre molto gentile. Mi disse: «Adesso ti do la mia benedizione», forse abbiamo detto anche un'*Ave Maria.* Insomma Comastri si mostrava sempre così distaccato dalle «umane cose»...

Cioè di fronte alla gravità di queste cose l'ha invitata a pregare?

Sì. Io gli chiesi di non dire il mio nome. Sapevo benissimo che se fosse uscito il mio nome sarei stato allontanato immediatamente.

Non ritiene di essere stato un po' impulsivo o forse ingenuo?

Sì, sicuramente, ma questa cosa la tenevo dentro da troppo tempo, mi turbava e non ce la facevo più a non riferirla a qualche superiore.

Perché non ha chiesto a Paolo di farsi avanti, di denunciare lui le cose?

Negli anni successivi, certo, ho chiesto a Paolo di fare una dichiarazione, perché volevo fare una denuncia anche al tribunale in Vaticano. Ma mi ha risposto che non avrebbe fatto dichiarazioni volontarie perché non voleva soffrire di nuovo ripensando a tutto quanto aveva patito. Adesso dice che se dovesse venir chiamato in tribunale da un magistrato direbbe la verità.

Non pensa di fare del male a Paolo portando alla luce queste cose?

Al contrario, ho cercato sempre di proteggerlo in qualche modo. Ero terrorizzato perché questa situazione è assurda. Avevo paura di fare qualsiasi cosa, avevo paura di parlare, paura di questa situazione perché comunque, essendo credente, questa vicenda mi ha anche aperto un conflitto interiore.

Era contento di frequentare l'istituto Sant'Apollinare?

Sì, anche se non avevamo molta scelta, potevo scegliere solo tra Classico e Scientifico. Il preside era un prete molto amico del nostro monsignore e addirittura quasi ogni venerdì, con il vicepreside, veniva a pranzo da noi. Io ero scandalizzato che il preside della scuola venisse in pratica a pranzo a casa mia, era una cosa vergognosa. In Polonia, a scuola, c'era uno statuto che vietava relazioni tra professori e alunni per ovvi motivi. Invece loro venivano a casa nostra a parlare di scuola, non è assurdo?

Il seminario dava un indirizzo anche teologico-culturale ai suoi allievi...

Se pensa questo vuol dire che è un ingenuo. Non è così. Capitavano altre cose incredibili, delle tragedie che finivano in farsa.

Cioè?

Un giorno l'allora segretario di Stato Bertone, dopo aver officiato la messa all'altare della Cattedra [di San Pietro, *nda*], era tornato nella «sagrestia dei cardinali», una piccola stanza adibita solo ai porporati, con noi chierichetti che lo aiutavamo a togliere i paramenti. Dopo la funzione vedo che si fa severo e chiede al monsignore presente: «Il prete che ha organizzato questa messa ha portato la busta?». E il monsignore, trattenendo una risata, di rimando: «Eminenza, sono mortificato, io non so nulla di nessuna busta».

In che senso?

Per far venire Bertone a dire una messa... non è che il cardinale viene così, *free*, a dire una messa, bisogna pagare; per questo Bertone, senza pudore, cercava la busta... C'ero io davanti, giuro, e il monsignore si è quasi messo a ridere.

Ne è sicuro? Cioè sta dicendo che un pastore quando va a dire messa in una qualunque chiesa...

Anche in Polonia era così. Il mio parroco mi confidava che il nostro vescovo ausiliario chiedeva più di mille złoty, che è come lo stipendio medio di una persona, più tutta la questua. Per dire una messa, per esempio a una Cresima, c'era una cifra stabilita e poi tutta la questua.

Di che tipo era il rapporto tra i chierichetti del papa e i monsignori?

Lì i monsignori hanno tutti dei soprannomi, al femminile soprattutto, per ovvi motivi. Alcuni vanno nelle discoteche gay travestiti. Tra questi anche alcuni monsignori a cui noi chierichetti servivamo messa la mattina. Paolo li ha visti alla Mucca Assassina. Addirittura con uno si sono anche salutati, tanto che dopo quello si è avvicinato e lo voleva pagare per il silenzio.

Paolo come commentava queste cose?

L'ha mandato a quel paese, diceva che era una vergogna. Erano tanti i momenti di imbarazzo. Durante le prove delle cerimonie pontificie in San Pietro, c'era un monsignore che aveva questi atteggiamenti molto, come dire, da omosessuale, si avvicinava molto a noi, ai ragazzi, ci toccava, «ah, non ti sei fatto la barba», stava lì tra i ragazzi e rideva, proprio come una diva. Insomma questo monsignore era molto frivolo, è sempre stato così.

Che età avevate voi chierichetti?

Eravamo tutti tra medie e liceo.

Questo monsignore era l'unico così o ce n'erano anche altri?

Tra i cerimonieri?

Sì.

Di così frivoli no. Ce n'erano altri magari tra quelli che venivano alla mattina a dire messa.

Tipo?

Ecco, ce n'erano tre, li chiamavano «le tre Marie», che venivano sempre insieme a dire messa: per me era evidente che fossero tutti gay.

Mettevano in imbarazzo i chierichetti?

Un po' sì, perché erano molto... Sì, non si avvicinavano mai a nessuno, ma io ho visto un monsignore una volta, non solo io, mentre passavamo una sera in centro a Roma, abbiamo visto un monsignore con dei pantaloni neri tipo lattice.

E chi era questo monsignore?

So dove lavora ma non ricordo il nome. E poi c'erano altri preti. Ho visto una volta un prete che usciva un sabato mattina verso le otto, non era casa sua perché so dove abita, usciva da un appartamento a Prati con dei jeans molto attillati. Ma, comunque, il fatto che i preti del Vaticano facciano sesso è una cosa ovvia come il sole e lo è anche per i preti in generale. Ci sono delle statistiche al riguardo: più del 50 per cento sono omosessuali e io ci credo perché li ho visti, ne ho conosciuti tantissimi, e in Vaticano questa percentuale è ancora più alta, è molto evidente.

Quali sono gli altri soprannomi che si ricorda?

Tra i soprannomi c'era «Jessica», un monsignore che chiamavano «la Vipera» perché è un omosessuale molto cattivo e vendicativo, cerimoniere pontificio; un cardinale detto «la Grassa»...

La Grassa chi era?

La Grassa era X, quello enorme, quello ciccione, anche lui è amico di Y.

Altri monsignori le sono rimasti impressi?

Sì, monsignor [Giuseppe, *nda*] Sciacca, ma per altri motivi. Per noi chierichetti la sua messa era una cosa allucinante, perché ci metteva un quarto d'ora, venti minuti per vestirsi, per prepararsi alla messa, ma non è che si preparava come gli altri preti, no, lui parlava con le persone in sagrestia, le fermava, poi andava a messa, la diceva tutta in latino – bisogna dire che lui il latino lo sapeva perfettamente come l'italiano – e la diceva in sette minuti non di più. Tutta la messa in latino con le letture, in sette minuti.

Di Sciacca cosa sappiamo?

Di Sciacca ricordo quel famoso banchetto – perché sotto Benedetto XVI c'erano questi banchetti molto luculliani – quando andò via... Quando c'è stato il cambio del Governatorato, quando è andato via il cardinal [Giovanni, *nda*] Lajolo ed è subentrato il cardinal [Giuseppe, *nda*] Bertello, ci sono stati due banchetti a distanza di una settimana, nel cortile della Pigna, nei Musei vaticani. Questo cortile, non so se ce l'ha presente, è quello con la palla al centro, quell'opera contemporanea, con la pigna, quella di Dante. È rettangolare e su tutto il lato lungo c'era un tavolo enorme, un banchetto di quelli... io non ho mai visto una cosa del genere, con forme di parmigiano intere ogni tre metri. E ce ne sono stati due così, con la banda che suonava. Due banchetti: uno quando è subentrato Bertello e l'altro quando Sciacca è diventato vescovo.

Pagati da chi?

Dal Governatorato.

Secondo me si sbaglia, avrà pagato con il suo portafoglio. E perché c'erano questi banchetti?

Eh, come mai, perché volevano far festa.

Sciacca ha fatto questo... ed erano presenti cardinali, dipendenti?

Tutti, c'erano tutti.

Magari l'ha pagato lui.

Per favore, guardi, non credo proprio, perché di questi banchetti ce ne sono stati tantissimi, poi, dopo Lajolo, Sciacca fece... – non ricordo, forse il venticinquesimo di episcopato o comunque un anniversario tondo, o del sacerdozio o dell'episcopato – fece una ventina di banchetti, ma veramente: faceva la messa alla Cattedra, cosa che costa comunque ogni volta, oppure la messa al Governatorato e, dopo, sempre un banchetto. Al Governatorato ci sono dei dipartimenti: una messa la faceva per i medici, un'altra per i pompieri, così ognuno aveva la sua messa.

Quale cosa trova più anacronistica in Vaticano?

Di sicuro i segreti pontifici. Quando il segreto diventa pontificio, vuol dire che tutto il Vaticano già lo sa. Quando Sciacca doveva diventare vescovo, prima lo dissero a lui. Era ancora segreto, ma in quel momento già lo sapevano tutti. Noi chierichetti, prima delle nomine, ogni giorno facevamo un gioco.

Quale?

A mezzogiorno usciva il bollettino, ma noi già la mattina sapevamo chi diventava vescovo, nome per nome. Già il giorno prima ci dicevano: «Sai che domani mattina esce il bollettino e tizio diventa vescovo?». Noi le sapevamo prima queste cose. A Sciacca gli hanno addirittura spostato l'ordinazione perché lo aveva detto a tutti: doveva essere ordinato un mese, invece è stato ordinato tipo quattro mesi dopo perché lo aveva detto a tutto il mondo.

Incontro di nuovo Jarzembowski nel giugno del 2017, sul terrazzo di un albergo nel cuore di Roma, la cupola di San Pietro sembra lì a pochi metri, come se si potesse toccare allungando appena la mano. Come la cupola, in Vaticano, all'apparenza tutto è vicino, semplice, risolvibile. Ma in realtà ogni questione in quel piccolo Stato si fa dannatamente complicata.

La lettera consegnata a papa Francesco riaccende la speranza nello studente polacco e in altri seminaristi che hanno patito soprusi e violenze. Tutti loro vogliono che si faccia chiarezza. Nascondere, insabbiare significa avallare.

La storia della Chiesa è segnata da drammi di abusi su minori e violenze, tanto che alcuni pontefici, Benedetto XVI fra tutti, hanno scelto di intervenire per sradicare questo fenomeno. Purtroppo l'opera è rimasta incompiuta determinando effetti micidiali: l'impunità rafforza gli autori delle violenze, che agli occhi di tutti vedono consolidato il proprio potere e la propria forza intimidatrice. L'insabbiamento dei casi smaschera l'estrema fragilità delle istituzioni ecclesiastiche a ogni livello, dalle diocesi alle congregazioni centrali che si ripiegano su se stesse e non reagiscono, non prendono provvedimenti se non come *extrema ratio*. Questo stallo produce anche un altro effetto devastante: quando si rompe il muro di omertà e silenzio, ecco che i fantasmi del passato ritornano all'improvviso creando disorientamento e scoramento, destabilizzando ogni opera riformatrice, in questo caso quella di papa Francesco. Ed è forse questo il peggior contraccolpo immaginabile, ma ancora oggi incredibilmente sottovalutato.

---

1 http://www.photovat.com.

2 Jarzembowski aveva inviato anche una formale protesta al rettore di un seminario di Roma contro l'ammissione di Antonio agli ordini sacri, precisando che durante la sua permanenza nel preseminario San Pio X aveva potuto constatare che manifestava «atteggiamenti che secondo la legge della Chiesa non gli consentono di diventare sacerdote». Nella missiva il seminarista polacco richiamava le disposizioni della «Congregazione per l'educazione cattolica circa i criteri di discernimento vocazionale riguardo alle persone con tendenze omosessuali in vista della loro ammissione al seminario e agli ordini sacri», firmata il 4 novembre

2005 dal cardinale prefetto Zenon Grocholewski, e già approvata da Benedetto XVI il 31 agosto 2005.

3 Kamil indica i nomi e cognomi di questi due sacerdoti che qui omettiamo essendo testimoni di vicende che possono avere rilevanza penale.

Il potere della lobby gay

La vittima: «Nemmeno trovo la forza di parlarne»

La denuncia di Kamil Tadeusz Jarzembowski sul preseminario non ha colto di sorpresa le autorità vaticane. Non è la prima volta che arrivano allarmanti informazioni su quanto accade all'interno di quell'istituto riservato a ragazzini in cerca di vocazione.

Già nell'estate del 2013 una dettagliata lettera anonima era stata recapitata a diversi esponenti della curia, tutti autorevoli. Tra questi spiccavano l'ex segretario di Stato Angelo Sodano,[1] lo stesso cardinale Angelo Comastri e anche alcuni collaboratori del segretario di Stato allora in carica Tarcisio Bertone, come l'attuale prefetto del Supremo tribunale della Segnatura apostolica, il porporato francese Dominique Mamberti, che all'epoca era segretario per i Rapporti con gli Stati. Sodano, dopo aver ricevuto la lettera, chiese e fece chiedere chiarimenti a Comastri e a monsignor Vittorio Lanzani, delegato della Fabbrica di San Pietro. Il rettore del San Pio X, monsignor Enrico Radice, fu chiamato in segreteria di Stato. Radice smentì ogni fatto indicato nel documento anonimo, sostenendo che i ragazzi erano certo vivaci ma che non era accaduto nessun episodio rilevante. Comastri distrusse il documento anonimo, che tutti alla fine considerarono figlio di quel pettegolezzo e di quelle maldicenze che come un venticello fastidioso circolavano nei corridoi dei sacri palazzi.[2] Forse proprio con questo pretesto, la prima risposta alle denunce di Jarzembowski, iniziate già pochi mesi dopo l'uscita dal preseminario, fu quella dell'assoluto silenzio.

Nei mesi successivi partì un insinuante tam tam teso a smentire ogni accusa e a isolare e delegittimare il giovane seminarista. Vennero propalate diverse ignominie sul suo conto, come quella che fosse spinto da un desiderio di vendetta, deluso da una storia d'amore finita male o, ancora peggio, dalla brama di denaro: «Niente di tutto questo – precisa lui –, non chiedo denaro, ma verità e giustizia». Pur non potendo qui accertare l'attendibilità del suo racconto, ragione per cui abbiamo scelto di non svelare i nomi delle persone coinvolte, alcuni significativi elementi vanno sottolineati.

La premessa è scontata. Non si vuole certo criminalizzare la struttura del San Pio X o affermare che quanto descritto dal giovane polacco sia la prassi: saranno le autorità competenti a valutare veridicità e reali dimensioni di questa storia. Se davvero ci sono stati violenze psicologiche, abusi e atti sessuali in un collegio che ospita bambini anche di nove anni, non è nemmeno necessario dilungarsi sulla gravità dirompente dell'accaduto. Certo, Jarzembowski in questi anni ha trovato il sostegno e il conforto di diversi suoi ex compagni di seminario, di alcuni sacerdoti e anche di qualche vescovo, oltre che di altre persone che lamentano analoghi soprusi da parte di Antonio. Se si fosse inventato tutto sarebbe rimasto isolato. E invece, nei sacri palazzi, ancora oggi sono in diversi ad aiutarlo in gran segreto per fargli avere giustizia, per fargli ottenere quelle informazioni indispensabili a rivendicare le proprie ragioni.

C'è poi un altro aspetto ancor più rilevante che riguarda direttamente la presunta vittima e la relazione che la lega a questo giovane ex seminarista che ne è diventato una sorta di portavoce. Paolo è costantemente informato da Jarzembowski sull'evolversi della situazione, legge e condivide le azioni portate avanti. Confrontandosi con altre persone ha espressamente ringraziato più volte l'ex compagno di camera per le denunce effettuate, non avendo lui la forza di farsene carico in prima persona, schiacciato dal peso di quanto vissuto. «Ogni tanto si scusa con lui se lo tratta male – afferma un amico –, ma quei fatti lo fanno ancora molto soffrire. Certi ricordi gli fanno scattare una parte irrazionale e iraconda che non gli appartiene. Più volte ha ringraziato Kamil per le lettere che ha scritto, per essersi esposto, per aver dato voce a una situazione della quale non trova la forza di parlare. Oggi la preoccupazione di Paolo è anche un'altra: lui [colui che avrebbe compiuto gli abusi, *nda*] potrebbe diventare sacerdote e magari poi insegnare!» Insomma, c'è il rischio che la volpe venga messa nel pollaio. E in effetti nel frattempo Antonio è stato ordinato sacerdote nella sua diocesi, come se nulla fosse.

Se ripercorriamo la storia partendo dalle rare reazioni ufficiali della Santa sede, vediamo che le poche risposte inviate a Jarzembowski esprimono tutte un unico obiettivo: calmare il giovane ex seminarista e fargli considerare con attenzione i passi da compiere. Vale la pena analizzare il carteggio che Kamil scambia con alcuni prelati quando decide di mettere nero su bianco la sua ricostruzione. A iniziare dalla missiva che riceve proprio dal cardinale Comastri, arciprete della basilica di San Pietro, il 2 luglio 2014:

> Carissimo Kamil,
> in risposta alla tua lettera del 23 giugno scorso vengo a precisare che ho [...] fatto presente al vescovo tutte le informazioni in mio possesso e il vescovo, dopo aver tutto ponderato, ha confermato la

sua decisione. Da parte mia, ho agito in totale trasparenza, senza nulla nascondere. E il vescovo si è impegnato a fare attento discernimento prima di compiere ulteriori passi. Per quanto riguarda il tuo cammino, il rettore è pronto ad aiutarti per trovare alloggio nel seminario romano minore o in altre istituzioni che tu voglia indicare. Ti raccomando di rasserenare il tuo animo e di mettere pace nel tuo cuore: solo così potrai vedere meglio le cose e le persone e affrontare bene i passi del tuo futuro. Ti ricordo nella mia preghiera e affido il tuo cuore al Cuore Immacolato di Maria, affinché lo riempia di luce e di pace.

Angelo card. Comastri

Sulla stessa posizione anche le diverse email del vescovo Diego Coletti, a iniziare da quella del 12 luglio 2014:

Ho ricevuto e letto con attenzione quanto mi scrivi. Da parte mia non posso che rimandarti a un dialogo con le persone che hanno seguito direttamente la tua situazione personale e penso abbiano deciso in coscienza su quello che era necessario per il tuo bene e per il bene di altri. Il mio consiglio è quello di rivolgerti direttamente alle persone che ti hanno comunicato la loro decisione e che godono della mia stima, per cui non posso credere che abbiano agito con leggerezza o al di fuori della loro responsabilità e competenza. Ti auguro di riprendere serenità e docilità. E prego anche per te.

Diego Coletti

Più affilata l'email del 31 luglio 2014:

Caro Kamil,
il mio pc stamane ha fatto le bizze così non sono sicuro di averti trasmesso il messaggio che ti avevo scritto.
Così te lo ripeto qui, sperando che vada a buon fine. Ho avuto oggi un lungo colloquio con [...] durante il quale ho cercato di

assumere tutte le informazioni necessarie per quanto ti sta a cuore. Ho raggiunto la convinzione che, anche a prescindere da una qualsiasi valutazione sulla tua persona e sul tuo comportamento, ci siano motivi sufficienti per escludere che la tua permanenza al preseminario possa esserti utile. Tu certo capisci che non è possibile continuare un rapporto educativo e di discernimento quando sono venute meno le condizioni di una fiducia di base. E questo «venir meno», di cui sono certo almeno da parte tua per quanto mi hai scritto, può succedere anche senza colpa di qualcuno in particolare. Capisco come questa situazione ti possa creare disagio, ma tu devi capire anche come sia difficile esprimere un motivo «penale» o un'accusa nei tuoi confronti; succede spesso – ti ripeto – che senza colpa di nessuno (o con qualche piccola o meno piccola «responsabilità» da parte di tutti) le relazioni tra persone siano compromesse in modo tale da rendere inefficace e perfino controproducente protrarle nel tempo.
Prendi atto di questa situazione e cerca di proseguire, in altro modo e luogo, il tuo cammino. Penso che questo sia il tuo bene possibile, in concreto. So che don Magistrelli ti ha scritto qualche giorno fa raccomandandoti umiltà e... anche un poco di riconoscenza per quanto è stato fatto con te e per te in questi anni.
Spero che queste mie considerazioni possano contribuire a darti pace.
Prego per te.

Diego Coletti

Saranno adesso gli organi competenti a verificare gli elementi di questa vicenda, visto che mentre questo libro è in fase conclusiva di realizzazione, Jarzembowski è stato sentito dai carabinieri di Trastevere a Roma, mentre Paolo, la presunta vittima, accompagnato dal proprio legale, ha avuto un incontro con gli avvocati della possibile controparte. A loro avrebbe di fatto ribadito le accuse e il racconto dell'amico polacco. Se questa vicenda dovesse essere accertata sarebbe clamorosa: per la prima volta infatti si scoprirebbero abusi sessuali compiuti all'interno dei sacri palazzi e, ancor più grave, in un preseminario che protegge e accudisce giovani desiderosi di servire messa nella basilica di San Pietro e magari di avviarsi lungo la strada del sacerdozio.

Finora simili vicende erano accadute fuori le mura, o almeno i casi conosciuti o denunciati avevano riguardato sempre storie oltre il perimetro della Città del Vaticano. Ma per una perfida sincronia, proprio mentre il pontefice disponeva i primi accertamenti, dopo aver ricevuto la lettera all'udienza generale in piazza San Pietro, ecco che in Vaticano e sui giornali in tutto il mondo esplodeva un'altra vicenda di sesso, e questa volta anche di droga, tenuta celata per mesi, e anch'essa accaduta incredibilmente ancora all'interno delle mura leonine.

Droga e party gay al Sant'Uffizio

In questo caso, le prime notizie informali alla Gendarmeria, il corpo di polizia all'interno del Vaticano, erano arrivate nell'inverno del 2016, tramite una lettera anonima in cui si raccontava senza particolari dettagli di alcuni incontri a luci rosse che si consumavano in uno degli edifici più importanti e simbolici nello scacchiere della Santa sede: il palazzo del Sant'Uffizio, o della Congregazione per la dottrina della fede, come si chiama dal 1965, secondo l'indicazione di Paolo VI. Posto a ridosso del colonnato, l'edificio sorge sul confine tra Italia e Vaticano, tanto da far parte di quelle proprietà che godono della cosiddetta extraterritorialità perché, pur essendo su suolo italiano, sono a tutti gli effetti pertinenze della Santa sede. Nella dimora vivono cardinali influenti come l'ex segretario particolare di Benedetto XVI, il tedesco Josef Clemens, e, all'ultimo piano con attico e superattico che affacciano su piazza San Pietro, l'ex numero uno della Prefettura degli affari economici, il cardinale Velasio De Paolis.

Nei mesi successivi alla ricezione della lettera anonima, erano scattati alcuni approfondimenti disposti con discrezione dal comandante della Gendarmeria, Domenico Giani, che aveva fatto avvicinare alcune suore che vivevano con i porporati nel palazzo per capire meglio cosa stesse accadendo. In queste situazioni la Gendarmeria si muove confrontandosi con l'arcivescovo Giovanni Angelo Becciu, potente ministro dell'Interno vaticano. Becciu è soprattutto una delle eminenze grigie della curia dai tempi di Ratzinger, cresciuto ancor più nel dopo-Bertone, andando a occupare tutti quei significativi vuoti di potere lasciati dal prudente e defilato nuovo segretario di Stato, il cardinale Pietro Parolin. Come sostituto della segreteria di Stato, Becciu aveva dato il nulla osta all'indagine, pregando solo di svolgerla nella più totale riservatezza.

Le voci erano tutte focalizzate su monsignor Luigi Capozzi, classe 1967, nato in costiera amalfitana a Maiori e arrivato anni prima nei sacri palazzi. Una promozione, sembra, sostenuta anche dal cardinale Giovanni Battista Re, classe 1934, vicedecano del Collegio cardinalizio. Re è molto devoto a san Pantaleone, patrono di Ravello, dove spesso si reca a presiedere le solenni celebrazioni in occasione della festa della Traslazione, la cosiddetta «San Pantaleone di maggio». In una di queste occasioni avrebbe conosciuto e apprezzato don Luigi, tanto da caldeggiarlo per un posto a Roma, alla Santa sede. In Vaticano non è passata inosservata la fulgida carriera di questo pastore, ordinato sacerdote ad Amalfi il 19 dicembre 1992, passato dalle anime della parrocchia di Agerola, popoloso rione della cintura metropolitana di Napoli, ai pescatori di Cetara, microscopico e incantevole borgo della costiera amalfitana a due passi da Vietri, fino ai corridoi della segreteria di Stato. «Capozzi ha coltivato per decenni il sogno di diventare monsignore – ricorda sorridendo don Patrizio Coppola, parroco e conoscente del sacerdote –, eravamo in seminario insieme, indossava sempre la talare, e spiccava la sua voglia di crescere, di fare carriera. Nel cassetto già aveva pronti i calzini rossi da vescovo.»[3]

In effetti aveva raggiunto traguardi ambiti: era diventato segretario di fiducia del cardinale Francesco Coccopalmerio, presidente del Pontificio consiglio per i testi legislativi, dal quale era tanto benvoluto da essere proposto per la promozione a vescovo.

Nell'indagine della Gendarmeria gli investigatori faticarono non poco a distinguere i fatti concreti da quel pettegolezzo del quale si accennava prima a proposito della vicenda del San Pio X e che animava le peggiori cattiverie su un sacerdote poco amato in curia. Anche perché i privilegi o presunti tali dei quali godeva Capozzi avevano indispettito più di un porporato e diversi vicini di casa dell'ex Sant'Uffizio. A iniziare proprio dal domicilio in quel prestigioso edificio, i cui appartamenti sono normalmente concessi solo ai più importanti cardinali e ai capi dicastero, fino all'auto di grossa cilindrata che, grazie alla targa Scv (Stato Città del Vaticano), permette di evitare perquisizioni da parte della polizia italiana.

Le voci su di lui si erano ulteriormente infittite con il progressivo aumentare delle lamentele sul viavai di giovani da e verso la sua abitazione. Da qui la scelta della Gendarmeria di compiere un blitz, certa che non avrebbe fatto un buco nell'acqua. Una sera di aprile la polizia vaticana aveva così suonato senza tanti preamboli a casa Capozzi. Aperta la porta, i gendarmi si erano imbattuti in un party gay a base di cocaina. Il sacerdote, all'apparenza poco lucido, aveva cercato di improvvisare qualche giustificazione, ma la situazione era indifendibile. Durante la perquisizione erano stati sequestrati alcuni grammi di cocaina che monsignor Luigi aveva in casa per rendere più festosi i suoi incontri omosessuali. Proprio nel palazzo dove per un quarto di secolo Ratzinger aveva indicato la dottrina della fede. La droga aveva reso ormai completamente dipendente il monsignore. Così era finito prima in clinica per disintossicarsi, poi in un monastero, dove si era trattenuto a lungo e da dove però ancora comunicava con il cellulare. Ed è illuminante il tenore del suo status nel servizio di messaggeria di WhatsApp: «La vita è troppo strana» scrive. «Ci vuole la tristezza per sapere cosa sia la felicità, il rumore per apprezzare il silenzio e l'assenza per valutare la presenza.» Da parte sua Coccopalmerio, il cardinale che più di tutti lo aveva seguito negli ultimi anni, si era chiuso in un rassegnato mutismo, vedendo incrinata anche la propria immagine.

Nel piccolo Stato la notizia crea un doppio scalpore: lascia attoniti il solo pensare che ormai la droga e i festini gay siano entrati in Vaticano, e smarriti che la notizia della perquisizione sia stata tenuta segreta per oltre tre mesi. Siamo in pieno pontificato di Francesco ma evidentemente nascondere le cose è consuetudine davvero difficile da sradicare. Per settimane e settimane la storia di don Luigi è rimasta un segreto custodito da pochi, patrimonio esclusivo della gerarchia vaticana. Un segreto protetto dai gendarmi, dai medici della clinica dove il monsignore è stato curato per disintossicarsi e dai pastori del monastero dove è stato poi ospitato.

Una riservatezza quasi ossessiva, portata avanti per diversi e opposti motivi, che merita un approfondimento per provare a chiarire i motivi di questo anacronistico silenzio che ancora oggi va a incidere su una situazione già compromessa dai tanti scandali irrisolti, lasciando impuniti i responsabili.

Alla base c'è sicuramente la volontà di proteggere il pontificato da episodi che rischiano di incrinare la fiducia verso il papa. Questo è facilitato dall'assenza nel piccolo Stato di una stampa libera e indipendente. Ogni organo d'informazione, dalla tv alla radio, dall'«Osservatore Romano» al servizio d'informazione religiosa, dipende direttamente dal governo della Città del Vaticano. Ed è quindi impensabile che questi mezzi diano notizie diverse da quelle decise dalle autorità centrali e, in particolare, dalla segreteria per la Comunicazione. Con le dovute differenze, essendo comunque il Vaticano una monarchia assoluta, è come se in uno Stato gli unici media presenti fossero capillarmente controllati dal governo: impossibile che escano notizie che possano evidenziare situazioni negative. La quotidianità del Vaticano è seguita da un consistente gruppo di giornalisti, corrispondenti da Roma dei principali media mondiali, e da altrettanti colleghi italiani chiamati «vaticanisti» proprio perché specializzati nel seguire l'unica teocrazia presente sul pianeta. Al di là di quelli che si dedicano specificamente alla missione pastorale del sommo pontefice, i giornalisti faticano a reperire in maniera libera e indipendente notizie sulle attività proprie dello Stato.

La prova più evidente si è avuta proprio con il processo celebrato a partire dal novembre del 2015, e poi conclusosi con il pieno proscioglimento, a carico del giornalista Emiliano Fittipaldi e del sottoscritto, per aver pubblicato due saggi sul malaffare nel piccolo Stato. Le telecamere e i fotografi non erano ammessi. I giornalisti non potevano seguire le udienze in aula o in diretta *streaming* dalla sala stampa, dovevano attendere il resoconto di alcuni colleghi selezionati o sorteggiati. Una situazione paradossale, un filtro sul quale varrebbe la pena interrogarsi.

C'è anche chi alimenta il segreto sulle questioni spinose – dai party gay alla corruzione e alla malversazione di denaro – per tutelare persone vicine a certi blocchi di potere, affari opachi e privilegi. Insomma, il versetto del *Vangelo di Matteo* «è inevitabile che avvengano scandali, ma guai all'uomo per colpa del quale lo scandalo avviene» finisce dimenticato, sbianchettato dalla prassi quotidiana.[4] Tra i gruppi di potere è indiscutibilmente forte quello che negli ultimi anni è stato indicato, a volte persino impropriamente, come vedremo, la lobby gay.

Lobby gay e mutuo soccorso segreto

Don Luigi Capozzi aveva ricoperto incarichi delicatissimi in curia, come quando, nell'autunno del 2012, nelle vesti di segretario del cardinale Julián Herranz, aveva seguito i lavori della commissione cardinalizia d'inchiesta voluta da Ratzinger per analizzare le criticità della curia romana, dopo lo scandalo Vatileaks e alla vigilia delle sue dimissioni.[5] Il 17 dicembre di quell'anno la commissione consegnò a Benedetto XVI i due tomi del dossier all'interno dei quali era ricostruita l'impietosa fotografia della curia romana, tra scandali e veleni, affarismo, gestione sconsiderata delle offerte e dei casi di pedofilia, con denunce che arrivavano da ogni angolo del mondo, accuse contro il segretario Bertone, cordate pro e contro Ratzinger, e l'amara scoperta dell'esistenza di una lobby gay in Vaticano. Ma si trattava davvero di una scoperta?

In realtà la lobby gay in curia esiste da quasi metà secolo e tutti ne sono sempre stati a conoscenza. Certo, nessuno aveva mai avuto il coraggio di parlarne ufficialmente, ma lo sapevano tutti, persino i più stretti collaboratori di Giovanni Paolo II. Forse l'unico a non esserne pienamente a conoscenza era proprio Benedetto XVI; al contrario di Bertone, informato dell'esistenza di tendenze omosessuali in curia, e del fatto che queste potessero costituire un blocco di potere, come documenta una lettera riservata, datata 8 maggio 2011, di monsignor Carlo Maria Viganò, all'epoca segretario generale del Governatorato. Nello scritto, pubblicato dal «Fatto Quotidiano» il 27 gennaio 2012, Viganò, prima di essere rimosso e trasferito negli Usa come nunzio apostolico, aveva denunciato fatti di corruzione, parlando infine di una cospirazione ai suoi danni. In uno dei passaggi della lettera, Viganò puntava il dito contro uno dei fedelissimi di Bertone, forse consapevole che ormai la sua fine fosse vicina:

> Per quanto riguarda il dottor Simeon, pur essendo per me più delicato parlarne, atteso che dai media risulta essere persona particolarmente vicina a vostra eminenza, non posso tuttavia esimermi dal testimoniare che, da quanto personalmente sono venuto a conoscenza in qualità di delegato per le rappresentanze pontificie, il dottor Simeon risulta essere un calunniatore (nel caso a mia precisa conoscenza, di un sacerdote) e che lui stesso è omosessuale. Tale sua tendenza mi è stata confermata da prelati di curia e del servizio diplomatico. Su questa grave affermazione che faccio nei confronti del dottor Simeon sono in grado di fornire i nomi di chi è a conoscenza di questo fatto, compresi vescovi e sacerdoti.[6]

In effetti il dottor Simeon, che ha sempre respinto con fermezza queste accuse e querelato i giornali che ne diedero risalto, in quegli anni, insieme ad altri ecclesiastici di curia, era riuscito a consigliare alcuni importanti cardinali su diverse scelte politiche della Santa sede, grazie alla sua amicizia con Bertone, che si fidava ciecamente di lui. Poco prima delle dimissioni di Benedetto XVI, però, quel gruppo aveva iniziato a sfaldarsi grazie all'intervento di Ratzinger e del suo segretario particolare, allarmati entrambi dalla *relatio* dei tre cardinali detective che avevano scandagliato la curia in cerca di informazioni anche sull'argomento. Eccola la famosa lobby gay formata da quattro, forse cinque persone di cui parla Benedetto XVI nel suo testamento spirituale. Peccato però che i festini gay e gli alti prelati coinvolti continuino a far disperare il povero Francesco. Sempre che la lobby omosessuale sia stata davvero debellata.

Dalla lettura del corposo documento, Ratzinger rimase sconcertato. Nonostante abbia smentito che la sua rinuncia al pontificato sia arrivata a causa di questo, trasse una buona dose di amarezza proprio da quelle pagine in cui si parlava di gruppi gay attivi all'interno delle sacre mura. Gruppi in grado di condizionare le nomine e l'aggiudicazione dei lavori, capaci di influenzare le scelte di alcuni porporati, arrivando a indebite «protezioni», alla gestione di illegittimi privilegi nell'ottica propria della lobby che assicura posizioni dominanti ai suoi membri.

Nel dossier, secondo la giornalista italiana Concita De Gregorio,[7] sarebbero indicati dai tre cardinali detective anche i luoghi degli incontri a luci rosse: alcuni appartamenti in Vaticano, una residenza universitaria e il centro estetico «Priscilla», che sarebbe riconducibile al fedelissimo di Bertone, Marco Simeon. È stato lo stesso Benedetto XVI a confermare l'esistenza di questa lobby gay attiva in Vaticano sotto il suo pontificato, ma ha preferito farlo a distanza di quattro anni dalla lettura del dossier Vatileaks, solo dopo essere divenuto ormai papa emerito: «Effettivamente mi fu indicato un gruppo – ammise – che nel frattempo abbiamo sciolto. Era appunto segnalato nella commissione di tre cardinali che si poteva individuare un piccolo gruppo di quattro, forse cinque persone. L'abbiamo sciolto. Se ne formeranno altri? Non lo so. Comunque il Vaticano non pullula certo di casi simili».[8]

E così, subito dopo lo scandalo Vatileaks, sia Benedetto XVI, nelle ultime settimane del suo pontificato, sia Francesco, appena eletto, procedettero con spostamenti interni e promozioni per destrutturare la lobby gay. Uno dei cerimonieri pontifici, monsignor Francesco Camaldo, e un laico furono rimossi dai loro incarichi o non rinnovati, un monsignore fu spedito all'estero, in America Latina, un cardinale che fino al giorno prima era in predicato per essere nominato a ruoli di primo piano fu trasferito ad altra struttura e quindi zittito.

Bergoglio fin dagli inizi ha cercato di indebolire questa struttura occulta. La discussione sulla lobby gay prese piede nei giorni immediatamente successivi alla sua elezione. Subito dopo il conclave fu pubblicato un libro-testamento di don Andrea Gallo che confermava senza troppi indugi l'esistenza di una lobby omosessuale dentro i sacri palazzi: «Esiste una lobby omosessuale molto forte: un gruppo di vescovi che nasconde la propria omosessualità e la sublima non nella castità bensì nella ricerca del potere; cercano di allungare la catena che li unisce creando altri vescovi omosessuali».[9]

C'è stata una significativa continuità tra i due pontificati, grazie soprattutto a Benedetto XVI. Il 23 marzo 2013 il neoeletto papa Francesco volò in elicottero a Castel Gandolfo per salutare il suo predecessore e pranzare in sua compagnia. In quell'occasione i due papi vennero ritratti dai fotografi dell'«Osservatore Romano» intenti a discutere, seduti in salotto. Accanto a loro dominava una grande e misteriosa scatola bianca. Si saprà ufficialmente solo molto tempo dopo che quella cassa conteneva il dossier Vatileaks che Ratzinger aveva consegnato personalmente al suo successore, affinché conoscesse tutte le piaghe che affliggono la curia. Tre mesi dopo, nel giugno del 2013, Francesco, evidentemente dopo aver letto il dossier, parlò per la prima volta di lobby gay. Ma non in pubblico. Lo fece nel corso di un incontro con i rappresentanti della Confederazione latinoamericana dei religiosi (Clar). A riportare le sue parole fu il sito cattolico latinoamericano Reflexión y Liberación: «In Vaticano esiste una lobby gay. Nella curia ci sono persone sante, davvero, ma c'è anche una corrente di corruzione. Si parla di una lobby gay, ed è vero, esiste. Noi dobbiamo valutare cosa si può fare».

A questo punto bisogna porsi una domanda fondamentale. Nel testamento spirituale affidato a Peter Seewald, Benedetto XVI dichiarò per ben due volte: «Abbiamo sciolto quel gruppo», facendo intendere che lo scioglimento della lobby gay era avvenuto sotto il suo pontificato, quindi prima del 28 febbraio 2012. Ma se è così, per quale motivo Francesco nel giugno del 2013 insiste nel dire: «Dobbiamo valutare cosa si può fare»? La lobby si è riformata o non è mai stata sciolta? Persistendo nella Chiesa il voto di castità ed essendo bandita l'omosessualità, il problema inevitabilmente si ripropone. Un'indagine a campione in alcune diocesi è stata compiuta proprio da quel don Coppola, compagno di seminario di don Luigi Capozzi: «È un approfondimento al quale mi sono dedicato negli ultimi anni – premette –, ma i risultati, seppur senza alcun valore di statistica, sono sconfortanti: il 70 per cento dei sacerdoti sono omosessuali, il 20 per cento seguono il voto di castità, mentre un 10 per cento sono eterosessuali che praticano. In Vaticano l'omosessualità è purtroppo di casa, Francesco sta cercando con ardore, forza e coraggio di scardinare la lobby gay ma incontra difficoltà enormi. Il problema rimane nei seminari perché vi si accoglie tutti e noi sacerdoti non ci rendiamo conto, o facciamo finta di non accorgerci, che molti che bussano sono gay. Perché questo avviene? Forse perché queste persone trovano nel sacerdozio il punto di riferimento per essere riammesse in questa società un po' ipocrita e superficiale. E così diverse diocesi accolgono tutto e tutti perché non hanno sacerdoti. La domanda da porsi è molto semplice: i sacerdoti che vengono da paesi poveri con gravi problemi di sussistenza sono tutti votati e chiamati da Cristo o chiedono di essere ordinati perché hanno fatto una scelta di convenienza?».[10]

A conferma delle parole di Francesco, inoltre, ci sono le dichiarazioni di uno dei suoi principali collaboratori, il cardinale Óscar Rodríguez Maradiaga, arcivescovo di Tegucigalpa (Honduras) e coordinatore del C9. Intervistato dal quotidiano «El Heraldo» nel gennaio del 2016, rispondendo alla domanda se ci siano state infiltrazioni gay in Vaticano, disse: «Non solo questo: anche il papa l'ha detto, in questo senso c'è persino una lobby. A poco a poco il papa sta cercando di intervenire. Uno può capire gli omosessuali, e c'è una legislazione pastorale che se ne occupa, ma ciò che è sbagliato non può diventare verità».[11]

A rendere ancor più incandescente la situazione è un'altra intervista, del 19 gennaio 2014. A parlare non è una persona qualsiasi ma l'ex comandante delle guardie svizzere, l'esercito più piccolo del mondo, che da oltre cinquecento anni difende il papa e i suoi palazzi. Dialogando con il settimanale elvetico «Schweiz am Sonntag», Elmar Theodor Mäder, cinquantun anni, il colonnello che dal 2002 al 2008 ha guidato l'esercito svizzero al servizio del pontefice, puntò l'indice: «Esiste in Vaticano una lobby gay talmente potente da essere pericolosa per la sicurezza del pontefice. Dell'esistenza di quella lobby posso parlare per esperienza personale». Nell'intervista l'ex comandante delle guardie svizzere svelava qualche sorprendente retroscena. La situazione era degenerata al punto che proprio in prima persona aveva dovuto mettere sull'avviso i suoi uomini riguardo alle attenzioni e alle *avances* di alcuni esponenti della curia.

«Il problema è che questa rete – sottolineava – è composta da persone talmente fedeli l'una all'altra da costituire una sorta di società segreta. Per questo motivo, se avessi scoperto che uno dei miei uomini era gay, mai e poi mai gli avrei consentito di fare carriera. Anche se per me l'omosessualità non costituisce un problema, il rischio di slealtà sarebbe stato troppo elevato.»[12] A queste parole, la reazione del Vaticano non si fece attendere e fu affidata a Becciu, che dalle colonne de «la Repubblica» lanciò un appello: «Ancora una volta si parla dell'esistenza di una lobby gay in Vaticano, ma come altre volte è capitato non si fanno né nomi né cognomi». Dichiarazioni che vennero anche lette da una parte della curia come un chiaro segno di debolezza. Non c'era certo bisogno di una pubblica denuncia per individuare i componenti della lobby gay sulla quale, del resto, erano stati dettagliatamente informati sia Benedetto XVI sia Francesco.[13] Da parte sua Francesco, dopo aver affermato, nel giugno del 2013, sul volo di ritorno da Rio de Janeiro, che «esiste una lobby gay», un mese dopo, a luglio, aveva cercato di ridimensionare la portata della sua denuncia: «Si scrive tanto della lobby gay, io ancora non ho trovato chi mi presenti la carta d'identità in Vaticano con scritto "gay". Dicono che ce ne sono. Credo che quando uno si trova con una persona così, deve distinguere il fatto di essere un gay dal fatto di fare una lobby, perché nessuna lobby è buona!».

Quando il teologo presentò Eduard, amore della sua vita

Che ci siano molti gay in Vaticano, però, è cosa risaputa da decenni. Uno di questi è uscito allo scoperto, facendo coming out in diretta mondiale il 3 ottobre 2015, a pochi giorni dall'apertura del Sinodo per la famiglia. Si tratta di monsignor Krzysztof Charamsa, teologo polacco e docente universitario alle dipendenze della Congregazione per la dottrina della fede, che in una conferenza stampa a pochi passi dal Vaticano aveva presentato il suo compagno Eduard ai giornalisti di tutto il mondo. «Esco finalmente dall'armadio, sono gay e questa è la persona che amo» aveva affermato l'ormai ex monsignore che oggi vive a Barcellona. Qualcuno disse in Vaticano che con quell'uscita pubblica voleva condizionare i lavori del Sinodo per conto della famosa lobby gay, intenzionata a far passare delle aperture per i sacerdoti omosessuali. Sarà vero? Faceva quindi anche lui parte della lobby? Intervenne lo stesso Charamsa a chiarire la sua posizione:

> Nei miei rapporti con il clero, non ho mai fatto parte di nessuna lobby gay né di alcun circolo «nascosto», né sono mai entrato in contatto con gruppi del genere. Forse è proprio per questa ragione che sono rimasto isolato anche nella comunità ecclesiastica. Sono sempre stato un prete profondamente credente, mi attenevo a una rigorosa scala di valori, nella quale non potevano avere spazio i gruppi di sostegno. Non ho mai voluto neanche sapere chi fossero gli altri gay in abito talare. Volevo tenermi lontano dall'ossessione diffusa: fuori omofobi per distruggere la vita agli omosessuali, dentro più gay che in qualsiasi altro ambiente. Preferivo addirittura ignorare l'esistenza dei preti gay. Esistevo già io... Chi mi conosce sa che non ho tanta fantasia: ciò che ho visto nel Sant'Uffizio pare fantascienza velata

da apparente normalità e serietà. I superiori insinueranno che una lobby gay mi abbia fatto il lavaggio del cervello, mi abbia pagato e mi abbia offerto un lavoro. Ma l'unica lobby che io abbia mai incontrato è quella cattolica, tanto omosessuale quanto omofoba.[14]

Chi si schierò frontalmente contro fu don Dariusz Oko, teologo e docente dell'Università Giovanni Paolo II di Cracovia. Il sacerdote da sempre è in lotta contro l'omosessualità nella Chiesa, tanto da sostenere nei suoi diversi studi accademici l'esistenza di una «omoeresia». All'indomani del coming out di Charamsa, era stato molto risoluto: «Credo che Charamsa faccia parte della lobby gay di cui ha parlato Francesco. Suppongo che quanto compiuto dal monsignore faccia parte di un complotto ordito con cura artigianale, probabilmente per indebolire, al Sinodo, la posizione dei vescovi polacchi e di tutti i vescovi fedeli all'insegnamento della Chiesa e del Vangelo. Credo voglia colpire anche la posizione della Congregazione per la dottrina della fede e tentare di indurre i padri sinodali ad accettare l'omosessualità nella Chiesa».[15] Don Oko era stato uno dei primi a parlare apertamente di lobby gay, con uno studio pubblicato sulla rivista polacca «Fronda» nel quale affermava, come riportato dal sito lanuovabussolaquotidiana.it, che «la Chiesa è infiltrata pesantemente da una potente lobby gay, che decide nomine e promozioni attraverso un meccanismo di ricatti e omertà».

A parlare di gruppi omosessuali all'interno del Vaticano, senza remore e in modo ancor più preciso, è stato il teologo tedesco David Berger, dal 2009 al 2010 lettore della Congregazione per la dottrina della fede ed ex docente della Pontificia accademia San Tommaso d'Aquino, dalla quale è stato allontanato dopo aver fatto coming out subito dopo il 2010. In un'intervista al sito Lettera43, Berger ha confermato:

> In Vaticano mi capitava spesso di essere avvicinato per avere «contatti» con i religiosi. E poi c'erano i monsignori, ognuno con il loro segretario, il loro autista, il loro aiutante personale. Spesso giovane e latinoamericano. Restai stupito i primi tempi. In Vaticano esisteva in parte il fenomeno del *do ut des*. Ma quello che ho potuto vedere, in sette anni di soggiorno a Roma, era più che altro, semplicemente, la pratica diffusa dell'omosessualità. Non dichiarata, ma palese. E nemmeno legata al desiderio di fare carriera in curia. La sera frequentavo i luoghi gay della capitale e non di rado mi imbattevo in religiosi. Mi ricordo bene degli incontri fatti all'Hangar, un locale gay di Santa Maria Maggiore. E, all'aperto, nel parco di Monte Caprino, vicino al Campidoglio. Da lì un giorno sono anche finito in un appartamento di Monte Mario. Era una casa di cui ogni religioso aveva la sua chiave. C'era un viavai: si entrava e si usciva, senza impegno. In Vaticano la pratica omosessuale è consolidata e inconfessabile, anche se è molto più frequente rispetto alle sedi periferiche. Dubito che il pontefice [Benedetto XVI, *nda*] si fosse reso conto di un fenomeno di tali proporzioni.[16]

Come afferma Berger, gli incontri avvenivano in svariati locali gay di Roma o in appartamenti privati. Gli stessi luoghi «mappati» da Carmelo Abbate nella sua inchiesta *Sex and the Vatican. Viaggio segreto nel Regno dei Casti*,[17] dove ha raccontato le abitudini gaie di preti, religiosi e monsignori. Il suo viaggio inizia in una sauna dove un giovane gay consuma sesso occasionale con un altro uomo, che poi scoprirà essere un sacerdote. Seguono feste in un locale di Testaccio frequentato da preti ossessionati – conferma Abbate – da una sessualità bulimica, compulsiva, nata da situazioni di solitudine e di alcolismo. E poi chat erotiche, incontri clandestini, visione di filmati pornografici su internet, tutti contraddistinti da un generale senso di vuoto. Un vuoto interiore che s'impadroniva e s'impadronisce di questi uomini di Chiesa una volta chiusa la porta della parrocchia e congedati i fedeli.

L'esistenza della lobby all'interno del Vaticano è stata dunque confermata da più fonti, tutte molto autorevoli: Benedetto XVI, papa Francesco, l'ex comandante delle guardie svizzere. A volte qualche alto prelato ha cercato di ridimensionarne ruolo e portata, ma rimane una realtà che soffoca trasparenza, meritocrazia e democrazia nei processi decisionali della curia.[18] Che un gruppo gay sia ancora attivo all'interno delle sacre stanze è confermato dall'episodio di don Luigi Capozzi, che esprime tutta l'attualità dell'allarmante questione. Perché infatti questo monsignore godeva quantomeno di inconsueti privilegi? Chi e perché glieli aveva concessi? «La lobby gay si crea – prosegue don Coppola – per le ramificazioni sentimentali e più spesso sessuali che si sviluppano di nascosto tra i prelati omosessuali. È chiaro che dopo una relazione clandestina rimane un segreto da condividere e gestire che diventa foriero anche di indulgenze, favori, pressioni o ricatti in un turbinio di forze contrapposte che nulla hanno a che vedere con il Vangelo. Di certo la situazione rispetto al passato è peggiorata perché nessuno riesce a risolverla.»

Già dai tempi di Paolo VI i comportamenti omosessuali in curia erano noti, ma non se ne parlava. E questo non era un problema. Il problema è sorto quando alcuni sacerdoti, uniti dalla loro omosessualità, sono arrivati a influenzare le scelte di potere dei più stretti collaboratori del papa. La rete omosessuale del Vaticano è diventata col passare degli anni una filiera che riesce a mettere in moto la cosiddetta macchina del fango contro questo o quel personaggio di curia, a promuovere carriere e azionare meccanismi clientelari.

Se il teologo Berger ha affermato che nei primi anni Duemila l'omosessualità in Vaticano non era tanto legata al desiderio di fare carriera in curia, in tempi più lontani le cose andavano diversamente. Ne è un esempio quanto accadde all'ex cerimoniere pontificio Tony Adams, pastore americano del Connecticut oggi sessantacinquenne, addetto dell'ufficio Cerimonie pontificie negli anni Settanta, sotto il pontificato di Paolo VI prima e di Giovanni Paolo II poi. Adams è un sacerdote gay, mai ridotto allo stato laicale (soltanto allontanato dalla sua diocesi di Hartford), nemmeno dopo essersi sposato con il suo compagno dieci anni fa. In un'intervista rilasciata nel 2013 alla «Gazzetta del Mezzogiorno» ha svelato un retroscena desolante:

> Tutti all'interno del Vaticano sapevano delle storie che nascevano tra giovani preti e alti prelati, ma tutti facevano finta di niente, ignoravano, come uniti da un tacito accordo. Anche io ho avuto una storia con un uomo importante della Chiesa, non lo nascondo. E l'ho fatto sperando di fare carriera. Lui diventò arcivescovo di una cittadina polacca quando Karol Wojtyła era appena diventato papa. Pensavo che una storia con un suo conterraneo mi facesse fare carriera all'interno del Vaticano. Io ero un giovane prete, cedetti alle sue *avances*, solo dopo scoprii che Wojtyła lo detestava. A quel punto fu una bella delusione e decisi di lasciare il Vaticano per tornarmene in Connecticut. Volevo trovare un compagno vero, volevo pensare alla mia vita.[19]

Non è un caso forse che quel potente vescovo polacco, come riporta il quotidiano, nel 2002 fosse poi finito al centro di uno scandalo di molestie sessuali: le vittime erano dei giovani seminaristi. Nell'ottobre del 2015 padre Adams, in viaggio in Italia, accetta di rilasciare un'intervista alla trasmissione Mediaset *La strada dei miracoli*, e per la seconda volta alla

«Gazzetta del Mezzogiorno». E aggiunge qualche dettaglio inedito:

> Quando ero giovane, ed ero al Vaticano, tutti sapevano dell'omosessualità che regnava sovrana tra i preti, tutti sapevano delle relazioni anche tra cardinali e giovani sacerdoti, ma nessuno diceva e faceva niente. Si sapeva e basta, e si copriva tutto. E si faceva sesso anche per fare carriera in Vaticano, anch'io l'ho fatto con quell'arcivescovo polacco. Ma non feci carriera. Anzi, dopo quella storia capii che molti uomini che lì dentro portavano la tonaca più che Dio amavano il potere. Ecco perché decisi di lasciare Roma e il Vaticano e di ritornare nel Connecticut dove, poi, ho incontrato l'amore della mia vita.[20]

Nei confronti di padre Adams non c'è mai stato alcun provvedimento canonico del Vaticano: il sacerdote gay fu convocato nel 2014 in diocesi nel Connecticut tramite una lettera e gli fu proposta (e non imposta) una riduzione allo stato laicale. Scelta che lui rifiutò, decidendo di rimanere prete. Sposato con un uomo, ma pur sempre prete.

Radici quindi profonde che si intrecciano con quelle di vicende tanto passate quanto irrisolte e che ipotecano ogni futuro, periodicamente riproponendosi in un incubo che sembra non finire mai. Questa maglia fitta di fili neri di misteri e denaro, e rossi di sangue e morti misteriose, costituisce il più poderoso freno all'azione riformatrice di questo papa. Finché non ci si libererà di questi ricatti, di queste storie torbide mai chiarite, ogni pontificato sarà impedito nel cambiamento.

---

1 Sodano è ancora oggi una delle figure di maggior riferimento e potere nella curia romana. Nato a Isola d'Asti nel 1927, fu elevato alla

dignità cardinalizia nel concistoro del 28 giugno 1991, per esser scelto tre giorni dopo come segretario di Stato da Giovanni Paolo II. Ha mantenuto questo incarico fino al 2006, quando Benedetto XVI accettò la sua rinuncia per raggiunti limiti di età. In passato è stato al centro di critiche e polemiche soprattutto per aver sostenuto Marcial Maciel Degollado, fondatore dei Legionari di Cristo, condannato nel 2006 dalla Santa sede per atti di pedofilia compiuti su alcuni giovani seminaristi della sua congregazione. Un altro momento critico risale al 2010, quando l'arcivescovo di Vienna, il cardinale Christoph Schönborn, molto vicino a Joseph Ratzinger, lo accusò di aver bloccato la creazione di una commissione d'inchiesta sugli abusi sessuali di cui era stato accusato il suo predecessore Hans Hermann Groër. Oggi è decano del Collegio cardinalizio.

2 Il chiacchiericcio e la maldicenza sono in effetti molto diffusi nei dicasteri della Santa sede e negli anni sembra che a nulla siano valsi i moniti, di Benedetto XVI prima e ora di Francesco, per far cessare le voci che alimentano tensioni ed enfatizzano spaccature all'interno del piccolo Stato. Per questo, nel marzo del 2016, uno dei collaboratori più acuti e vicini a Bergoglio, monsignor Dario Edoardo Viganò, prefetto della segreteria per la Comunicazione, è uscito con il pamphlet *Il brusio del pettegolo. Forme del discredito nella società e nella Chiesa* (Edb 2016) in cui ha evidenziato l'indirizzo di Bergoglio: «Papa Francesco ci invita a usare un linguaggio positivo, che non insiste tanto su quello che non si deve fare, ma va alla ricerca per proporre quello che si può fare meglio. Se ci sono degli aspetti negativi da denunciare, facciamoli seguire da prospettive positive d'impegno, per non diventare dei professionisti del lamento e della nostalgia, specializzati in rimproveri ed esperti di negatività. Se ascoltiamo le persone saremo in grado di capire le loro necessità».

3 Colloquio con l'autore, luglio 2017.

4 Nel *Vangelo di Luca* lo stesso concetto è così rafforzato: «È impossibile che non avvengano scandali, ma guai a colui che li produce».

5 La commissione costituita nell'aprile del 2012 era formata da tre cardinali ultraottantenni: oltre a Herranz, lo slovacco Jozef Tomko e l'italiano Salvatore De Giorgi.

6 Marco Lillo, *L'altro Vaticano: truffe, furti nelle ville pontificie e fatture contraffatte*, «il Fatto Quotidiano», 27 gennaio 2012.

[7] Concita de Gregorio, *Sesso e carriera, i ricatti in Vaticano dietro la rinuncia di Benedetto XVI*, «la Repubblica», 21 febbraio 2013.

[8] Peter Seewald (a cura di), *Benedetto XVI – Ultime conversazioni,* Garzanti, Milano 2016.

[9] Don Andrea Gallo, *In cammino con Francesco,* Chiarelettere, Milano 2013.

[10] Colloquio con l'autore, 23 luglio 2017.

[11] Dopo le parole del papa, nel luglio del 2013 il vaticanista Sandro Magister sul suo blog fece addirittura nomi e cognomi riconducibili alla lobby gay. Nell'articolo intitolato *Il prelato della lobby gay* puntò il dito contro il fedelissimo di Bergoglio, Battista Ricca, potente prelato dello Ior, la banca del Vaticano, e direttore della residenza di Francesco, Sanctae Marthae, oltre che di altre residenze ecclesiastiche. Il papa smentì tutto.

[12] Le dichiarazioni dell'ex comandante delle guardie svizzere erano arrivate due settimane dopo un'altra intervista del settimanale «Schweiz am Sonntag» a una ex guardia che aveva svelato di aver subito molestie sessuali in Vaticano, sia da parte di un cardinale che aveva il vizio di chiamarlo di notte sul cellulare per invitarlo nel suo appartamento, sia da un dipendente ecclesiastico della segreteria di Stato.

[13] Nell'intervista Becciu era particolarmente incalzante: «Da ex guardia svizzera Mäder sa bene che le dicerie, le accuse, per non dire le calunnie vanno sempre circostanziate e provate. Troppo facile parlare in generale, accusare il Vaticano di avere qualcosa che non va al suo interno senza fare nomi. Quando era in servizio, egli aveva dei sospetti? Questi sospetti sono ancora presenti? È questo che va sostenendo? Benissimo, venga qui e ci dica esattamente a chi si riferisce. Siamo disposti ad ascoltarlo e a prendere nota. C'è chi ha parlato di una lobby gay, ma nessuno ancora ha capito dove sarebbe questa lobby. Papa Francesco per primo vuole chiarezza e verità, e così tutti noi» (Articolo non firmato: *Lobby gay, il papa vuole chiarezza ma basta denunce anonime: chi sa parli*, «la Repubblica», 21 gennaio 2014).

[14] Krzysztof Charamsa, *La prima pietra. Io, prete gay e la mia ribellione all'ipocrisia della Chiesa*, Rizzoli, Milano 2016.

[15] Fabio Marchese Ragona, *Complotto della lobby omosex contro le denunce di Francesco,* «Il Giornale», 4 ottobre 2015.

[16] Barbara Ciolli, *Vaticano, pratiche gay diffuse nella Santa Sede*, Lettera43.it, 21 marzo 2013.

[17] Carmelo Abbate, *Sex and the Vatican. Viaggio segreto nel Regno dei Casti*, Piemme, Milano 2012.

[18] Chi di recente ha voluto invece ridimensionare pubblicamente il potere attribuito alla lobby gay è stato il prefetto della Casa pontificia, monsignor Georg Gänswein. L'arcivescovo tedesco, che aiutò Ratzinger alla fine del suo pontificato a debellare il gruppo omosessuale, in un'intervista televisiva ha smentito il fatto che questo esistesse ancora e che fosse stato un gruppo di potere in grado di condizionare nomine e trasferimenti: «Qui viene esagerata l'importanza di questa lobby gay. È stata data una risposta, una soluzione a questo problema a suo tempo. Basta. Parlare di potere lo ritengo non esagerato, ma cento volte esagerato» (Fabio Marchese Ragona, intervista a monsignor Georg Gänswein, *Matrix*, Canale 5, 5 aprile 2017). Tutto falso anche per il monsignor Francesco Camaldo, soprannominato Jessica, già decano dei cerimonieri pontifici. In un'intervista anonima concessa al quotidiano «Libero» il 9 febbraio 2014, Jessica, definito «un cerimoniere del papa accantonato da Francesco», affermò: «Quella della lobby gay è stata tutta una montatura. Anche i tre cardinali 007 avevano detto che nelle loro carte non c'era nulla di clamoroso, ma i giornalisti hanno preferito dedicarsi al gossip».

[19] Carmela Formicola, Lia Mintrone, *Dalla Puglia la storia «Io, prete gay e sposato ecco i segreti del Vaticano»*, «La Gazzetta del Mezzogiorno», 13 giugno 2013.

[20] Carmela Formicola, Lia Mintrone, *Prete gay Tony Adams sposato da 8 anni. «Si sa, ma tutti zitti»*, «La Gazzetta del Mezzogiorno», 12 ottobre 2015.

Appendice

I documenti riservati

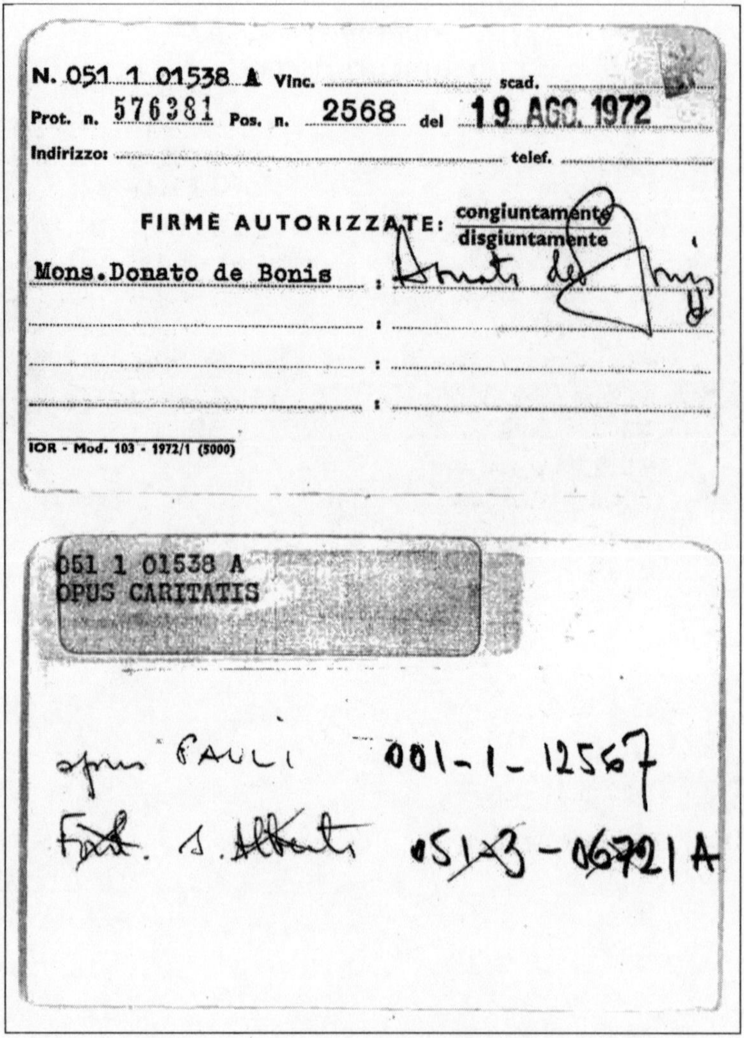

N. 051 1 01538 A Vinc. .... scad. ....
Prot. n. 576381 Pos. n. 2568 del 19 AGO. 1972
Indirizzo: .... telef. ....

FIRME AUTORIZZATE: congiuntamente / disgiuntamente

Mons.Donato de Bonis : Donato de Bonis

IOR - Mod. 103 - 1972/1 (5000)

051 1 01538 A
OPUS CARITATIS

opus PAULI 001-1-12567

~~Fond.~~ A. ~~Alberto~~ 051-3-06721 A

I documenti pubblicati in queste pagine sono tratti dall'archivio riservato dello Ior.
Cartellino (fronte e retro) del conto «Opus Caritatis» (051 1 01538A), aperto il 19 agosto 1972, con firme autorizzate: monsignor Donato de Bonis, segretario generale della banca. Il deposito risulta collegato ai conti «Opus Pauli» (001 1 12567) e «Fond. A. Alberto» (051 3 06721A): rappresenta uno dei primi riferimenti contabili della galassia Ior utilizzata per riciclare tangenti.

Lire	
001-3-14993	Agnes
16332	"
16145	S. Giuliano
15924	Lencemia
14337	S. Caterina
14597	S. Martino
14774	Spellman
16976	Fond. Giglio
16899	Loreto S. Casa
17007	S. Dino
09862	Sepe
11746	Sua Sant.
11595	Mons. Stan.
16764	Jonas Found.

Dollari	
051-3-06511	S. Caterina
-05213	S. Teresa
02370	LOURDES
051-6-00175	S. Marco
051-3-01835	Sepe
04011	Sua Sant.
04020	Don Stanisl.
10054	CHARITY
051-1-01539	De Bonis

001-1-10015 A. Di Jorio
2-1765 De Bonis
6-02477 "
001-8-90820 Gatti
[illegible]

Un appunto vergato a mano da monsignor De Bonis e da lui firmato, privo di data, che riporta l'intestazione di ventisette conti correnti riferibili a fondazioni inesistenti, nomi in codice per proteggere clienti eccellenti. I quattro conti intestati a «Sua Sant.», «Mons. Stan.» e «Don Stanisl.» rendono concreta l'ipotesi che monsignor De Bonis gestisse le operazioni bancarie di Wojtyła e del suo segretario particolare, l'attuale cardinale Stanisław Dziwisz.

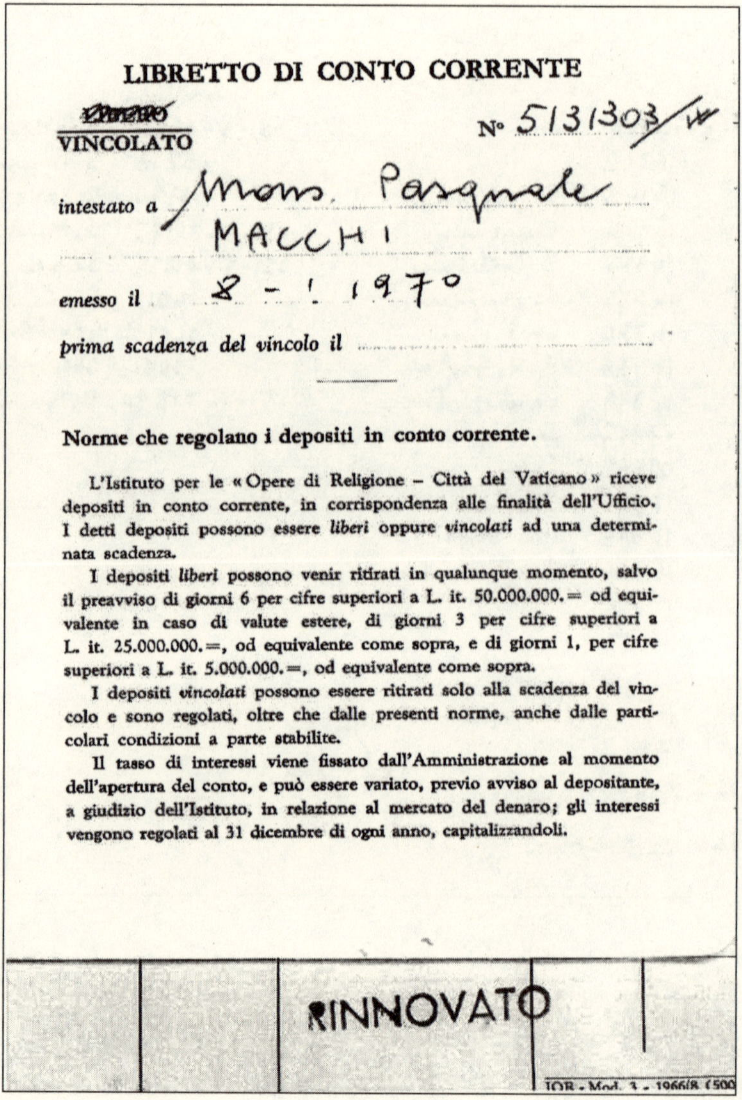

LIBRETTO DI CONTO CORRENTE

~~LIBERO~~
VINCOLATO

N° 5131303/IV

intestato a Mons. Pasquale MACCHI

emesso il 8 - 1 1970

prima scadenza del vincolo il ....

Norme che regolano i depositi in conto corrente.

L'Istituto per le «Opere di Religione – Città del Vaticano» riceve depositi in conto corrente, in corrispondenza alle finalità dell'Ufficio. I detti depositi possono essere *liberi* oppure *vincolati* ad una determinata scadenza.

I depositi *liberi* possono venir ritirati in qualunque momento, salvo il preavviso di giorni 6 per cifre superiori a L. it. 50.000.000.= od equivalente in caso di valute estere, di giorni 3 per cifre superiori a L. it. 25.000.000.=, od equivalente come sopra, e di giorni 1, per cifre superiori a L. it. 5.000.000.=, od equivalente come sopra.

I depositi *vincolati* possono essere ritirati solo alla scadenza del vincolo e sono regolati, oltre che dalle presenti norme, anche dalle particolari condizioni a parte stabilite.

Il tasso di interessi viene fissato dall'Amministrazione al momento dell'apertura del conto, e può essere variato, previo avviso al depositante, a giudizio dell'Istituto, in relazione al mercato del denaro; gli interessi vengono regolati al 31 dicembre di ogni anno, capitalizzandoli.

RINNOVATO

IOR - Mod. 3 - 1966/8 (500

La prima pagina del libretto di conto corrente n. 5131303, in dollari, intestato a monsignor Pasquale Macchi, segretario particolare di Paolo VI, emesso l'8 gennaio 1970.

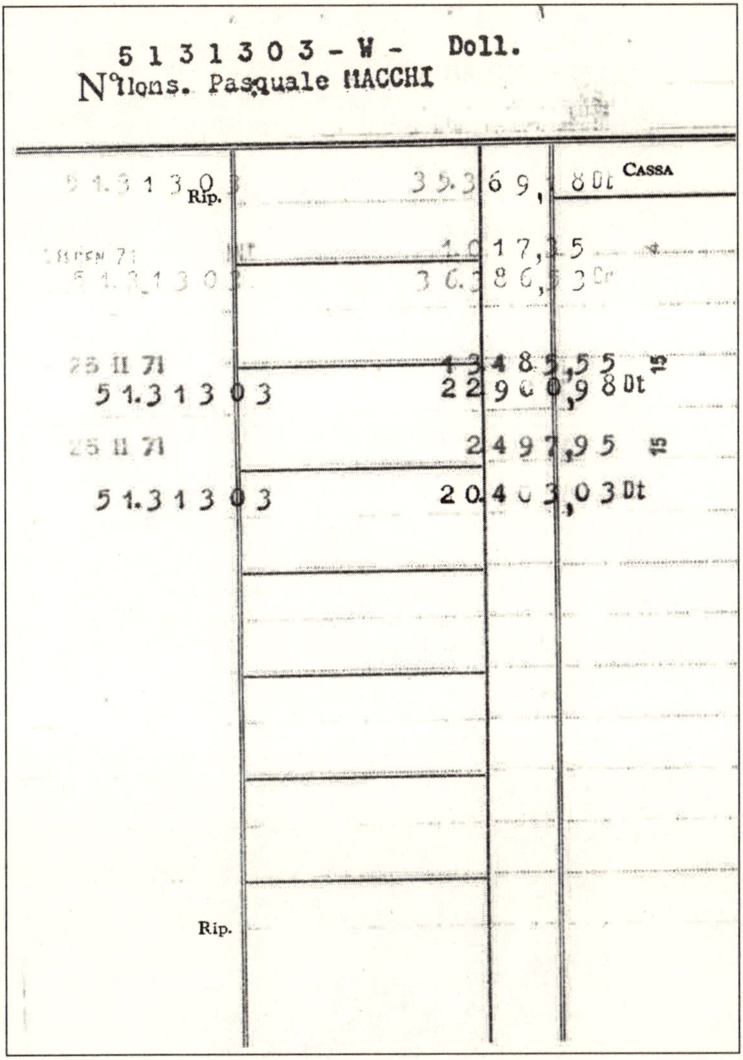

5 1 3 1 3 0 3 - W - Doll.

N° Mons. Pasquale MACCHI

		Cassa
51.31303 Rip.	35.369,18 Dt	
GEN 71	1.017,35	
51.31303	36.386,53 Cr	
25 II 71	13.485,55	15
51.31303	22.900,98 Dt	
25 II 71	2497,95	15
51.31303	20.403,03 Dt	
Rip.		

Movimenti e saldo del libretto di conto corrente n. 5131303, intestato a monsignor Pasquale Macchi, segretario particolare di Paolo VI. Il saldo al 28 gennaio 1971 è di 36.386,53 dollari.

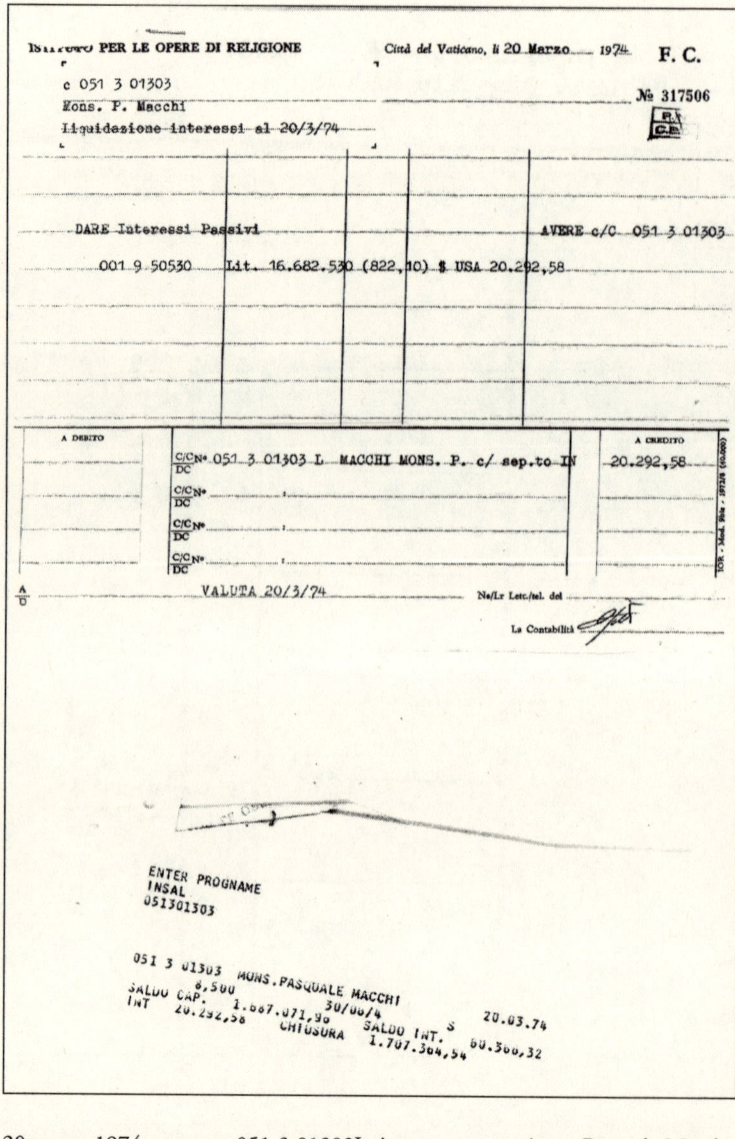
ISTITUTO PER LE OPERE DI RELIGIONE

Città del Vaticano, li 20 Marzo 1974

F. C.

c 051 3 01303

Mons. P. Macchi

Liquidazione interessi al 20/3/74

№ 317506

DARE Interessi Passivi AVERE c/C 051 3 01303

001 9 50530 Lit. 16.682.530 (822,10) $ USA 20.292,58

A DEBITO		A CREDITO
	C/C N° 051 3 01303 L MACCHI MONS. P. c/ sep.to IN	20.292,58
	C/C N°	
	C/C N°	
	C/C N°	

IOR - Mod. 96/a - 1972/6 (60.000)

VALUTA 20/3/74

Ns/Lr Lett./tel. del

La Contabilità

ENTER PROGNAME
INSAL
051301303

051 3 01303 MONS.PASQUALE MACCHI
8,500
SALDO CAP. 1.687.071,96 30/06/4 20.03.74
INT 20.292,58 CHIUSURA SALDO INT. S
1.707.364,54 60.366,32

20 marzo 1974, conto n. 051 3 01303L, intestato a monsignor Pasquale Macchi, segretario particolare di Paolo VI. Liquidazione interessi per 20.292,58 dollari e saldo finale di 1.707.364,54 dollari.

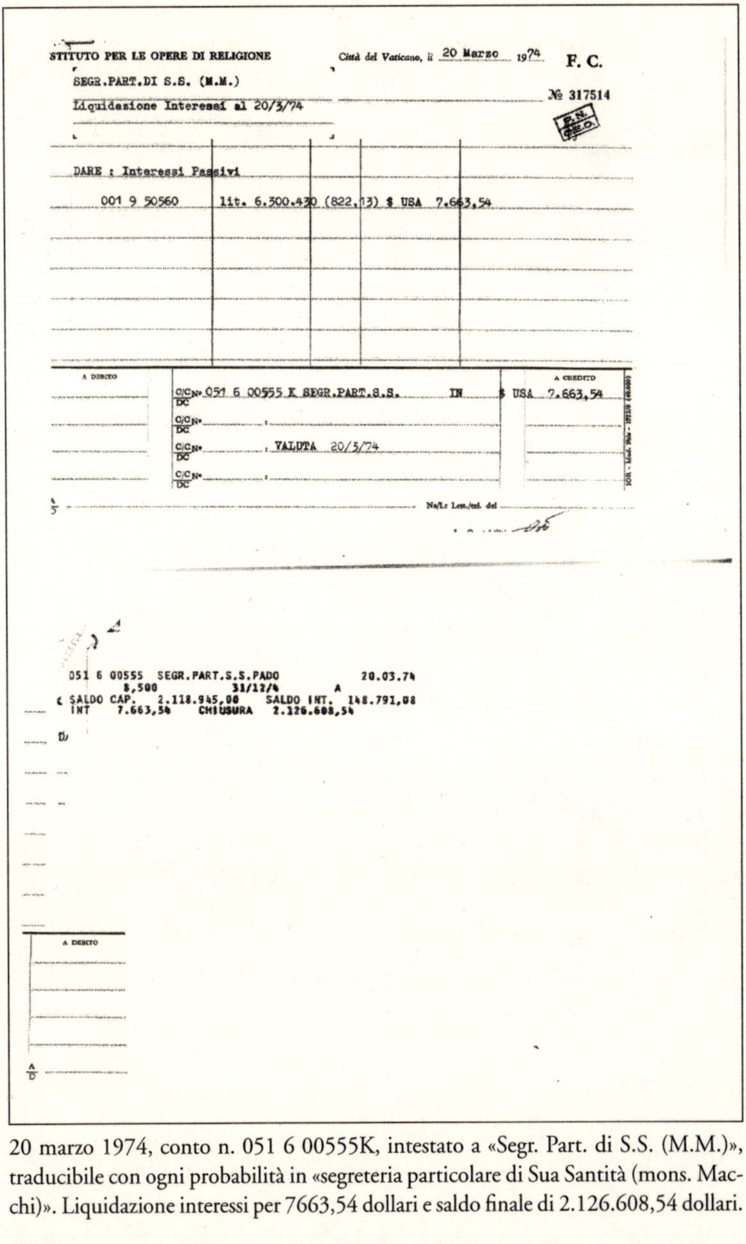

STITUTO PER LE OPERE DI RELIGIONE

Città del Vaticano, li 20 Marzo 1974

F. C.

SEGR.PART.DI S.S. (M.M.)

№ 317514

Liquidazione Interessi al 20/3/74

DARE : Interessi Passivi

001 9 50560 lit. 6.300.430 (822,13) $ USA 7.663,54

A DEBITO

C/C N° 051 6 00555 K SEGR.PART.S.S. IN $ USA 7.663,54 — A CREDITO

C/C N° : VALUTA 20/3/74

Ns/Lr Lett./tel. del

051 6 00555 SEGR.PART.S.S.PADO 20.03.74
8,500 31/12/4 A
SALDO CAP. 2.118.945,00 SALDO INT. 148.791,08
INT 7.663,54 CHIUSURA 2.126.608,54

A DEBITO

20 marzo 1974, conto n. 051 6 00555K, intestato a «Segr. Part. di S.S. (M.M.)», traducibile con ogni probabilità in «segreteria particolare di Sua Santità (mons. Macchi)». Liquidazione interessi per 7663,54 dollari e saldo finale di 2.126.608,54 dollari.

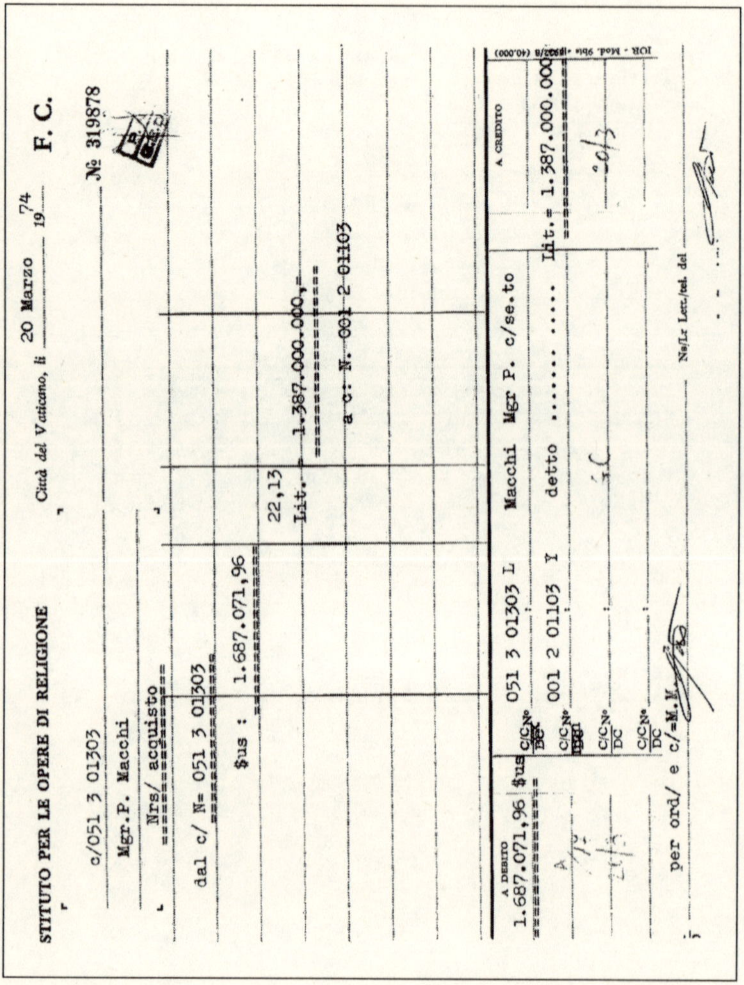

STITUTO PER LE OPERE DI RELIGIONE

Città del Vaticano, li 20 Marzo 1974 № 319878 F. C.

c/051 3 01303

Mgr.P. Macchi

Nrs/ acquisto

dal c/ N= 051 3 01303

$us : 1.687.071,96 22,13 Lit. = 1.387.000.000,=

a c: N. 001 2 01103

A DEBITO 1.687.071,96 $us C/CN° DC 051 3 01303 L Macchi Mgr P. c/se.to

C/CN° 001 2 01103 Y detto .... Lit. = 1.387.000.000 A CREDITO

per ord/ e c/=M.M.

Ns/Lr Lett./tel. del

IOR - Mod. 9bis (40.000)

20 marzo 1974, conto n. 051 3 01303L, intestato a «Mgr. P. Macchi». Cambio valuta di 1.687.071,96 dollari e relativo accredito di 1.387.000.000 lire sul conto n. 001 2 01103Y.

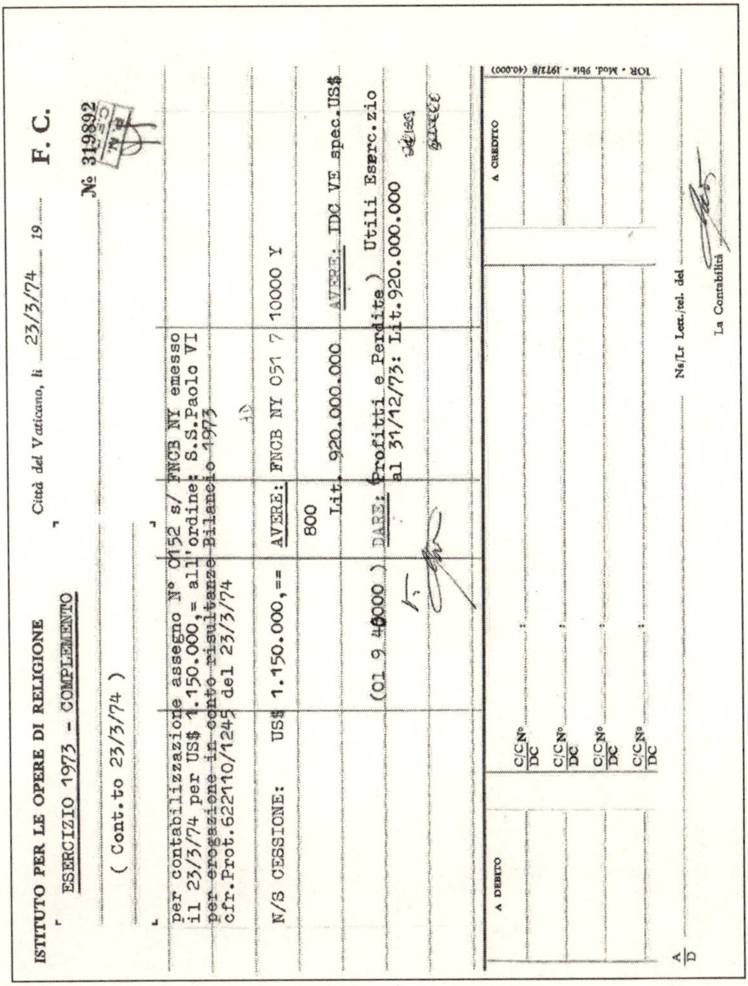
ISTITUTO PER LE OPERE DI RELIGIONE
Città del Vaticano, lì 23/3/74 19...
ESERCIZIO 1973 - COMPLEMENTO
F. C.
№ 319892
(Cont.to 23/3/74)
per contabilizzazione assegno N° 0152 s/ FNCB NY emesso
il 23/3/74 per US$ 1.150.000,= all'ordine: S.S.Paolo VI
per erogazione in conto risultanze Bilancio 1973
cfr.Prot.622110/1245 del 23/3/74
N/S CESSIONE: US$ 1.150.000,== AVERE: FNCB NY 051 7 10000 Y
800
Lit. 920.000.000 AVERE: IDC VE spec. US$
(01 9 40000) DARE: Profitti e Perdite) Utili Eserc.zio
al 31/12/73: Lit.920.000.000
A DEBITO
C/C N° DC
C/C N° DC
C/C N° DC
C/C N° DC
A CREDITO
A/D
Ns/Lr Lett./tel. del
La Contabilità
IOR - Mod. 9bis - 1971/8 (40.000)

23 marzo 1974, contabilizzazione assegno n. 0152 s/FNCB NY, del valore di 1.150.000 dollari, emesso all'ordine: «S.S. Paolo VI per erogazione in conto risultanze Bilancio 1973». Con cambio dell'utile d'esercizio, al 31 dicembre 1973, del valore di 920.000.000 di lire.

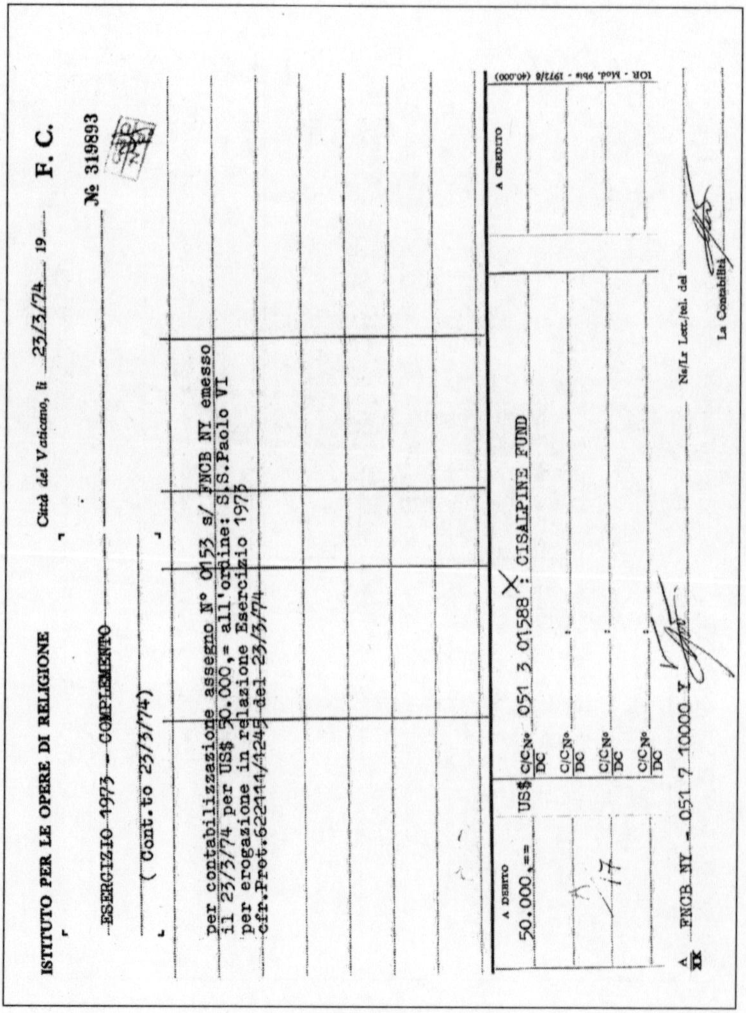
ISTITUTO PER LE OPERE DI RELIGIONE   Città del Vaticano, li 23/3/74 19__   F. C.

~~ESERCIZIO 1973 - COMPLEMENTO~~   № 319893

(Cont.to 23/3/74)

per contabilizzazione assegno N° 0153 s/ FNCB NY emesso
il 23/3/74 per US$ 50.000,= all'ordine: S.S.Paolo VI
per erogazione in relazione Esercizio 1973
cfr.Prot.622114/4245 del 23/3/74

A DEBITO			A CREDITO
50.000,==	US$	C/C N° / DC 051 3 01588 : CISALPINE FUND	
		C/C N° / DC	
		C/C N° / DC	
		C/C N° / DC	

A / XX FNCB NY - 051 7 10000 Y   Ns/Lr Lett./tel. del   La Contabilità

IOR - Mod. 9bis - 1972/8 (40.000)

23 marzo 1974, contabilizzazione assegno n. 0153 s/FNCB NY, del valore di 50.000 dollari, emesso all'ordine: «S.S. Paolo VI per erogazione in relazione Esercizio 1973». In basso nel documento si riporta il relativo addebito sul conto n. 051 3 01588, intestato «Cisalpine Fund», che potrebbe far riferimento alla banca panamense Cisalpine, nel cui cda siederanno Paul Marcinkus con Roberto Calvi e Licio Gelli.

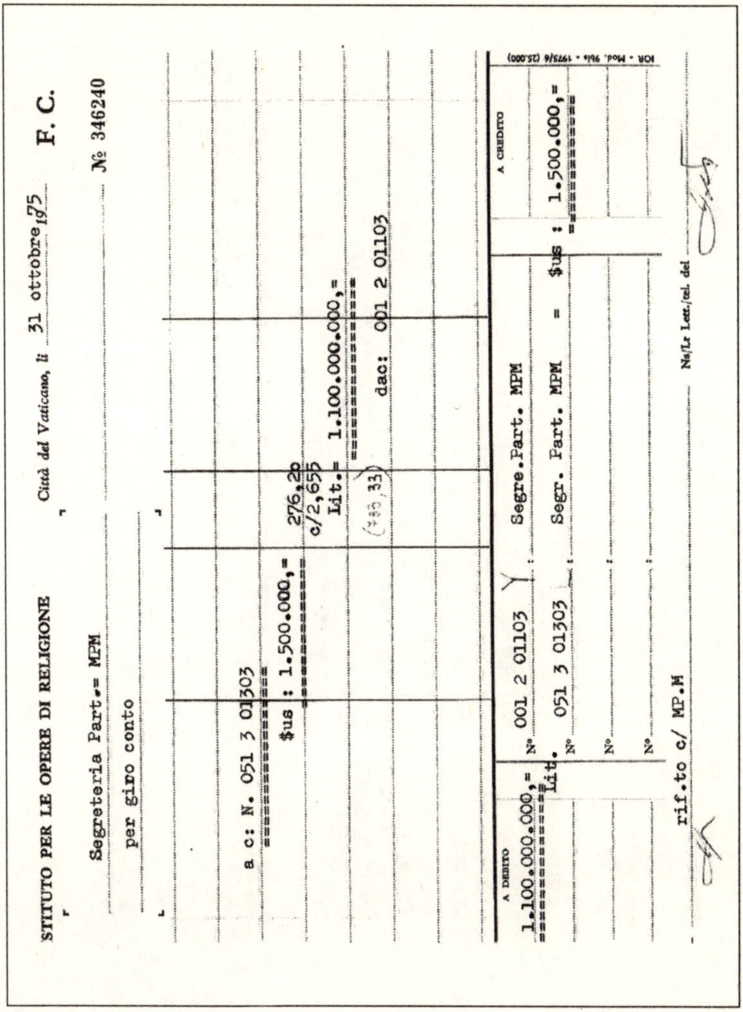

31 ottobre 1975, giroconto e cambio di 1.100.000.000 lire (1.500.000 dollari), dal conto n. 001 2 01103, intestato a «Segr. Part. MPM», al n. 051 3 01303, ugualmente intestato a «Segr. Part. MPM», ovvero monsignor Macchi.

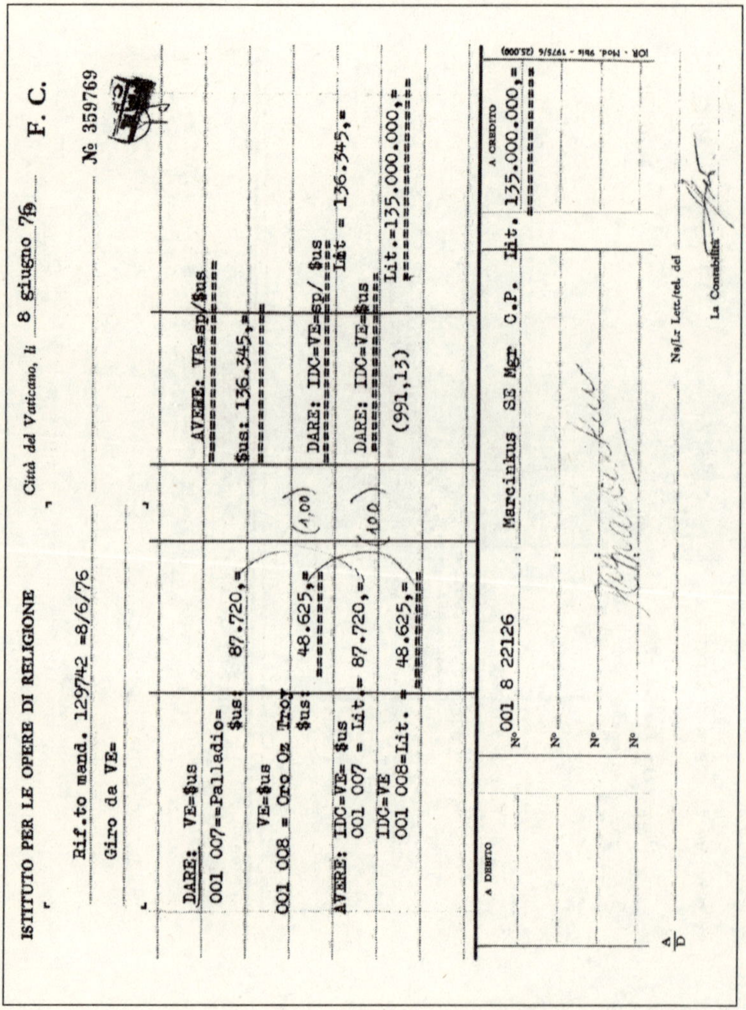

ISTITUTO PER LE OPERE DI RELIGIONE

Città del Vaticano, li 8 giugno 76

Nº 359769

F. C.

Rif.to mand. 129742 =8/6/76

Giro da VE=

DARE: VE=$us

001 007=Palladio= $us: 87.720,=

VE=$us

001 008 = Oro Oz Troy $us: 48.625,= (1,00)

AVERE: VE=sp/$us

$us: 136.345,=

AVERE: IDC=VE= $us

001 007 = Lit.= 87.720,= (10,0)

DARE: IDC=VE=sp/ $us

Lit = 136.345,=

IDC=VE

001 008=Lit. = 48.625,=

DARE: IDC=VE=$us

Lit.=135.000.000,=

(991,13)

A DEBITO

A CREDITO

Nº 001 8 22126 : Marcinkus SE Mgr C.P. Lit. 135.000.000,=

Nº

Nº

Nº

A/D

Ns/Lr Lett./tel. del

La Contabilità

IOR - Mod. 96/6 - 1975/6 (25.000)

8 giugno 1976, foglio di cassa che indica compravendite di oro e palladio a favore del conto n. 001 8 22126, intestato a «Marcinkus SE Mgr C.P.», per 135.000.000 di lire. Con firma autografa dell'allora presidente dello Ior.

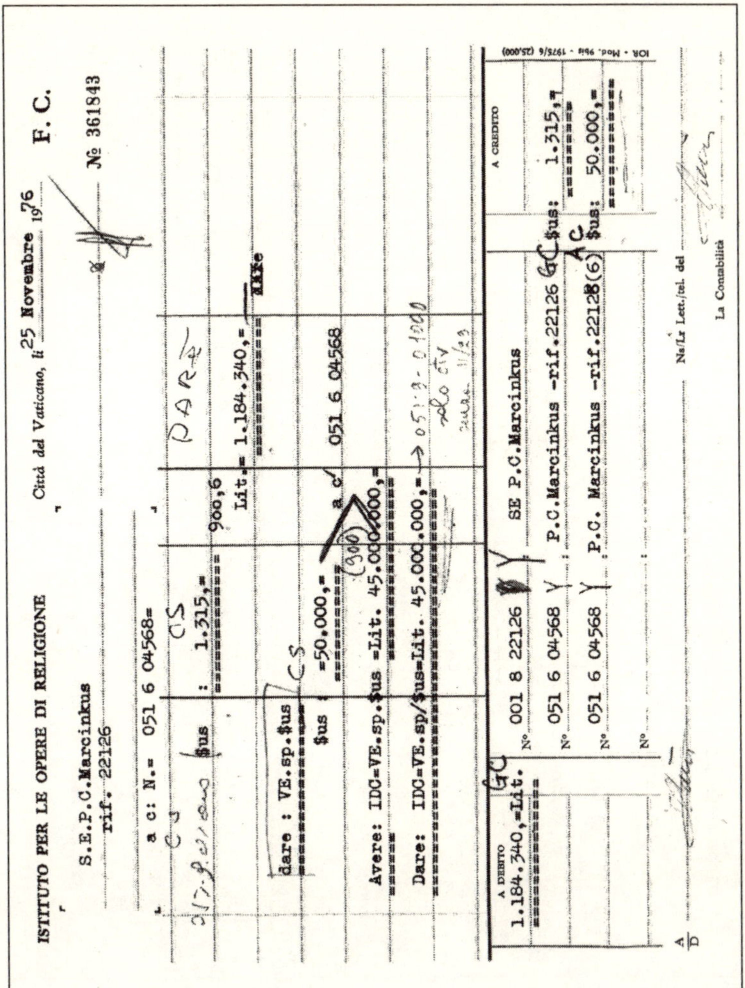
ISTITUTO PER LE OPERE DI RELIGIONE — Città del Vaticano, li 25 Novembre 1976 — F. C.

S.E.P.C.Marcinkus
rif. 22126 — № 361843

a c: N.= 051 6 04568=

$us : 1.315,= — 900,6 — Lit.= 1.184.340,=

dare : VE.sp.$us
$us : =50.000,=

Avere: IDC=VE.sp.$us =Lit. 45.000.000,=

Dare: IDC=VE.sp/$us=Lit. 45.000.000,=

A DEBITO		A CREDITO
1.184.340,=Lit.	N° 001 8 22126 SE P.C.Marcinkus	
	N° 051 6 04568 P.C.Marcinkus -rif.22126	$us: 1.315,=
	N° 051 6 04568 P.C. Marcinkus -rif.22128(6)	$us: 50.000,=
	N°	

A/D — Ns/Lr Lett./tel. del — La Contabilità

IOR - Mod. 96is - 1975/6 (25.000)

25 novembre 1976, foglio di cassa che indica diversi cambi e giroconti su tre depositi, tutti intestati a Paul Casimir Marcinkus, con addebito di 1.184.340 lire e accredito di 51.315 dollari.

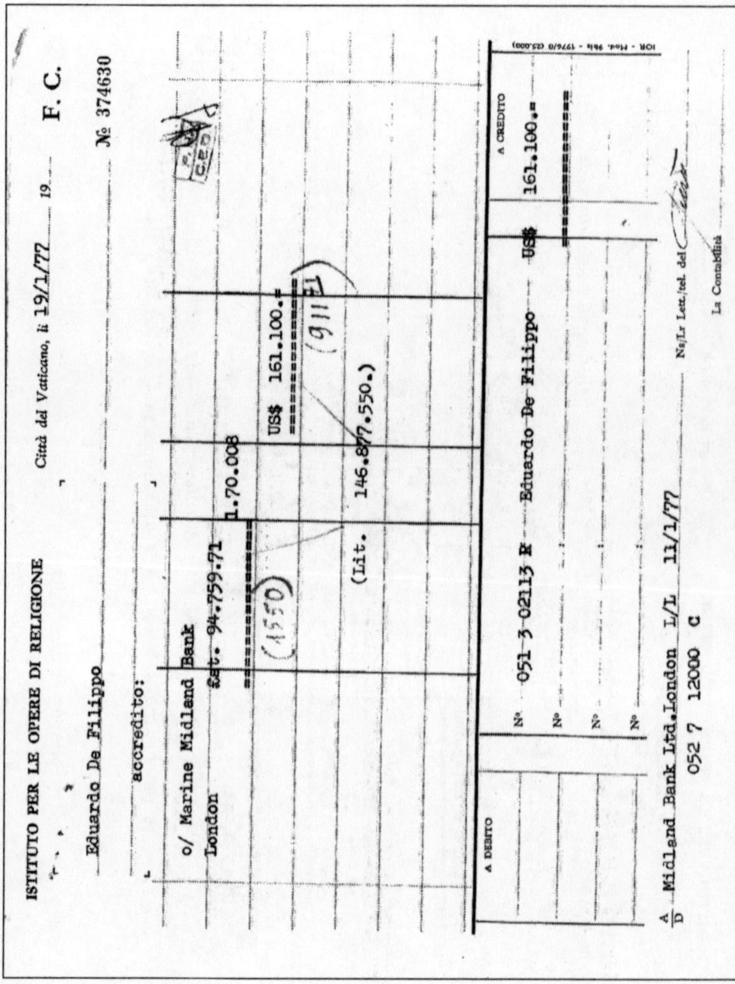
ISTITUTO PER LE OPERE DI RELIGIONE

Città del Vaticano, li 19/1/77 19

F. C.

№ 374630

Eduardo De Filippo

accredito:

o/ Marine Midland Bank

London £st. 94.759.71 1.70.008 US$ 161.100.=

(Lit. 146.877.550.)

A DEBITO		A CREDITO
N° 051 3 02113 R	Eduardo De Filippo	US$ 161.100.=

A/D Midland Bank Ltd.London L/L 11/1/77

052 7 12000 C

Ns/Lr Lett./tel. del

La Contabilità

IOR - Mod. 96b - 1976/8 (25.000)

19 gennaio 1977, foglio di cassa relativo al conto n. 051 3 02113R, intestato a «Eduardo De Filippo», che riporta un accredito di 161.100 dollari (94.759,71 sterline).

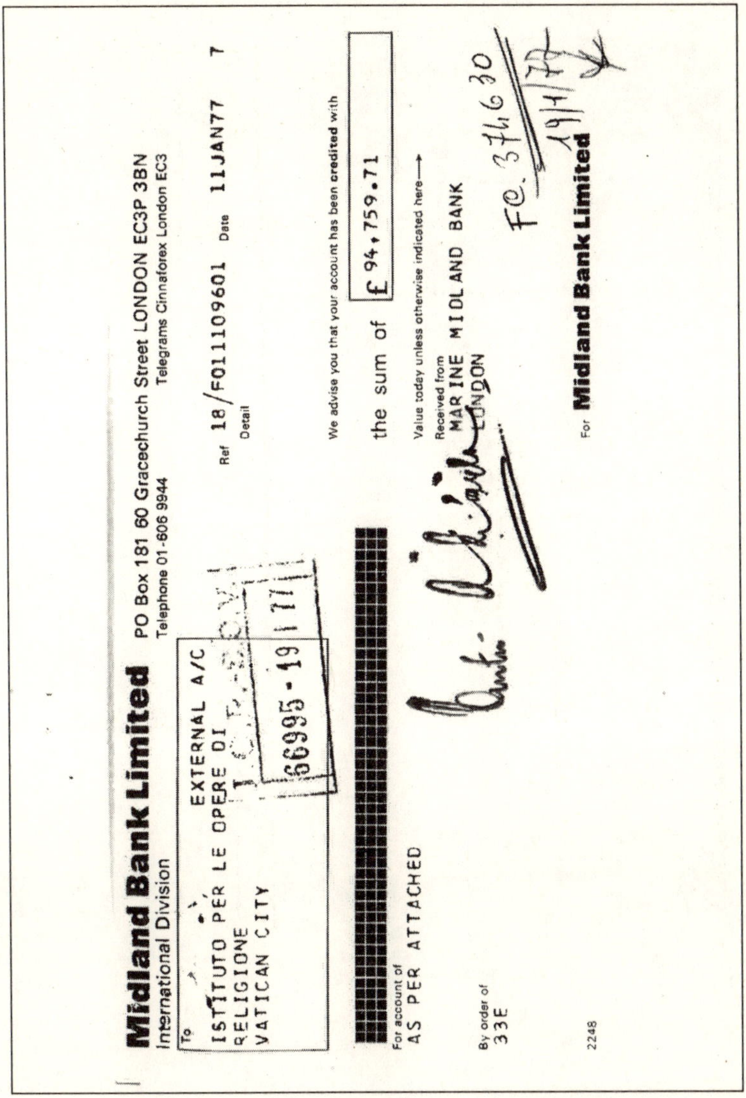

Midland Bank Limited
International Division
PO Box 181 60 Gracechurch Street LONDON EC3P 3BN
Telephone 01-606 9944 Telegrams Cinnaforex London EC3

To
ISTITUTO PER LE OPERE DI
RELIGIONE
VATICAN CITY
EXTERNAL A/C

66995 - 19 I 77

Ref 18/F011109601 Date 11JAN77 7
Detail

We advise you that your account has been credited with
the sum of £ 94,759.71

For account of
AS PER ATTACHED

Value today unless otherwise indicated here→

Received from
MARINE MIDLAND BANK
LONDON

By order of
33E

For Midland Bank Limited

2248

19 gennaio 1977, foglio contabile del bonifico proveniente dalla Marine Midland Bank di Londra e diretto allo Ior, a favore del conto «Eduardo De Filippo», per il valore di 94.759,71 sterline, allegato al documento precedente.

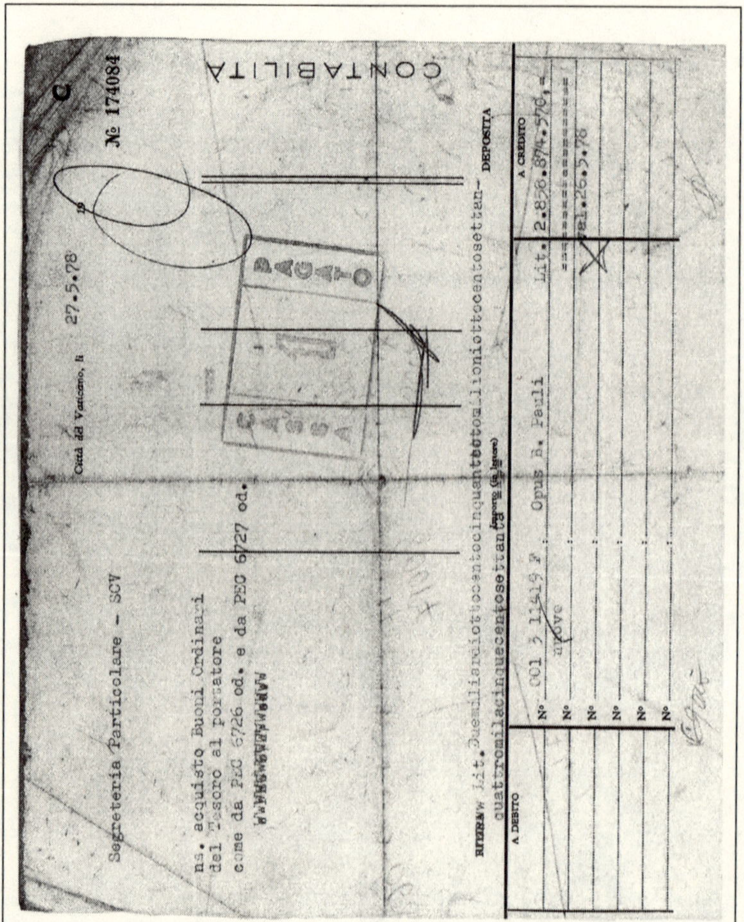
Segreteria Particolare - SCV

Città del Vaticano, li 27.5.78

C

№ 174084

CONTABILITA

ns. acquisto Buoni Ordinari del Tesoro al portatore come da PEC 6726 od. e da PEC 6727 od.

PAGATO

CASSA

DEPOSITA Lit. Duemiliardiottocentocinquantottomilioniottocentosettan-
quattromilacinquecentosettanta

Importo (in lettere)

A DEBITO		A CREDITO
	Nº 001 3 11419 F Opus B. Pauli	Lit. 2.858.874.570,=
	Nº	Val. 26.5.78
	Nº	
	Nº	
	Nº	
	Nº	

27 maggio 1978, foglio contabile di una operazione su buoni ordinari del tesoro al portatore, acquistati dallo Ior e venduti dal misterioso titolare del conto n. 001 3 11419F, intestato a «Opus B. Pauli», che riporta un accredito di 2.858.874.570 lire.

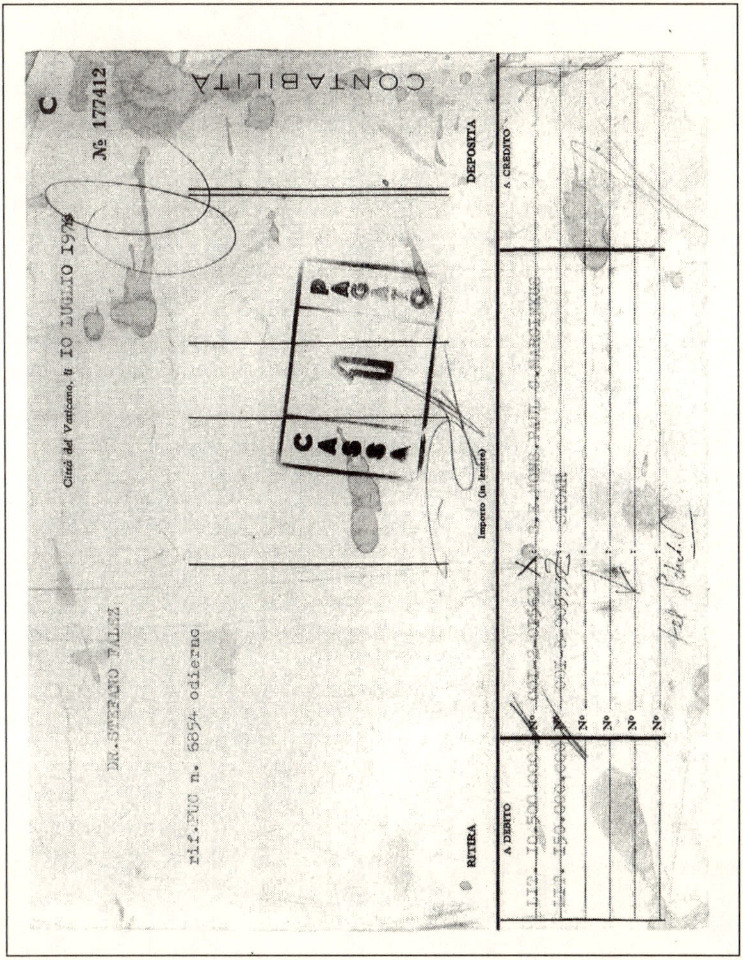

C

№ 177412

CONTABILITA

Città del Vaticano, lì 10 LUGLIO 1978

DR.STEFANO FALEZ

rif.FUC n. 5854 odierno

PAGATO

CASSA

RITIRA

DEPOSITA

Importo (in lettere)

A DEBITO

A CREDITO

10 luglio 1978, foglio contabile di un'operazione riconducibile a conti dell'area di Michele Sindona. La cifra di 160.500.000 lire è riportata a debito dei conti di monsignor Marcinkus e di tale società «Sicar». Un amico di Sindona, il dottor Stefano Falez, compare nell'intestazione del documento.

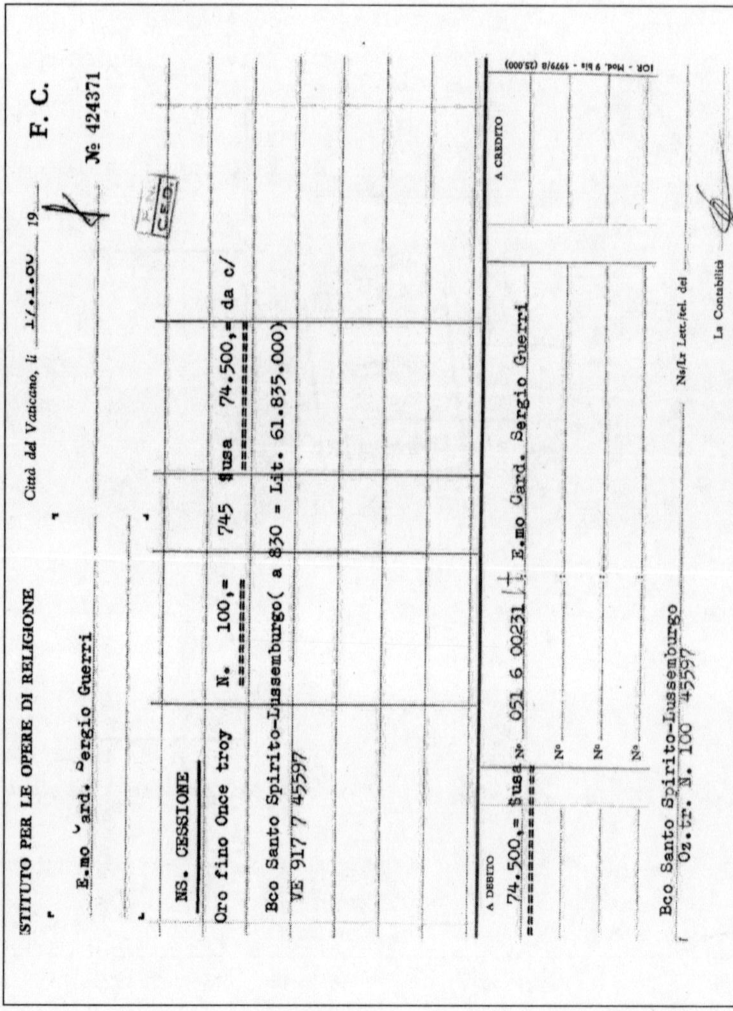

ISTITUTO PER LE OPERE DI RELIGIONE

Città del Vaticano, lì 17.1.80 19

F. C.

№ 424371

E.mo Card. Sergio Guerri

NS. CESSIONE

Oro fino Once troy N. 100,= 745 $usa 74.500,= da c/

Bco Santo Spirito-Lussemburgo(a 830 = Lit. 61.835.000)

VE 917 7 45597

A DEBITO

74.500,= $usa № 051 6 00231 E.mo Card. Sergio Guerri

№

№

№

A CREDITO

Bco Santo Spirito-Lussemburgo

Oz.tr. N. 100 45597

Ns/Lr Lett./tel. del

La Contabilità

IOR - Mod. 9 bis - 1979/8 (25.000)

17 gennaio 1980, foglio di cassa conto n. 051 6 00231, «E.mo. card. Sergio Guerri». Vendita «oro fino Once troy» per 74.500 dollari tramite Banco Santo Spirito, Lussemburgo.

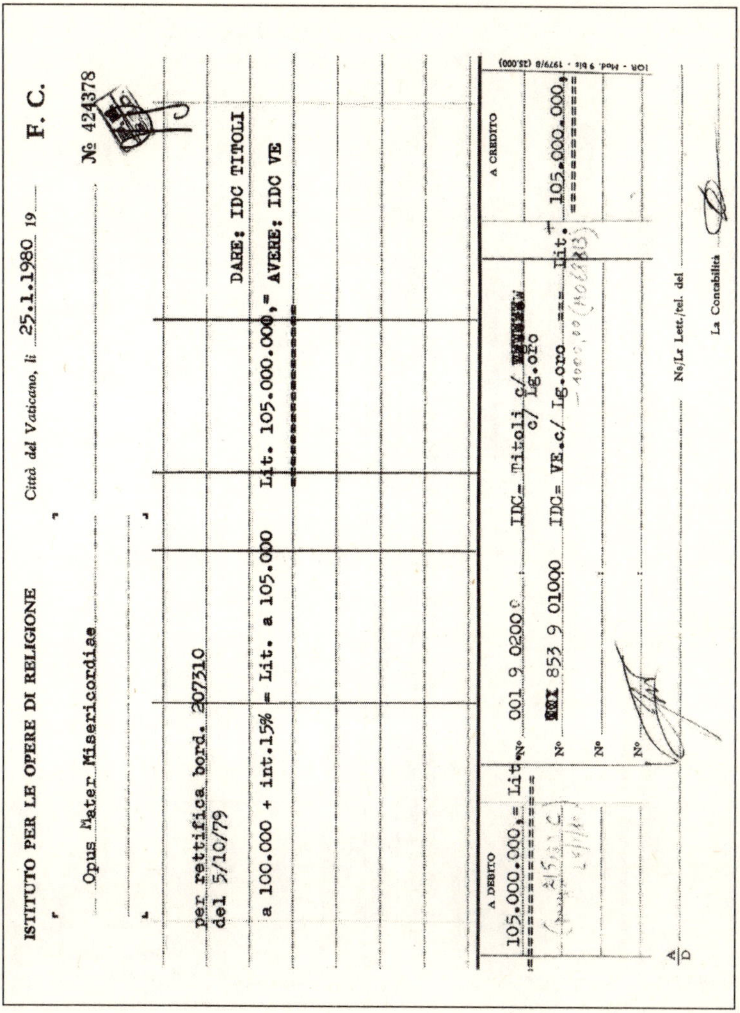

25 gennaio 1980, foglio di cassa di una operazione di cessione titoli/oro, riportata a credito del conto «Opus Mater Misericordiae», per 105.000.000 lire.

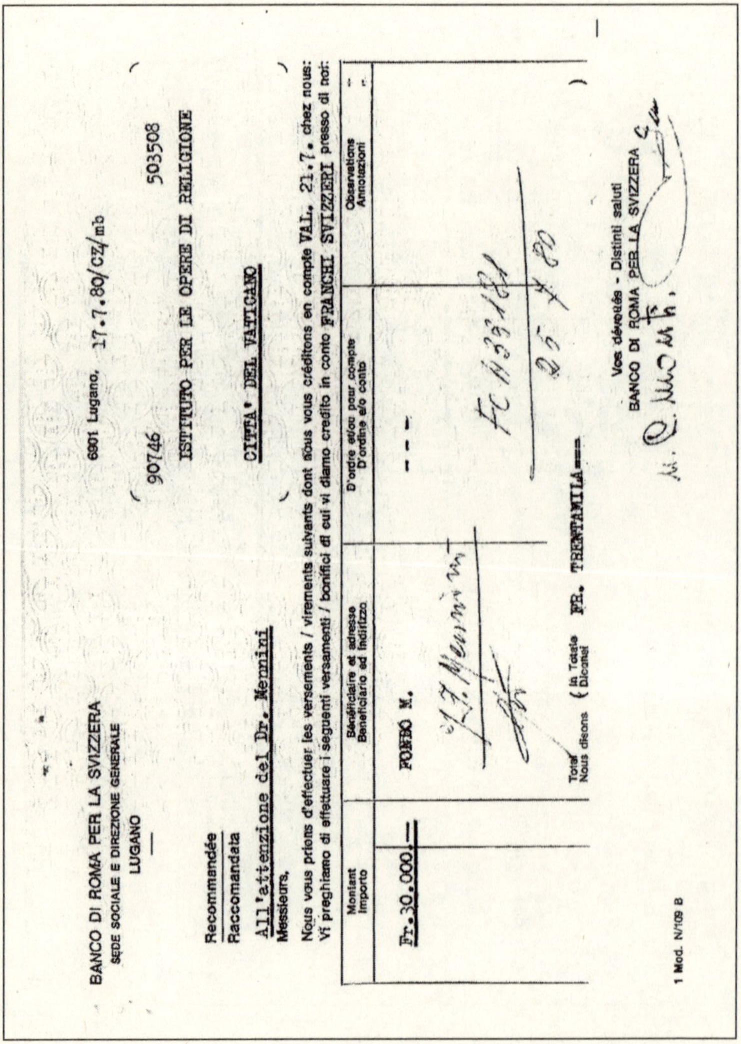
BANCO DI ROMA PER LA SVIZZERA
SEDE SOCIALE E DIREZIONE GENERALE
LUGANO

6901 Lugano, 17.7.80/CZ/mb

90746 503508
ISTITUTO PER LE OPERE DI RELIGIONE
CITTA' DEL VATICANO

Recommandée
Raccomandata

All'attenzione del Dr. Mennini

Messieurs,

Nous vous prions d'effectuer les versements / virements suivants dont nous vous créditons en compte VAL. 21.7. chez nous:
Vi preghiamo di effettuare i seguenti versamenti / bonifici di cui vi diamo credito in conto FRANCHI SVIZZERI presso di noi:

Montant / Importo	Bénéficiaire et adresse / Beneficiario ed indirizzo	D'ordre et/ou pour compte / D'ordine e/o conto	Observations / Annotazioni
Fr.30.000.—	FONDO M.	---	

Total / Nous disons (In Totale / Diciamo) FR. TRENTAMILA.==

Vos dévoués - Distinti saluti
BANCO DI ROMA PER LA SVIZZERA

1 Mod. N/109 B

17 luglio 1980, raccomandata del Banco di Roma per la Svizzera, sede di Lugano, all'attenzione del «dr. Mennini» (Ior), per un bonifico di 30.000 franchi svizzeri a favore di un imprecisato «Fondo M.».

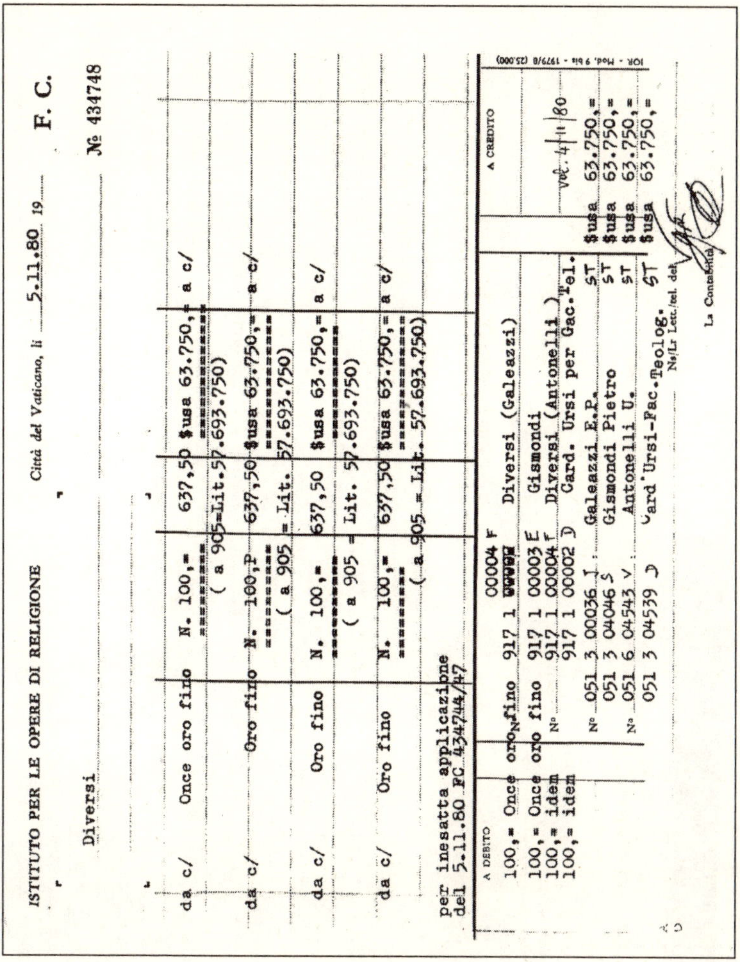

ISTITUTO PER LE OPERE DI RELIGIONE — Città del Vaticano, li 5.11.80 19 — F. C.

Diversi — № 434748

da c/ Once oro fino N. 100,= 637,50 $usa 63.750,= a c/
(a 905=Lit.57.693.750)

da c/ Oro fino N. 100,P 637,50 $usa 63.750,= a c/
(a 905 = Lit. 57.693.750)

da c/ Oro fino N. 100,= 637,50 $usa 63.750,= a c/
(a 905 = Lit. 57.693.750)

da c/ Oro fino N. 100,= 637,50 $usa 63.750,= a c/
(a 905 = Lit. 57.693.750)

per inesatta applicazione
del 5.11.80 FC 434744/47

A DEBITO			A CREDITO
100,= Once oro fino	917 1 [illegible] 00004 F	Diversi (Galeazzi)	
100,= Once oro fino	917 1 00003 E	Gismondi	
100,= idem	917 1 00004 F	Diversi (Antonelli)	vol. 4/11/80
100,= idem	917 1 00002 D	Card. Ursi per Gac.Tel.	
	051 3 00036 J	Galeazzi E.P. ST	$usa 63.750,=
	051 3 04046 S	Gismondi Pietro ST	$usa 63.750,=
	051 6 04543 V	Antonelli U. ST	$usa 63.750,=
	051 3 04539 D	Card'Ursi-Fac.Teolog. ST	$usa 63.750,=

Ns/Lr Lett./tel. del

La Contabilità

IOR - Mod. 9 bis - 1979/B (25.000)

5 novembre 1980, foglio di cassa che riporta quattro vendite di once di oro da parte di correntisti dello Ior, tra i quali il cardinal Ursi, con incassi da 63.750 dollari a operazione.

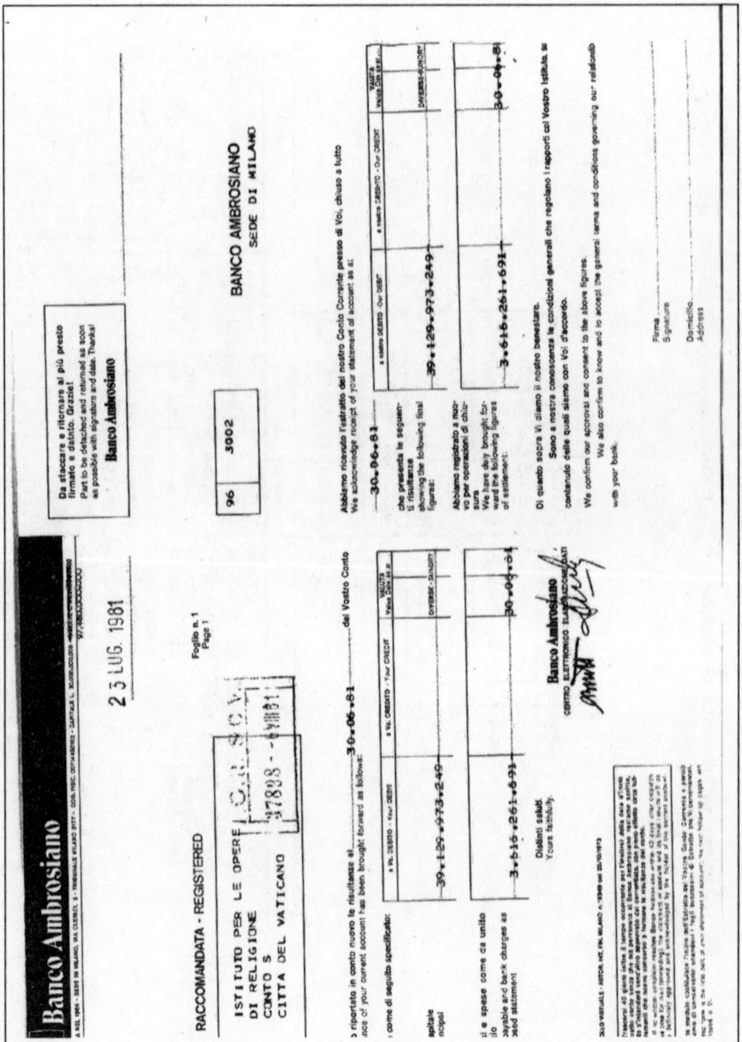

Banco Ambrosiano

RACCOMANDATA - REGISTERED

ISTITUTO PER LE OPERE DI RELIGIONE
CONTO S
CITTA DEL VATICANO

23 LUG. 1981

Foglio n. 1
Page 1

96 | 3002

BANCO AMBROSIANO
SEDE DI MILANO

Da staccare e ritornare al più presto firmato e datato. Grazie!
Part to be detached and returned as soon as possible with signature and date. Thanks!
Banco Ambrosiano

Abbiamo ricevuto l'estratto del nostro Conto Corrente presso di Voi, chiuso a tutto 30.06.81
We acknowledge receipt of your statement of account as at:

che presenta le seguenti risultanze
showing the following final figures:

39.129.973.249 — 30.06.81

Abbiamo registrato a nuovo per operazioni di chiusura
We have duly brought forward the following figures of settlement:

3.616.261.691 — 30.06.81

Di quanto sopra Vi diamo il nostro benestare.
Sono a nostra conoscenza le condizioni generali che regolano i rapporti col Vostro Istituto, su contenuto delle quali siamo con Voi d'accordo.
We confirm our approval and consent to the above figures.
We also confirm to know and to accept the general terms and conditions governing our relationship with your bank.

Firma / Signature
Domicilio / Address

Distinti saluti.
Yours faithfully.

Banco Ambrosiano
CENTRO ELETTRONICO ELABORAZIONE DATI

23 luglio 1981, raccomandata del Banco Ambrosiano allo Ior con estratto del conto n. 96 3002: saldo a debito per oltre 39 miliardi di lire e 3,6 miliardi per operazioni di chiusura.

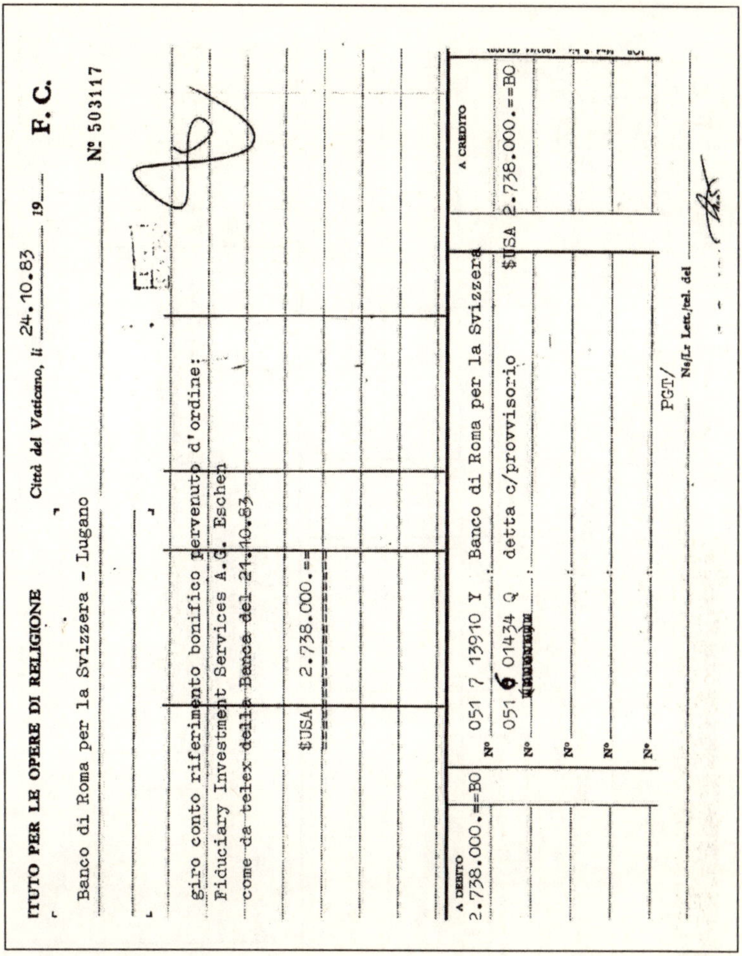

ITUTO PER LE OPERE DI RELIGIONE — Città del Vaticano, li 24.10.83 19__ — F. C.

Banco di Roma per la Svizzera - Lugano — Nº 503117

giro conto riferimento bonifico pervenuto d'ordine:
Fiduciary Investment Services A.G. Eschen
come da telex della Banca del 21.10.83

$USA 2.738.000.==

A DEBITO			A CREDITO
2.738.000.==BO	Nº 051 7 13910 Y	Banco di Roma per la Svizzera	
	Nº 051 6 01434 Q	detta c/provvisorio	$USA 2.738.000.==BO

PGT/

Ns/Lr Lett./tel. del

24 ottobre 1983, giroconto dal deposito presso il Banco di Roma per la Svizzera, sede di Lugano, del bonifico «pervenuto d'ordine Fiduciary Investment Services A.G. Eschen», per 2.738.000 dollari.

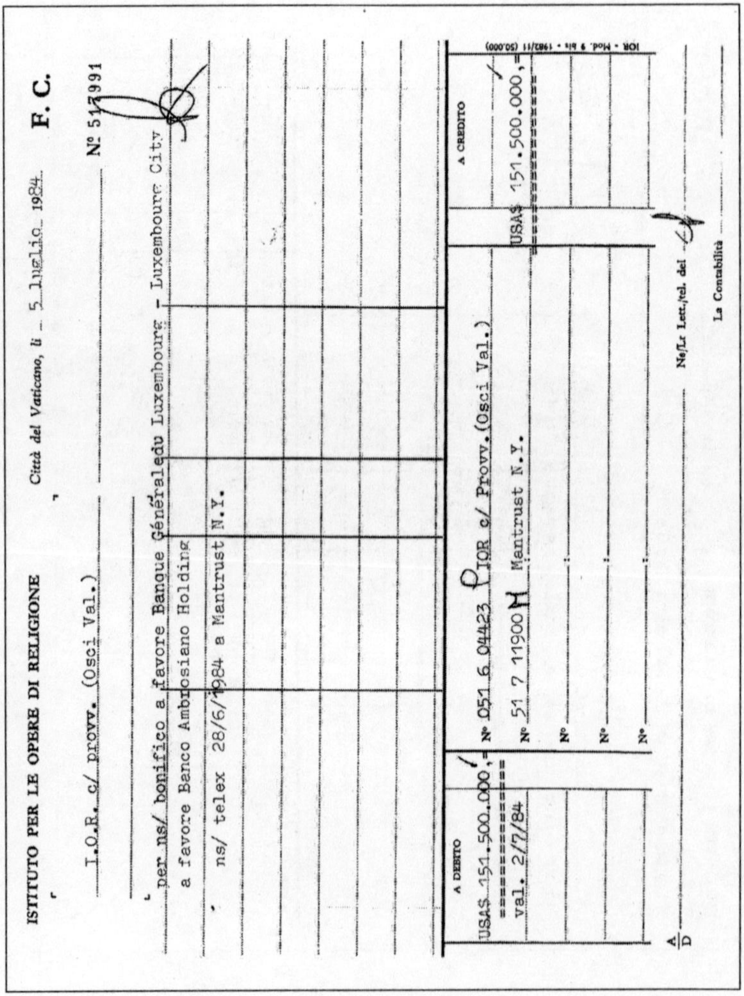
ISTITUTO PER LE OPERE DI RELIGIONE

Città del Vaticano, lì 5 luglio 1984 F. C.

Nº 517991

I.O.R. c/ provv. (Osci Val.)

per ns/ bonifico a favore Banque Généraledu Luxembourg - Luxembourg City

a favore Banco Ambrosiano Holding

ns/ telex 28/6/1984 a Mantrust N.Y.

A DEBITO

USA$ 151.500.000,=

Val. 2/7/84

Nº 051 6 04423 IOR c/ Provv. (Osci Val.)

Nº 51 7 11900M Mantrust N.Y.

Nº

Nº

Nº

A CREDITO

USA$ 151.500.000,=

IOR - Mod. 9 bis - 1982/11 (50.000)

A/D

Ns/Lr Lett./tel. del

La Contabilità

5 luglio 1984, foglio di cassa che riporta un bonifico sul conto n. 051 7 11900M, intestato a Mantrust N.Y., per 151.500.000 dollari «a favore Banque Générale du Luxembourg – a favore Banco Ambrosiano Holding». Con ogni probabilità si tratta di parte del «contributo volontario» erogato dalla Santa sede per essere sollevata da ogni responsabilità nel dissesto della banca di Calvi.

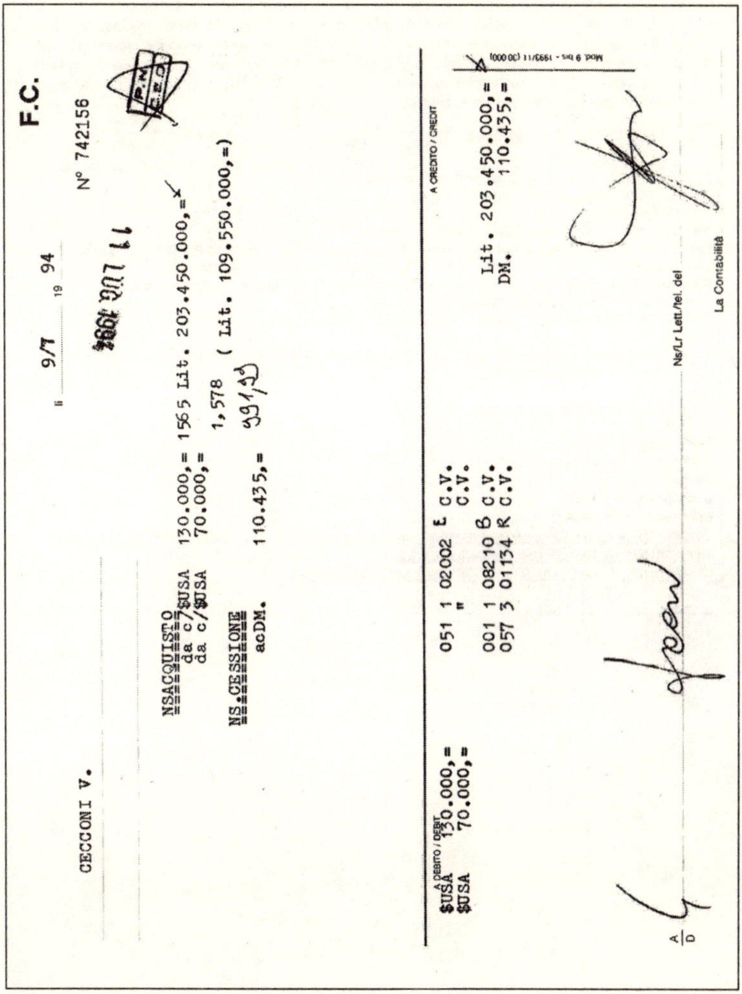

F.C.

N° 742156

li 9/7 19 94

11 LUG 1994

CECCONI V.

NSACQUISTO
da c/$USA 130.000,= 1565 Lit. 203.450.000,=
da c/$USA 70.000,= 1,578 (Lit. 109.550.000,=)

NS.CESSIONE
acDM. 110.435,= 991,13

A DEBITO / DEBIT

$USA 130.000,=
$USA 70.000,=

051 1 02002 E C.V.
" C.V.
001 1 08210 B C.V.
057 3 01134 R C.V.

A CREDITO / CREDIT

Lit. 203.450.000,=
DM. 110.435,=

A/D

Ns/Lr Lett./tel. del

La Contabilità

Mod. 9 bis - 1993/11 (30.000)

9 luglio 1994, operazione di cambio valuta dollari/lire sul conto di Vittorio Cecconi, impiegato dello Ior, per 203.450.000 lire.

Avuta la notizia della propria iscrizione nel registro degli indagati, don Vergari chiama una persona non ancora identificata, per chiedere consiglio su come comportarsi. Questi, chiamato rispettosamente "Eccellenza", tratta il prelato con modi molto bruschi, invitandolo a non rivolgersi a lui e di rimanere calmo e tranquillo, ricordando che ha il telefono sotto controllo.

38	19/05/2012 11:01:55		2833/12	Uscita	Vergari studio			

Don Piero chiama un uomo chiamandolo Eccellenza.
Vergari: "Eccellenza senta..sono don Piero..."
Eccellenza: "Si"
Vergari: "allora...che devo fare...questi qui..questi.."
Eccellenza: " (lo interrompe bruscamente)No..non si rivolga a me don Piero perchè...lei stia...stia calmo..suia quieto..stia tranquillo.io gliel'ho detto da pricipio...".
Vergari: "lo sto tranquillissimo perchè guardi..le dico la verità..io quella persona non l'ho mai vista non l'ho mai contattata....".
Eccellenza " (lo interrompe nuovamente) Si ma lei stia tranquillo...
Vergari: "Si.."
Eccellenza:" come le ho sempre detto... perchè tutte le volte che lei è andato di fuori poi è successo quello che è successo..."
Vergari: "Si"
Eccellenza: "Stia tranquillo adesso!".
Vergari: "Si"
Piero Vergari: "Si..."
Eccellenza: "Non ha bisogno.."
Vergari: "Si.."
Eccellenza: "3: "Si...!"
Eccellenza: "Va bene?"
Vergari: "Si..e.e...e...senta se mi chiamano ..telefonate..e.e....io....non rispondo a nessuno ..se mi chiamano i giornalisti che vogliono sapere..."
Eccellenzaa: "**Guardi che il suo telefono è sotto controllo!**"

Alcuni documenti relativi alla vicenda di Emanuela Orlandi.
19 maggio 2012, intercettazione telefonica contenuta in una nota informativa della polizia giudiziaria: don Piero Vergari, rettore della basilica di Sant'Apollinare all'epoca della scomparsa di Emanuela Orlandi, telefona a una persona non ancora identificata, chiamata «Eccellenza». Questa lo avvisa che ha il telefono sotto controllo.

1

PROCURA DELLA REPUBBLICA

presso il Tribunale di Roma

Città Giudiziaria - Piazzale Clodio - 00195 - R O M A

Al Sig.
Procuratore della Repubblica
Sede

Oggetto: proc.pen. n. 11694/2010 Noti

Nella riunione del 14/4/2015, relativa al procedimento penale in oggetto, convocata per esaminare e valutare l'allegata bozza di provvedimento definitorio predisposta dalla collega Maisto, Le ho rappresentato le mie osservazioni che, in estrema sintesi, si sostanziano nel non condividere, in primo luogo, la richiesta di archiviazione proposta nei confronti di Angelo Cassani, Gianfranco Cerboni, Sergio Virtù e Sabrina Minardi, in quanto gli elementi emersi dalle indagini ed esposti diligentemente nella citata bozza per il loro numero e la loro forza indiziaria impongono, a mio avviso, il vaglio dell'udienza preliminare; ~~udienza necessaria anche per consentire alle parti offese,~~ dopo tanti anni di indagine, di poter prendere visione ed interloquire senza il ristretto ~~e non~~ prorogabile termine perentorio ~~di cui all'art. 408 c.3 c.p.p.~~.

Inoltre, non concordo sull'argomentazione che "l'esito negativo degli accertamenti effettuati sull'ossario presente nella cripta della Basilica di Sant'Apollinare costituisca elemento di

17 aprile 2015, lettera riservata in cui l'allora procuratore aggiunto Giancarlo Capaldo motiva al procuratore capo di Roma Giuseppe Pignatone il proprio dissenso all'archiviazione del caso Orlandi.

2

indebolimento del quadro probatorio". Infatti, il coinvolgimento del De Pedis nell'episodio nasce dalle dichiarazioni della Minardi e del Sarnataro che mai hanno riferito di una sepoltura del corpo dell'Orlandi nel complesso di Sant'Apollinare, mentre l'indagine sull'ossario del Sant'Apollinare nasce da una telefonata anonima alla trasmissione televisiva "Chi l'ha visto?".

Per quanto attiene, poi, alla posizione del Vergari, rettore nel 1983 della Basilica di Sant'Apollinare, sottolineo come il coinvolgimento di tale indagato non derivi dal sospetto di avere lo stesso potuto consentire al De Pedis l'occultamento del cadavere dell'Orlandi tra le ossa seppellite nella cripta della Basilica, ma dalla ipotizzata responsabilità del De Pedis nel sequestro di Emanuela Orlandi, avvenuto proprio all'uscita dal complesso di Sant'Apollinare, e dall'esistenza di rapporti consolidati e profondi tra i due uomini, testimoniati anche dalla successiva sepoltura del De Pedis nella citata cripta.

Peraltro, con riferimento alla posizione del Vergari, concordo sulla necessità di richiedere l'archiviazione, ma solo per totale insufficienza degli elementi indiziari e non per una pretesa accertata sua estraneità al sequestro.

// Venendo ora ad esaminare la posizione di Marco Accetti, osservo che l'esposizione, formulata nella predetta bozza, dei motivi per cui si richiede nei suoi confronti l'archiviazione sia approssimativa e del tutto inadeguata e si presenti non tanto come la premessa in fatto di una decisione da prendere quanto come la spiegazione di una decisione già presa.

Invero, nelle "conclusioni" del capitolo su Marco Accetti della bozza della richiesta di archiviazione predisposta dalla collega Maisto si legge "le dichiarazioni........di Marco Accetti.......costituiscono una sceneggiatura fantasiosa"........"gli accertamenti non hanno stabilito che il flauto sia effettivamente appartenuto a Emanuela Orlandi ed in suo possesso al momento della scomparsa e non hanno stabilito in modo inequivoco che la voce di Marco Accetti corrisponda a quello dei vari telefonisti oggetto di comparazione". E se si ammette che "la conoscenza dei fatti dimostrata dall'Accetti va oltre quella che può avere un semplice appassionato al caso", la spiegazione offerta nel provvedimento è quella secondo cui "è evidente che Accetti è stato molto

3

vicino alle carte del caso Orlandi" "~~essendo così in grado di fornire indicazioni precise sul contenuto di gran parte delle telefonate effettuate con la indicazione addirittura delle cabine dalle quali sono state fatte"; n~~on si sottolinea però che "le carte del processo" sono state fornite solo alla famiglia in occasione della definizione dell'istruttoria formale e quindi non sono di pubblico dominio. Ed, inoltre, relativamente alla circostanza risultata vera, indicata dall'Accetti e sconosciuta fino ad allora anche alla Procura, secondo cui Emanuela Orlandi al momento del sequestro aveva le mestruazioni, circostanza mai divulgata neppure dalla famiglia, nella bozza si afferma apoditticamente che " essa non dimostra nulla in quanto Accetti può essere venuto a conoscenza di questo particolare nei modi più svariati, non ultimo contatti, sia pure indiretti, con l'ambiente familiare di Emanuela". E la bozza conclude affermando la necessità di chiedere l'archiviazione della posizione di Marco Accetti essendo totalmente assenti elementi a suo carico.

In particolare, nella bozza, non si da atto dei numerosi ed inquietanti riscontri che le dichiarazioni dell'Accetti hanno ricevuto sia con riferimento al caso Gregori che al caso Orlandi; peraltro, Lei, nella riunione del 14/4 u.s., non ha voluto neppure conoscere le mie osservazioni al riguardo. Solo, per grandi linee, osservo che l'esposizione non tiene in conto sufficiente: a) che l'Accetti si è accusato del sequestro delle due ragazze; b) che, per quanto riguarda la scomparsa Mirella Gregori, l'Accetti è risultato all'epoca abitare a un centinaio di metri di distanza dal bar della Gregori e frequentare via Nomentana ove la Gregori abitava; c) che chi ha telefonato al citato bar ed ha descritto dettagliatamente i vestiti indossati dalla Gregori al momento della scomparsa era necessariamente coinvolto nel sequestro; d) che l'esito della consulenza fonica sottolinea una compatibilità tra la voce di tale telefonista e quella dell'Accetti; e) che l'Accetti è risultato gravitare all'epoca nella zona di Piazza Navona a pochi passi da Sant'Apollinare; f) che l'Accetti ha consegnato un flauto sostenendo essere quello dell'Orlandi e tale flauto è stato riconosciuto dai parenti dell'Orlandi come assolutamente identico a quello di Emanuela; g) che, troppo semplicisticamente, si sostiene che l'Accetti abbia potuto conoscere tutte le informazioni che ha fornito sull'Orlandi essendo in possesso di tutte le carte processuali; h) che esiste una curiosa

4

coincidenza temporale tra l'arresto dell'Accetti per l'omicidio Garramon e la cessazione delle telefonate del c.d. Amerikano, i) che lo stile di vita dell'Accetti e le modalità comportamentali sono coerenti con il racconto che lui fa di aver avvicinato le due ragazze; l) l'ammissione dell'Accetti di aver effettuato numerose telefonate di individuazione e l'esito della consulenza fonica anche a tale riguardo; m) che alcuni comunicati provengono dalla città di Boston negli USA ove, in quell'epoca, si trovava Cecconi Eleonora l'allora moglie dell'Accetti.

Sempre, con riferimento alla posizione dell'Accetti, non posso inoltre non ribadire la necessità che, da tempo ho rappresentato a lei ed alla collega Maisto, di espletare alcuni specifici atti istruttori che voi non avete ritenuti né necessari né opportuni tra i quali anche una perizia psichiatrica nei confronti dell'Accetti: atti istruttori nelle mie intenzioni tesi, quantomeno ad escludere, la possibilità che l'Accetti sia un serial Killer che abbia confessato la sua partecipazione in orridi delitti in modo tale da non poterne essere coinvolto processualmente. L'episodio Garramon, la cui lettura a tanti anni di distanza sembra estremamente semplice e contrastante con la verità giudiziaria accertata, getta un'ombra misteriosa sul personaggio.

Le confermo, pertanto, con vivo rammarico, di non poter firmare il provvedimento così come predisposto, malgrado esso dia atto dell'ampia attività d'indagine espletata, e ciò non perché esso non corrisponda perfettamente alle mie valutazioni, ma perché non si dà esattamente conto degli elementi indiziari emersi e, soprattutto, non si ritiene di poter effettuare ulteriori approfondimenti alla ricerca della verità.

Roma 17 aprile 2015

Il Procuratore Aggiunto

dott. Giancarlo Capaldo

1

Kamil Tadeusz Jarzembowski
[redacted]
[redacted] ROMA
tel.: [redacted]
[redacted]@gmail.com

A Sua Santità Papa Francesco

e p.c. a S.E. Rev.ma Petro Card. Parolin
Segretario di Stato di Sua Santità

a S.E. Rev.ma Beniamino Card. Stella
Prefetto della Congregazione per il Clero

Beatissimo Padre!

Mi chiamo Kamil Jarzembowski e sono un ex-alunno del Preseminario San Pio X in Vaticano. Vorrei comunicarle con le presente lettera alcune informazioni riguardo a ciò che ho subito lungo diversi anni per colpa delle istituzioni della Chiesa. Nella denucia delle questioni di cui sotto mi sono sempre dovuto imbattere contro il pregiudizio di molte persone e la loro volontà di occultarli. Il mio desiderio è quello che Santità Vostra possa mettere una nuova luce su questi fatti, facendo le opportune verifiche sugli stessi e giudicandoli in maniera imparziale.

Dal mese di settembre [redacted] al mese di giugno [redacted] sono stato alunno del Preseminario San Pio X, avente sede nel Palazzo San Carlo, S.C.V. Durante l'intero periodo suddetto il rettore in carica del Preseminario San Pio X era Mons. [redacted].

A settembre [redacted], cioè al mio rientro in Vaticano dopo le vacanze estive, il rettore mi assegnò una stanza-dormitorio da dividere con [redacted], anch'egli alunno del Preseminario

Nel corso dell'anno scolastico [redacted], e, più precisamente, dalla fine del mese di settembre [redacted] fino all'inizio del mese di giugno [redacted], sono stato testimone di atti sessuali che [redacted] esigeva da [redacted], atti sessuali che si compivano nonostante la mia presenza. Gli atti venivano svolti sempre di sera, intorno alle ore 23. [redacted], dopo che tutti gli altri alunni si erano già coricati, accedeva nella stanza-dormitorio condivisa da me e [redacted]. Qui avvenivano rapporti di sesso orale, mentre, alcune volte, i due si recavano insieme nella stanza di [redacted] per proseguire il rapporto.

[redacted] era stato precedentemente alunno dello stesso Preseminario San Pio X. A partire dal mese di settembre [redacted] aveva iniziato il percorso di formazione al sacerdozio, volendo entrare a far parte del Clero della Diocesi di [redacted], divenendo membro dell'Associazione [redacted] (chiamata anche [redacted]), soggetta alla citata Diocesi.

Il Rettore [redacted] aveva concesso a [redacted] di permanere nel Preseminario, assegnandogli inoltre una stanza privata. Tra Mons. [redacted] e [redacted] sussisteva un forte e particolare rapporto di fiducia e collaborazione nella gestione del Preseminario. A [redacted] (che pure non aveva incarichi ufficiali nell'istituzione), Mons. [redacted] attribuiva un ruolo di "superiore" nella vita del seminario. Questo ruolo garantiva a [redacted] la possibilità di esercitare una forma di potere e intimidazione nei più giovani seminaristi (che si sentivano di fatto a lui subalterni). E' questa la ragione per cui [redacted] si sentiva obbligato a cedere alle sue richieste, le quali, infatti, sottendevano un sottile e inespresso ricatto: in caso di resistenza alle richieste [redacted] avrebbe potuto avere dei problemi con i superiori o sarebbe stato"punito" con l'assegnazione di un ruolo più marginale nello svolgimento del servizio liturgico soprattutto in occasione delle celebrazioni pontificie.

Documenti relativi alla denuncia di abusi presso il preseminario San Pio X.
Lettera di Kamil Tadeusz Jarzembowski a papa Francesco e al cardinale segretario di Stato con una dettagliata ricostruzione dei fatti denunciati.

2

Le stesse preoccupazioni erano alla base del mio imbarazzo e della mia paura a denunciare apertamente i fatti dei quali ero testimone. Una mia presa di posizione diretta ed esplicita avrebbe, infatti, determinato il mio allontanamento dal seminario, essendo io consapevole del fatto che il [redacted] godeva comunque di una speciale protezione da parte del rettore.

La crescente angoscia di fronte al ripetersi degli avvenimenti sopra ricordati, unita alla paura di essere allontanato, mi indussero comunque a confidare le mie preoccupazioni ed il mio sconcerto al mio direttore spirituale (e direttore spirituale dell'intero seminario) don [redacted]. Questi (senza indicare il mio nome) su mia esplicita richiesta riferì gli avvenimenti in questione al vescovo di [redacted], Mons. [redacted] e al Superiore Generale della [redacted], don [redacted]. Questa comunicazione non sortì nessun effetto e cadde nel vuoto.

Afflitto da una preoccupazione ancora maggiore e da un profondo senso di solitudine, denunciai i fatti di cui sopra al Vicario di Sua Santità per il Vaticano, Cardinale [redacted], il quale, avendomi ricevuto presso il suo ufficio in data 9 giugno [redacted], mi disse che avrebbe informato dei fatti il vescovo di [redacted], Mons. [redacted], che egli riteneva competente rispetto ai fatti medesimi, dal momento che era l'ordinario dei sacerdoti del Preseminario. Di fronte a questa scelta io rimasi perplesso, dal momento che mi aspettavo un suo intervento diretto, esercitando il Cardinale [redacted] il ruolo di ordinario della diocesi nella quale si stavano svolgendo i fatti denunciati.

Il 10 giugno 2014, un giorno dopo il mio colloquio con il Cardinale Vicario, stavo partendo per le vacanze estive. Nel pomeriggio, vidi Mons. [redacted] affacciarsi alla porta della mia stanza. Egli mi annunciò d'improvviso ciò che segue: "Io ho già disdetto la tua inscrizione alla scuola per l'anno prossimo. Riceverai una lettera dal Superiore dell'Opera, nella quale ti verrà comunicato che vieni mandato via dal Preseminario". Il rettore non mi spiegò qual'era il motivo di questa decisione. Allora telefonai a don [redacted] che mi accusò di aver "seminato calunnie" e di aver scritto "lettere anonime". A questo punto il Card. [redacted] si lavò completamente le mani rimandandomi all'autorita del vescovo di [redacted], il quale non fece altro che occultare la questione.

Avendo dovuto abbandonare il Presminario, era indispensabile per me trovare un modo per poter finire il percorso scolastico del Liceo. La mia intenzione era quella di prendere in affitto una stanza, cosi come fanno normalemente gli studenti universitari. Tutti noi alunni del Preseminario eravamo obbligati a frequentare una scuola paritaria cattolica, l'Istituto Pontificio Sant'Apollinare, e ciò comprendeva anche delle spese abbastanza rilevanti. Purtroppo, lasciando da parte il problema di carattere economico, quello cioè di dover pagare la scuola, l'affitto della stanza e la vita in generale, non avrei potuto comunque ultimare gli studi del Liceo Classico al Sant'Apollinare . Questo è dovuto al fatto che Mons. [redacted] aveva fatto in modo che la scuola, o, meglio, il Preside, don [redacted], non mi permettesse di continuare lo studio. E infatti, al mio arrivo a Roma a settembre, alla vigila della prima campanella, il Preside mi costrinse a chiedere il nulla osta, senza darmi una motivazione valida.

Ritornato a casa in Polonia e, dopo qualche giorno, venuto di nuovo a Roma, mi sono messo a cercare una scuola statale che mi permettesse di finire il Liceo – l'ho trovata. Stranamente, la nuova scuola non presentava alcuni ostacoli ed anzi si è presa cura di me. Ma in quello stesso giorno, mi è successa una disgrazia molto grande. Io e mio padre eravamo appena arrivati in macchina dalla Polonia e tutti i miei effetti personali (vestiti, libri, il computer, oggetti di valore affettivo, ecc.) stavano al suo interno. Abbiamo parcheggiato la macchina sotto il muro del Vaticano – erano le 10 di matina. Alle ore 15 la macchina non c'era più. Sono rimasto letteralmente senza niente. Tutto diventava ancor più difficile. Dopo qualche settimana l'auto è stata ritrovata dalla Polizia. Al suo interno non rimaneva piu niente, tranno il risario che mi è stato data dal Papa Benedetto. I ladri lo trovarono in uno dei miei bagagli e lo appesero sullo specchietto retrovisore. Ancora piu curioso era quello che ho trovato nel porta bagagliaio: un portacoltelli e un libro dal titolo "La verità delicata" di John le Carré. Forse era tutto un caso, ma per certo non mi faceva stare piu tranquillo.

3

Di fronte al silenzio perdurante e all'indifferenza delle persone che ritenevo doveroso interpellare secondo una procedura legittima e naturale, decisi di rivolgermi direttamente alla Santa Sede, in particolare alla Segreteria di Stato e alla Congregazione per la Dottrina della Fede. Ho ricevuto una missiva da quest'ultima (datata 12.09.[redacted] Prot. N. [redacted] - 47919) in cui venivo informato che il caso sarebbe passato, per competenza, alla Congregazione per il Clero. Fino ad oggi non ho ricevuto una smetita dei fatti da me denunciati da parte degli organi della Santa Sede.

Mi preme precisare che nel corso dei miei colloqui diretti o tramite missiva con le suddette autorità, nessuna di queste ha mostrato di occuparsi del caso denunciato, facendo una qualche indagine. Nessuno si è preoccupato di accertare e valutare i fatti, mostrando piuttosto la volontà di ignorarli o, peggio ancora, di occultarli. Che dei fatti da me denunciati molte persone fossero a conoscenza lo dimostra anche una presunta lettera anonima inviata nell'estate del [redacted], tra gli altri, alla Segreteria di Stato e al cardinale [redacted], nella quale erano esposti i fatti concernenti [redacted], per quanto io sappia. Di questa lettera, che io non ho mai visto, mi ha parlato esplicitamente lo stesso cardinale [redacted], che mi ha detto di non potermela mostrare, avendola distrutta. Durante lo stesso colloquio con il poroprato, egli mi mi mise al corrente del fatto che la Segreteria di Stato ha espresso una specie di divieto d'accesso alla Basilica di San Pietro e allo Stato della Citta del Vaticano in generale nei confomi di [redacted]. Il cardinale mi disse allora la seguente frase: "Io qui non voglio avere problemi", riferendosi allo scandalo di [redacted].

Tutta questa vicenda mi ha procurato un evidente danno psicologico determinando una reazione depressiva profonda e continuativa, anche se, per difendermi e far emergere la verità, non ho mai usato la maldicenza, la mormorazione, la calunnia, ecc. Ho avuto fiducia nelle procedure interne all'istituzione di cui facevo parte, interpellando le autorità competenti da cui mi aspettavo un intervento risolutivo. Queste vecende causarono in me uno stato di profonda prostrazione e la consapevolezza di essere stato scartato, fa sì che la mia ferita interiore non si sia ancora completamente chiusa. Rifiutato, calunniato, preso per pazzo e bugiardo, sogno non una vendetta, ma che un giorno le persone a cui mi sono appellato e che sono responsabili direttamente o indirettamente di quello che è successo, mi diano una qualche parvenza di giustizia o di desiderio di verità. Fino ad oggi c'è soltanto silenzio. È proprio il grido di questo silenzio che mi strazia.

Nel mese di luglio scorso ho inviato una protesta al Rettore del Seminario [redacted] contro l'ammissione agli Ordini Sacri del seminarista [redacted]. Ho precisato che, durante la mia permanenza nel Preseminario San Pio X in Vaticano, ho potuto constatare che [redacted] presenta atteggiamenti che, secondo la legge della Chiesa, non gli consentono di diventare sacerdote, richiamando "Istruzione della Congregazione per l'Educazione Cattolica circa i criteri di discernimento vocazionale riguardo alle persone con tendenze omosessuali in vista della loro ammissione al Seminario e agli Ordini sacri", firmata in data 4 novembre 2005 dal Card. Prefetto Zenon Grocholewski, nonché approvata del Sommo Pontefice Benedetto XVI in data 31 agosto 2005.

Continuo ad affermare che [redacted] presenta "tendenze omosessuali profondamente radicate". Tutto ciò non premette che il seminarista in questione possa continuare il suo cammino verso il sacerdozio, dato che, come si legge nell'Istruzione, "la Chiesa, pur rispettando profondamente le persone in questione, non può ammettere al Seminario e agli Ordini sacri coloro che praticano l'omosessualità, presentano tendenze omosessuali profondamente radicate o sostengono la cosiddetta cultura gay."

Sono certo di dire che questi atteggiamenti non sono stati solamente un "problema transitorio" di [redacted], dato che egli compiva atti omosessuali quand'era già studente di filosofia e le sue tendenze sono testimoniate sia prima e dopo gli avvenimenti di cui sono testimone oculare. Sono più che sicuro che, quanto detto da me sopra, possa essere confermato da molte altre persone che hanno avuto modo di conoscere [redacted] negli anni della sua permanenza nel Preseminario San Pio X in Vaticano. Egli manifestava pubblicamente la sua "disapprovazione" nei confronti dell'omosessualità, mentre invece nel segreto delle stanze del Preseminario compiva atti sessuali con gli altri alunni o manifestava, in alcuni casi, la sua volontà di compiere con loro azioni di tal genere. Citando ancora l'Istruzione, "Sarebbe gravemente disonesto che un candidato occultasse la

4

propria omosessualità per accedere, nonostante tutto, all'Ordinazione. Un atteggiamento così inautentico non corrisponde allo spirito di verità, di lealtà e di disponibilità che deve caratterizzare la personalità di colui che ritiene di essere chiamato a servire Cristo e la sua Chiesa nel ministero sacerdotale."

Tengo a precisare che personalmente non sono d'accordo né col il linguaggio usato nella citata "Istruzione" che offende le persone omosessuali, né tanto meno con l'insegnamento della Chiesa su queste questioni. Non discrimino [redacted] perché gay, ma nonostante ciò non posso rimanere in silenzio conoscendo il suo perverso carattere, ricordando quale violenza ha usato contro quell'alunno del Preseminario per appagare i suoi sfrenati desideri sessuali, ed avendo un convinto senso del timore che egli, in un futuro, lavorando coi giovani, possa ancora una volta voler provare ad abusarli.

Approfitto per informaLa del fatto che nel Preseminario San Pio X, oltre quelli di cui sopra, sussistevano (per quanto ho potuto constatare personalemnte) o continuano a sussistere problemi di varia natura tra cui: l'assenza di uno statuto e/o regolamento che stabilisca la relazione, i diritti e i doveri tra i superiori, gli alunni e i genitori; la mancanza di una precisa relazione tra i principi del funzionamento del Preseminario che sono il servizio liturgico, la scuola e la vita comunitaria; un'assoluta e indiscutibile incompetenza pedagogica dei superiori; decisioni arbitrarie del rettore, mancanti di rispetto degli alunni come persone; un totale allontanemento dei genitori dal funzionamento del Preseminario; la mancanza di un'assicurazione sanitaria e dell'assistenza di un medico di base per gli alunni sul luogo; prediche moralistiche e demoralizzanti tenute dai superiori; nepotismo, clientelismo e arroganza dell'ambiente del Vaticano in cui gli alunni si trovano a convivere; violazione della privacy, continue perquisizioni degli armadi e sottrazione della corrispondenza degli alunni (Mons. [redacted]); organizzazione di "gite comunitarie" inutili e deprivanti gli alunni del loro tempo destinato allo studio; una assoluta mancanza di trasparenza finanziaria.

Mi prendo la piena responsabita civile e morale sulle mie parole. Chiedo a Vostra Santità affinché disponga una complessa ed accurata precisazione dei fatti da me esposti. Ritengo inaccettabile ed profondamente offensivo nei miei confroni la posizione di superiorià delle persone che in questa vicenda sfruttarono la loro condizione di essere dei sacerdoti per screditare dal principio le mie accuse e la mia persona. La mia sofferenza deve finire.

In attesa di una gentile risposta, Le porgo i miei più distinti saluti.

Roma, 23 novembre [redacted]

Kamil Tadeusz Jarzembowski

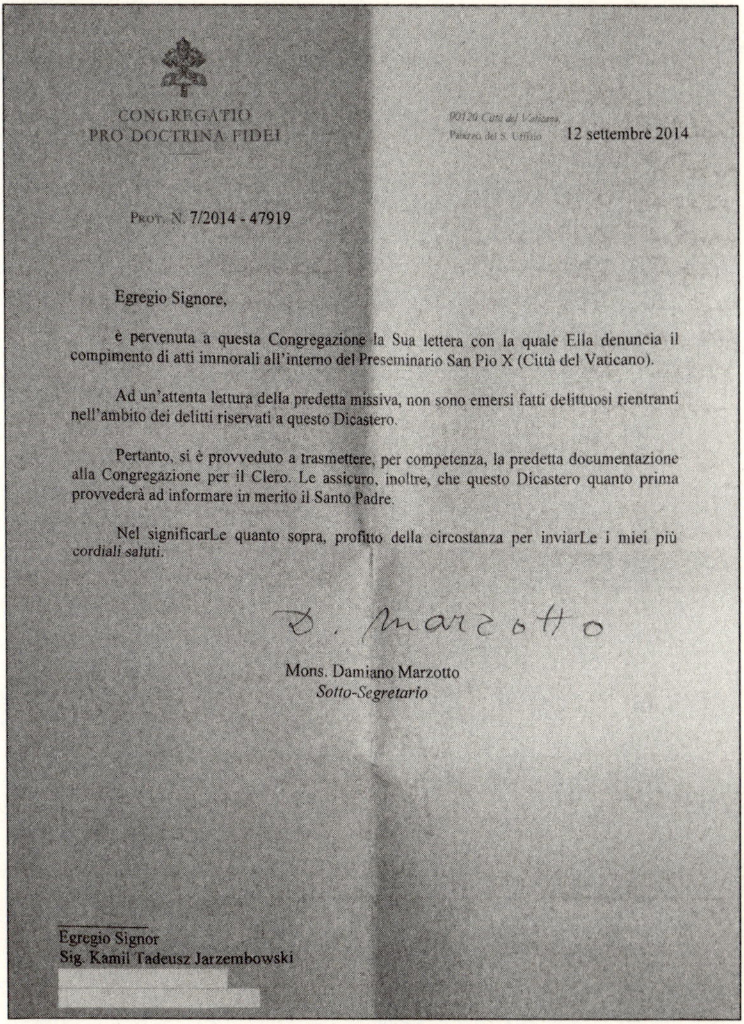

CONGREGATIO
PRO DOCTRINA FIDEI

00120 Città del Vaticano
Palazzo del S. Uffizio

12 settembre 2014

Prot. N. 7/2014 - 47919

Egregio Signore,

è pervenuta a questa Congregazione la Sua lettera con la quale Ella denuncia il compimento di atti immorali all'interno del Preseminario San Pio X (Città del Vaticano).

Ad un'attenta lettura della predetta missiva, non sono emersi fatti delittuosi rientranti nell'ambito dei delitti riservati a questo Dicastero.

Pertanto, si è provveduto a trasmettere, per competenza, la predetta documentazione alla Congregazione per il Clero. Le assicuro, inoltre, che questo Dicastero quanto prima provvederà ad informare in merito il Santo Padre.

Nel significarLe quanto sopra, profitto della circostanza per inviarLe i miei più cordiali saluti.

D. Marzotto

Mons. Damiano Marzotto
Sotto-Segretario

Egregio Signor
Sig. Kamil Tadeusz Jarzembowski
[redacted]

Lettera di risposta della Congregazione per la dottrina della Fede alle prime denunce di Jarzembowski.

Scambio via chat tra la vittima degli abusi che si sarebbero consumati all'interno del preseminario e Kamil Tadeusz Jarzembowski.

Indice dei nomi

Finito di stampare
nel novembre 2018 presso
Reggiani Spa - Brezzo di Bedero (VA)